"十二五"职业教育国家规划教材
经全国职业教育教材审定委员会审定

社区服务

SHEQU FUWU

（第2版）

高桂贤 廖 敏 主编 王 松 蒋国庆 副主编

电子工业出版社
Publishing House of Electronics Industry
北京·**BEIJING**

内 容 简 介

本书涵盖社区服务的理论与实务，突出"以实务为根本，以服务为导向"的原则。修订后的本教材分为 4 篇共 12 章。第 1 篇绪论，包括第 1 章社区服务概述和第 2 章社区服务队伍；第 2 篇社区服务工作方法，包括第 3 章社区活动的组织与实施和第 4 章社区人民调解；第 3 篇社区公共服务，包括第 5 章社区再就业服务、第 6 章社区社会保障服务、第 7 章社区基础人群服务、第 8 章社区特殊人群服务和第 9 章社区矫正服务；第 4 篇社区生活服务，包括第 10 章社区便民利民服务、第 11 章社区家政服务和第 12 章社区信息服务。在每章中，对相关的理论知识进行了梳理，并结合社区服务的实际，运用所学的理论和知识对社区具体服务的实务进行了介绍和践行。

图书在版编目（CIP）数据

社区服务 / 高桂贤，廖敏主编. —2 版. —北京：电子工业出版社，2015.1
"十二五"职业教育国家规划教材
ISBN 978-7-121-20368-8

Ⅰ. ①社… Ⅱ. ①高… ②廖… Ⅲ. ①社区服务－中国－高等职业教育－教材 Ⅳ. ①D669.3

中国版本图书馆 CIP 数据核字(2014)第 253240 号

策划编辑：晋　晶
责任编辑：杨洪军
印　　刷：涿州市般润文化传播有限公司
装　　订：涿州市般润文化传播有限公司
出版发行：电子工业出版社
　　　　　北京市海淀区万寿路 173 信箱　邮编 100036
开　　本：787×980　1/16　印张：17.5　字数：372 千字
版　　次：2009 年 4 月第 1 版
　　　　　2015 年 1 月第 2 版
印　　次：2025 年 2 月第 16 次印刷
定　　价：36.00 元

前　言

社区和谐是社会和谐的基础，健全社区服务体系、强化社区自治和服务功能是社区和谐的前提。随着社会经济的快速发展，社会结构快速转型，大量"单位人"、"社会人"转变为"社区人"，社区日益成为社会成员的集聚点、社会需求的交汇点、政府社会管理的着力点和党在基层执政的支撑点，构建以社区为重点的基层社会管理和服务体系已成为加强社会建设和创新社会管理的当务之急，得到了党中央和国务院的高度重视。党的十七大、十八大明确提出并强调"把城乡社区建设成为管理有序、服务完善、文明祥和的社会生活共同体"的发展目标。《国民经济和社会发展第十二个五年规划纲要》对"构建社区管理和服务平台"做出了全面部署。经过二十多年的发展，我国社区服务积累了宝贵的经验，随着教育理论界对社区服务的日益关注，社区服务的理论研究取得了不少研究成果。为更好地贯彻落实以人为本的科学发展观，把社区服务工作放在一个重要位置，更好地满足人民群众的社会需求，进一步促进我国社区服务的发展，很有必要将我国社区服务一线工作者的宝贵经验和教育理论工作者的研究成果进行整合，以便大家借鉴。我国社区服务的专业教育正在发展，但社区服务的教材却少之又少，而符合现代社区服务的教材更是凤毛麟角。因此我们组织了一批经验丰富、理论功底深厚的教师编写了这部适合高等职业教育和社区服务工作者使用的教材。

本教材包含社区服务的理论与实务，突出"以实务为根本，以服务为导向"的原则。在教材编写过程中，针对不同层次和类型院校的人才培养目标进行了全面分析，针对高职院校培养大批高素质、高技能专门人才的内涵和意义，编写组在借鉴以往社区服务知识和能力体系的基础上，对社区服务的经验进行了尝试性的研究、总结和梳理，并广泛听取了社区服务理论界、实务界及教师、学生的意见，在此基础上，综合社会工作者资格考试对学生的综合能力、实务知识和实务能力的要求，数易其稿，以期能够满足高职院校学生、广大社区服务从业者、备考社会工作者资格证人员的需要。

修订后的教材分为4篇共12章。第1篇绪论，包括第1章社区服务概述和第2章社区服务队伍；第2篇社区服务工作方法，包括第3章社区活动的组织与实施和第4章社区人民调解；第3篇社区公共服务，包括第5章社区再就业服务、第6章社区社会保障服务、第7章社区基础人群服务、第8章社区特殊人群服务和第9章社区矫正服务；第4篇社区生活服务，包括第10章社区便民利民服务、第11章社区家政服务和第12章社区信息服务。在每章中，对相关的理论和知识进行了梳理，并结合社区服务的实际，运用所学的理论和知识对社区具体服务的实务进行了介绍和践行。

修订后的教材具有以下几个特点。

（1）内容新。本教材是编写组参考了现有关于社区服务的大量文献，特别是在社区服务工作第一线进行调查研究的基础上编写成的，使用了大量第一手资料，更新了行业案例，并结合了社会工作者资格证考试大纲的内容。

（2）体例新。本教材按照新的体例格式对各章进行了补充和修改，旨在使读者在轻松愉悦的心境下学有所获。每章都有引言、学习目标、学习导航、案例、讨论、复习思考题、实训任务，能使读者学而不枯、习而不燥。

（3）编者新。本教材的编者均在城乡社区挂职顶岗的经验，综合了一线的工作经验，吸纳了各地社区服务实践的经验。

（4）教辅新。本教材的教辅不仅提供了讲义，还提供了课件、复习思考题答案和课程资源学习网站等。

本书由高桂贤和廖敏主编，各章的具体分工如下：高桂贤修订第1、2、9章，廖敏修订第8、10、11章，蒋国庆修订第3、4、5章，王松修订第6、7、12章，高桂贤和廖敏负责最后的统稿工作。

本教材在编写过程中参考了国内外许多学者的研究成果，在此，我们表示衷心的感谢，同时感谢电子工业出版社领导和责任编辑的支持！

由于目前社区服务正在不断完善，且其专业化程度还比较低，构建良好的社区服务的知识体系和能力体系也非一朝一夕之功，需要不断地加以研究和探索，并在实践中检验和完善，加之编写教材时间紧、任务急，所以书中难免有疏漏之处，希望读者在使用过程中提出批评指正，以利于我们继续修改和完善。

编　者

目　录

第1篇　绪　　论

第2篇　社区服务工作方法

第3篇　社区公共服务

第4篇　社区生活服务

第九章 社区服务概论

第 1 篇

绪　论

第 1 章　社区服务概述

引言

社区服务是随着我国改革开放的不断深入和社会结构的转型而发展起来的一项城市市民工程，是我国社会福利制度社会化改革的重要组成部分，属于城市基层工作的范畴，是正在发展的朝阳事业。它具有丰富的内涵。

学习目标

1. 掌握社区服务的概念及特点。
2. 重点掌握社区服务的方法。
3. 了解社区服务的内容。
4. 掌握社区服务的发展。
5. 学习社区服务的模式。

学习导航

```
                                          ┌──→ 社区服务的概念、特点和现状
                    ┌─ 社区服务的基本理论 ─┤
                    │                     └──→ 社区服务的功能、作用和原则
                    │
                    │                     ┌──→ 社区服务的对象
  社区服务概述 ──────┼─ 社区服务的对象、内容和方法 ─┼──→ 社区服务的内容
                    │                     └──→ 社区服务的方法
                    │
                    │                     ┌──→ 社区服务的发展
                    └─ 社区服务的发展和模式 ─┤
                                          └──→ 社区服务的模式
```

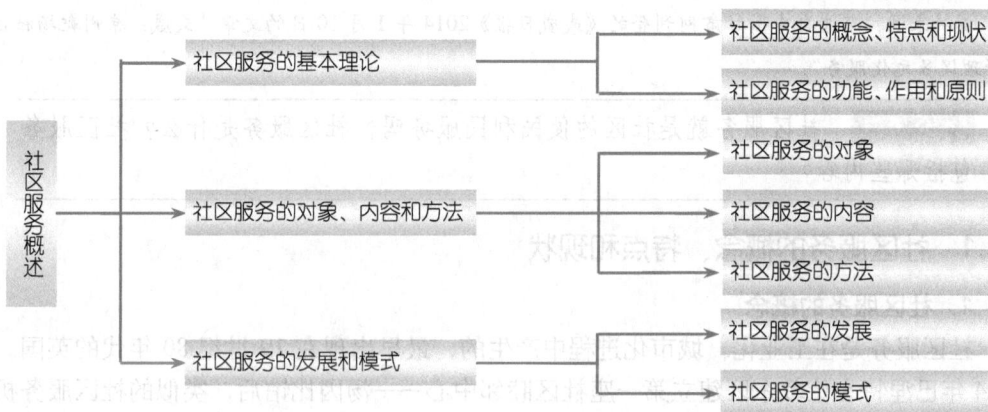

1.1　社区服务的基本理论

案　例

甘肃省武威市靶场社区创新管理促多元化服务

近年来，凉州区西大街靶场社区以编一张"网"、组两个"团"、建"六个平台"为着力点，深入实施夕阳红工程，推行社区网格化管理，构建平安和谐社区，先后被授予全国第一批"敬老文明号"、"全国妇联巾帼示范社区"、"全省城乡示范社区"、"省级文明社区"等荣誉称号。

靶场社区依托现有的管理体系和信息平台，着力构建"街道—社区—小区—楼栋—家庭"五级网络体系，结合居民区、辖区单位分布现状，将辖区合理划分为环保、石油、胜利等12个网格，建立"1+3+N"的网格化管理平台，形成了"一格一图、一户一档、一格三长"的网格三级管理服务体系，实现了便民化管理和零距离服务。组建网格化管理团队和居家养老、文体艺术、治安巡逻、医疗服务、家政服务、绿色环保服务6支服务团队，根据居民需求，开展多元化服务。同时，以大巡防体系建设为中心，搭建社会管理综合治理平台；以"一站式"优质服务为核心，搭建为民服务平台；以居家养老服务为中心，搭建为老助老平台；以亲情化的保健服务为核心，搭建社区卫生服务平台；以"夕阳红"和"德艺康"艺术团为带动，搭建文体活动平台；以"四动机制"为载体，搭建共驻共建、联创联动平台。辖区居民都说，社区推行的"一网二团六平台"，拉近了邻里之间的关系，方

便了大家办事。特别是为老助老平台，为孤寨、残疾、空巢老人提供日间照料、医疗保健、志愿服务、衣食住行等特色服务，真正搭起了社区和这些老人之间的"爱心"平台，使这些老人有了依靠，不再孤单。

资料来源：节选自中国甘肃网刊登的《武威日报》2014年1月10日的文章"武威：凉州靶场社区创新管理促多元化服务"。

讨论 1-1 社区服务就是社区的便民利民服务吗？社区服务是什么？社区服务包括哪些内容？

1.1.1 社区服务的概念、特点和现状

1. 社区服务的概念

社区服务是在工业化、城市化进程中产生的，最早出现在19世纪80年代的英国。自1884年巴涅特在伦敦东区建立第一座社区睦邻中心——汤因比馆后，类似的社区服务机构在英、美等西方国家相继建立起来。20世纪30年代，社区服务事业先后纳入一些国家和地区政府的公共福利范畴，并伴以相关的法律保障。在我国，社区服务只是改革开放的产物。20世纪80年代后期，民政部开始倡导发展社区服务，并从理论上界定社区服务的含义、性质和目标。1992年中共中央国务院发表了《关于加快第三产业的决定》，首次将社区服务列入第三产业的范畴，并指出要优先发展。于是，社区服务便成为我国特殊的第三产业。随后，民政部又联合国务院所属的13个部委颁布了《关于加快发展社区服务业的意见》（简称《意见》），两个文件的出台很大程度上推动了我国社区服务实践和理论研究的发展。"社区服务"这一概念日益为广大城市居民熟悉并接受，社区服务事业与居民生活变得息息相关起来。

那么，到底怎么界定社区服务这个概念呢？

社区服务这个概念在西方国家用得不多，他们一般用"社区照顾"、"社会福利服务"等概念。在我国，社区服务这个概念有一个不断丰富和完善的过程。1987年民政部在大连召开的民政工作会议上界定的社区服务是"在政府的领导下，发动和组织社区内的成员开展互助性的社会服务活动，就地解决本社区的社会问题"。1992年，14部委联合颁发的《意见》认为：社区服务就是"在政府的倡导下，为满足社会成员多种需求，以街道、镇、居委会和社区组织为依托，具有社会福利性的居民服务业"。结合近十多年来我国社区服务的具体发展，现在对社区服务这个概念有了一个比较成熟的界定。

我们认为：社区服务是指在党和政府的扶持和指导下，为满足居民的多类型、多层次需求，调动社区资源，依托社区，由社区机构和志愿者向社区弱势人群及广大居民提供的具有社会福利性、公益性、互助性服务的活动。它是社会保障的重要组成部分，属于社会

服务保障的范围。

表 1-1 是社区服务与商业服务比较表。

表 1-1 社区服务与商业服务比较表

服务类型	性 质	服务对象	服务目的	服务方式	适用机制
社区服务	社会福利	优先考虑弱势人群，然后是其他社区居民	社会效益	自我服务和互助	道德调节
商业服务	市场经营	直接面向所有居民	经济效益	单纯的经济关系	市场调节

2．社区服务的特点

与其他类型的服务相比，社区服务主要有福利性、群众性、地缘性和互助性几个特点。

(1) 福利性。福利性是社区服务最本质的特点。这是相对于经营性而言的，社区服务将社会效益放在首位，不以营利为目的，而以满足社区居民的基本物质生活和精神生活为目标。在服务对象上，首先着眼于最需要帮助的弱势人群；在服务方式上，区别不同对象，实行有偿、无偿、低偿服务相结合的方式，经营收入用于服务的再投入，使社区服务获得自我生存、自我发展的内在动力。

(2) 群众性。社区服务从某种程度上说，就是一种群众自我服务的形式，群众的事情由群众自己办理，既依靠社区居民群众，又服务于群众。只有依靠群众，才能具有坚实的群众基础，获得巨大的能源，汲取丰富的营养，使社区服务长盛不衰；只有服务群众，处处为群众着想，真正为他们解决实际问题，使其得到实惠，才能获得群众的支持；只有吸引广大居民参与，才能形成庞大的志愿者服务队伍，使社区服务拥有充足的服务资源。

(3) 地缘性。社区服务的地缘性特点主要表现：服务范围有一定的地域界线，是一种就近性、属地性服务；服务对象以辖区成员为主，着眼于利用和开发本社区资源；其服务内容的确立、服务方式的选择都要视社区情况而定，以满足本社区群众的需要为前提。

(4) 互助性。社区服务的互助性特点主要体现在政府倡导组织社区居民开展互助服务。在香港地区，称为"守望相助"。群众既是参与者，又是受益者，体现了"我为人人，人人为我"的社区精神和风尚。

3．社区服务的现状

我国大力推进城乡社区建设，构建基层社会管理和服务平台。截至 2011 年年底，全国共建成街道社区服务中心 3 515 个、社区服务站 44 237 个，社区综合服务设施覆盖率达50.81%。社区服务内容不断拓展，劳动就业、社会保险、社会服务、文化娱乐、社会治安等政府公共服务事项逐步向社区覆盖，社区志愿者注册登记制度广泛推行，社区志愿服务蓬勃开展。家政服务、物业管理、养老托幼、食品配送、修理服务、再生资源回收等便民利民服务项目及超市、菜场、早餐等服务网点逐步进入社区，方便了社区居民生活，提高了生活质量。同时，社区服务队伍不断壮大，一大批素质高、能力强、作风正、愿意为群众服务的居民走上社区工作岗位，全国共有社区居民委员会成员 43.9 万人，社区公共服务从业人员 105.9 万人，还有 507.6 万名社区居民成为社区志愿者，活跃在社区服务各领域，成为推动社区建设和社区服务的重要力量。

但就总体情况而言，我国社区服务体系建设仍然处于初级阶段，存在一些困难和问题。社区服务设施总量供给不足，社区服务设施建设缺口达 49.19%。社区服务项目较少，水平不高，供给方式单一。社区服务人才短缺，素质偏低，结构亟待优化。社区服务体制机制不顺畅，缺乏统一规划，保障能力不强，社会参与机制亟待完善。

1.1.2　社区服务的功能、作用和原则

随着社区功能的不断强化，社区服务在居民生活中发挥的功能也在日益增强。社区服务是一项涉及多个方面的社会服务工程，需要坚持一定的原则，以便在开展社区服务的过程中做到规范有序、科学合理。社区服务是有规划、有指导思想、有宗旨和任务及目标的工作，而不是盲目进行的社会活动。

1．社区服务的功能

随着我国改革开放的日益深入，社会的许多方面都在发生变化。政治经济体制改革导致小政府大社会，政府的许多职能要向社区转移；企业转换经营机制，单位办社会的格局逐渐改变，社会化的服务转向社区，过去的"单位人"向"社区人"转变；经济社会的发展，服务需求的种类和层次在不断增加，国民素质的提升也越来越重要。社区服务在我国政治、经济、社会、文化中都具有不可忽视的功能。

（1）支持功能。承接企业、事业单位在改革中逐步向社会转移的社会化服务，减轻它们的负担和压力；同时根据它们的需要提供相应的各项服务，以支持它们的发展；做好各类服务，为它们的发展营造一个良好的生产和生活环境；发挥好单位与居民之间的桥梁和纽带作用，使社区居民和驻区单位之间形成一种支持的关系。

（2）满足功能。充分调动社区资源，以满足社区居民各类各层次的需要。随着社会的发展，人口老龄化，家庭结构小型化，居民生活方式多样化，居民的各种物质生活和精神生活需求可以通过有效的社区服务得到满足。

（3）保障功能。每个社区都存在弱势人群，包括老年人、青少年儿童、残疾人、妇女等，他们的基本生存权利和发展权利应该得到保障。社区通过开展服务使这些人的基本权利得到实现或者不受侵害。

（4）稳定功能。这主要是针对社区里的优抚对象、失业人群、边缘人群的服务来说的。这些人群的服务做好了，就可以减少许多社会不稳定因素。另外，随着社会的发展，新的矛盾和问题也层出不穷，在社区解决好这些问题则有利于国家的稳定和发展。

（5）预防功能。社区服务工作者通过对社区的调查分析，了解社区的各种情况。对于那些可能会出现的问题做到心中有数，然后通过开展服务有效防止一些问题的出现。对于社区发生的一些问题也可以通过社区服务及时地加以制止，以预防事态的恶化和扩大。

（6）整合功能。通过社区服务可以发挥几个方面的整合作用：一是整合社区资源，每个社区都拥有自己比较独特的地理资源、生物资源、人力资源、环境资源、人文资源等，通过社区服务可以将它们很好地整合起来，发挥作用；二是整合人际关系，一个社区的居民往往需要通过开展各种活动来达到互动，融洽相互之间的关系，对社区形成一种归属感和认同感；三是整合社区功能，让社区发挥有效的功能，为社区居民和驻区单位提供服务，成为居民和驻区单位的美好家园。

2．社区服务在和谐社会建设中的地位和作用

社区服务在和谐社会建设中的地位和作用是由社区服务的功能所决定的。和谐社会建设除了需要公平正义的分配制度、相亲相爱的家庭伦理、团结友爱的邻里关系、整洁优美的环境、和谐的社会关系、诚信文明的语言行为外，还需要方便舒适的社区服务。社区服务在和谐社会建设中居于重要地位，扮演着关键角色。社区服务在和谐社会建设中的作用有以下几个。

（1）作为社会福利的发送体系，社区服务在建设和谐社会中可以发挥基础作用。社区服务的发展最终必将促进社会福利制度的发展。社会福利制度是社会弱势群体的止痛药，是和谐社会关系的润滑剂，落实社会福利项目的社区服务必然会对和谐社会建设做出关键性的贡献。

（2）作为社会互助的基本形式，社区服务在沟通和满足邻里之间、居民之间的物质和文化需求方面能够发挥桥梁作用，体现了中国社区服务的社会互助理念。社会互助在缓解居民困难、构建和谐社会方面是不可或缺的。

（3）作为社会团结的有力工具，社区服务在凝聚社区人心、增加居民认同感、增强社会和谐方面能够发挥促进作用。

（4）作为构建和谐的有效手段，社区服务在发送社会福利、调节利益关系、调和社区关系、缓解居民压力、促进社会和谐方面可以发挥保障作用。

讨论 1-2　和谐社会对社区服务的要求包括哪些方面？

3．社区服务的原则

社区服务是一项公共服务事业，为了保证它健康有序地发展，必须要遵守一定的原则。

（1）以人为本的原则。社区服务归根结底是为社区居民提供服务的。其最终目的是促进人的全面发展和社会的全面进步，因此必须尊重社区居民的需要。服务的对象要首先考虑最需要服务的人群，即弱势人群、优抚对象、边缘人群，然后才是一般居民；服务的内容和项目要充分尊重社区居民的实际情况，不能搞花架子工程，不能搞华而不实的服务；服务的形式要考虑到社区居民的各种情况，尽可能地实现多样化。

（2）社会化方向的原则。社区服务属于社会福利体系，我国根据实际国情，决定走社会福利社会化的路子。社区服务社会化就是指服务对象全民化、服务项目系列化、服务形式多样化、服务队伍专业化。社区服务只有走这条路，才会有广阔的发展前景。

（3）特殊群体为重点的原则。这是指社区服务必须以特殊群体的服务为重点。社区的特殊群体一般包括弱势人群（如老年人、青少年儿童、妇女、残疾人、穷困者、久病者等）、优抚对象、边缘人群（如刑释人员、吸毒人群等社会越轨人群）。在特殊人群服务得到基本满足的情况下兼顾广大社区居民的服务需要。

（4）社会效益为首的原则。社区服务属于社会福利性、公益性、互助性事业，必须实行道德调节机制，而不能实行市场调节机制。社区服务的最终追求是社会效益，而不是经济效益。在社会效益得到保证的前提下可以适当考虑经济效益。

（5）因地制宜协调发展的原则。社区服务是以一定地域为范围来开展的。每个地区的历史背景、人文条件、社会经济发展程度、人口结构等方面不同，这就要求在服务中必须考虑各地的实际情况。根据各自的条件开展有特色的服务，做到社区经济、政治、文化等方面的协调发展。

1.2 社区服务的对象、内容和方法

社区服务是一项动态的服务事业。最初是在居民对福利服务的需求远远超出了政府的服务提供能力，而只好开发社会服务的潜力以弥补政府提供服务不足的社会背景下发展起来的。但是，随着我国经济和社会的不断发展，社区服务的对象和内容正在日益扩大。服务对象由以前的孤、残、病、贫、优抚人员发展到以孤、残、病、贫、优抚人员为重点的面向全体的社区居民。社区服务的内容由照顾特殊人群需要的单一的项目发展到照顾所有社区居民各类型、各层次需要的服务项目。

1.2.1 社区服务的对象

社区服务的对象是开展社区服务的指向人群，只有清楚这些人群及这些人群的特点和服务需求，才能有针对性地开展服务，保证服务的有效性。社区服务的对象概括地说包括社区的特殊群体和一般社区居民。

1. 特殊群体

特殊群体包括弱势群体、优抚对象和边缘人群。

（1）弱势群体。弱势群体是指那些因主、客观原因导致政治势力小、经济条件差、社会地位低、心理高度敏感、在社会竞争中处于不利形势的人群，如孤残人、老年人、未成年人、妇女、最低保障对象、失业人员等。

（2）优抚对象。优抚对象包括现役军人家属、革命伤残军人、复员军人、因公牺牲军人的家属、病故军人家属、军队离退休干部等。

（3）边缘人群。边缘人群是指那些因为社会流动或者社会越轨而导致不适应社会的人群，如外来人口、社会越轨人群等。

2．一般社区居民

不分年龄、性别、婚否、文化程度、职业、党派、宗教信仰、生活方式、个性偏好，只要是本社区的居民都属于本社区服务的对象。

1.2.2　社区服务的内容

社区服务领域广泛，内容丰富。根据服务对象的不同，可分为社区福利服务和社区便民利民服务两大类。社区福利服务是面向社区特殊群体开展的服务，社区便民利民服务是面向社区全体居民开展的服务。

1．面向社区特殊群体的社会福利服务

它尽管是针对社区的部分人开展的服务，却能够直接反映社区服务的质量，体现社会主义精神文明建设的广泛内涵，是社区服务工作者应予高度重视的服务活动。它可以分为以下几种。

（1）社区老年人服务。服务项目有日常生活料理、家庭护理、精神安慰、应急服务、医疗保健、文化娱乐等。可以建立的老人服务设施包括老人生活照料中心、老人公寓、老人保健站、老人法律咨询、老人婚姻介绍所、老人交心站、老人文化娱乐中心等。针对我国社会老龄化的现状和趋势，将社会养老和家庭养老结合起来，实现具有中国特色的养老方式，是我国社区服务业中最有潜力的服务内容。

（2）社区未成年人服务。具体可以开发的服务项目有婴幼儿照料、少儿上下学接送、午餐制作与配送、课外看管、假期托管、智力开发、兴趣与特长的培养等。可以建立的服务设施包括托儿所、幼儿园、学前班、学生小饭桌、儿童阅览室、少年之家、校外特长培训中心等。

（3）社区残疾人服务。服务项目包括生活保障、康复医疗、就业安置、婚姻恋爱合法权益保障、文化生活等。可以建立的残疾人服务设施包括残疾人生活照料中心、康复中心、福利工厂、伤残儿童日托所、弱智儿童辅导班、残疾人法律咨询中心、婚姻介绍所和残疾人文化娱乐活动中心等。

（4）社区优抚对象服务。服务项目有定人定期上门包户服务、辖区内商业网点"一条龙"服务、逢年过节慰问送暖活动、子女入托上学就业优先解决等。社区特困家庭服务项目包括对贫困户、鳏寡孤独家庭定期救济、包户服务、对因下岗造成的新的特困家庭的送温暖活动、优惠购买生活必需品、优先安排就业、实施再就业培训等。

2. 面向社区全体居民的便民利民服务

这是与社区居民联系最密切、最能体现社区一般居民生活需求，同时最能反映社区经济广度和深度的服务。它可以分为以下几种。

（1）一般家居生活服务。包括日常生活的购置与配送、家用电器维修、卫生清理、服装制作、拆洗与熨烫、代收公共事物费等。可以建立与之配套的服务设施有便民商店、早点铺、家电维修部、服装加工部、干洗店、理发室、钟点工介绍所等。

（2）社区环境综合治理服务。包括绿化面积的维护和扩大、"四害"治理、环境噪声控制、垃圾的袋装与分类、居民楼道及门前环境卫生的保护、违章搭建的控制、民事纠纷的调解、火灾隐患的消除、辖区内刑事案件的防范、外来人口的管理等。

（3）社区医疗卫生服务。具体可以开展的项目包括疾病预防、医疗诊断、病人护理、健康咨询、卫生宣传和防疫等。可以建立与之配套的设施有社区医疗诊所、便民医疗服务信箱、家庭病床、家庭医生全程服务、居民健康信息资料库等。这是顺应我国城市医疗改革，合理配置卫生资源，并为社区居民所迫切需要的服务活动。

（4）社区生活服务。包括文化、教育、科普、咨询、培训、体育、娱乐、健身服务等。需要的相应组织和设施有文化活动中心、市民学校、科普实践基地、各类知识讲座班、业余特长培训班、图书阅览室、法律咨询室、运动场、健身房等。

讨论 1-3　针对你所在社区需要服务的人群，策划社区服务的项目及方法。

1.2.3　社区服务的方法

社区服务面对的是社区居民，社区居民的复杂性和居民对服务的需求多样性决定了进行社区服务时应该采取多种方法，具体有以下几种方法。

1. 从社区服务调查到评估的"一条龙"方法

（1）社区调查。"没有调查就没有发言权"，服务要做到有针对性，就要符合社区居民的需求，遵循以人为本的原则，必须首先进行社区服务方面的调查，通过问卷法、访谈法、观察法等方法了解整个社区的环境、历史、地理、资源、人口构成等各种情况，清楚居民最需要什么方面的服务，居民对服务的内容和方式的期望等，做到对社区居民的服务需求胸中有数。

（2）服务项目的决定。在社区调查的基础上，根据社区的资源来研究开发什么服务项目，采取什么方式，这个过程可以请社区居民的代表参与。

（3）服务计划的制定。一项服务涉及人力、物力、财力等多方面资源的调动，因此必须制定详细的项目计划，包括项目实施的宗旨、任务和具体目标、对象、资源、服务人员、时间、地点、方法等。

（4）服务的宣传。将服务项目做成比较详细的计划，向社区居民公示，居民好决定在这个服务项目里自己能做些什么，与自己是什么关系等。宣传的形式有很多，如协助媒体、制作传单、发出通知、贴出海报等。

（5）组织实施服务项目。这是服务的关键过程。为了达到服务的目标，要调动好多方面的资源，建立有效的沟通和协调机制。先做什么，后做什么，谁负责哪个环节等都要先安排好，并且在执行过程中加强过程控制和管理，有情况及时沟通和反馈，及时调整服务内容和方法等。

（6）服务的评估和总结。评估和总结是服务的最后阶段，这样做可以对服务的效果、服务的需要有待改进的方面有一个了解，是评估工作业绩的凭据，也是改进工作的态度和方法之一。从内容来说，要评估服务的各个方面包括服务的内容、方法、服务的人员、服务的时间、地点等；从时间来说，既可以一边进行服务一边进行评估，也可以在服务结束时进行，或者实行跟踪调查服务的结果；从形式来说，既可以采取访谈形式，也可以采取问卷形式，或者其他形式。可以灵活多样，只要能够获得对服务效果的真实信息就行。每个服务人员要有自己的工作总结，服务小组要有小组的工作总结，从各自的角度反思工作的长处和弱项，以及改进的思路和办法。这样做即使服务显得善始善终，也有利于做好以后的工作。

▎案 例

准物业化管理下，老旧院落招人爱

自 2013 年以来，成都市青羊区西御河街道在老旧院落推行"准物业管理"模式中，充分发挥牵头人作用。数据显示，目前该街道已在辖区 142 个院落建立了党支部，组织团结了 1 200 多名党员，覆盖率达 100%。伴随着院落党支部的全覆盖，党员在老旧院落的改造和准物业管理的示范、引领作用也越来越明显。

推行准物业管理先调整物管费。针对老旧小区物业费难收，又缺乏专门人员管理等特殊问题，街道采取了"擦亮党员品牌"、"党员亮身份"的办法，化解居民在推行准物业管理中的矛盾。一些老党员自告奋勇地担任了协调员，先是招集楼栋长和住户代表，挨家挨户做工作，宣传实行准物业管理的好处，再通过走访了解群众心声，收集住户意见，召开居民议事会，推行准物业管理工作。与此同时，对物管费的收费标准也做了相应调整——由以前 5 元/户变成 2 角/平方米，对于困难家庭则实施免收政策。

经过近 3 个月的艰辛协调，辖区首个准物业管理院落"落成"了。对于有些家庭来说，物管费有所提高，但没人抱怨。因为院落有专人看管、专人打扫，环境变好了，也更安全了。同时，居民们的文娱活动丰富了，遇到事情"有人管了"。

资料来源：节选自《华西都市报》2014年1月17日刊登的文章"准物业化管理下，老旧院落招人爱"。

2．无偿服务、低偿服务和有偿服务相结合

针对不同的服务人群和服务项目采取不同的收费办法。例如，针对特殊群体的福利性服务和针对所有居民的公益性服务就应该采取无偿服务；针对一般社区居民的非公益性的服务可以适当收取一些费用；针对那些生活方式多样化、用以提高生活品质的高水准服务可以采取收费的办法。

3．机构服务和上门服务相结合

规模性的服务项目一般要采取机构服务，让需要服务的人来机构接受服务，这样好调动服务的资源。而对那些需求比较个性化、个别化的零散的服务则可以采取上门服务的方式。

4．社会工作专业方法

社会工作方法主要有个案工作、小组工作和社区工作三种基本方法。这主要是针对特殊人群进行服务时运用的专业性方法。个案工作主要面对一个人或一个家庭开展一对一的服务，要求遵守尊重、个别化、保密、非批评等原则，通过人与人的沟通和协调来解决个人或家庭的问题。小组工作是将有类似服务需求的人们建立一个5~20人不等的组织，通过互动来达到解决问题的目的。社区工作是将个人或家庭的问题放到社区，通过获得社区的支持来解决问题。这些对社会工作的专业方法要求比较高，需要经过专业性的训练。

讨论1-4 社区服务的产业化道路离我们有多远？

1.3 社区服务的发展和模式

1.3.1 社区服务的发展

自20世纪80年代中期社区服务兴起以来，其发展速度相当可观。最直观的表现是，由大城市向小城市中推广、普及；服务项目由原来的单一服务变为"一条龙"的网络化服务，有的地方社区服务项目达到几十个；服务设施不断完善，很多社区由无办公室或原先相当简陋的办公室到拥有自己的社区服务中心；专职工作人员由原来的老大妈调整为大、中专院校毕业生占相当比例，社区服务专业工作者队伍还拥有一支庞大的社区服务志愿者队伍，形成社区服务从市、区、街道到居委会的完整的管理体制和党政领导、民政部门牵头、有关部门配合、社区居委会主办、社会各界支持、群众广泛参与的运行机制。

我国的城市社区服务是在民政部门的积极倡导下逐步发展起来的，已有近20年的历史，

先后经历了酝酿产生、普及推广和巩固提高三个阶段，取得了显著成效。

　　(1) 酝酿产生阶段 (1983—1987 年)。十一届三中全会以来的改革开放大潮有力地推动着城市社会结构的变革，给计划经济体制下的社会福利体制带来了一系列冲击。在这种情况下，1983 年第八次全国民政会议前后，民政部门开始酝酿城市福利工作的改革，提出了国家和社会力量相结合，采取多种形式办社会福利事业的新思路。在 1984 年召开的漳州会议上，进一步明确了"社会福利社会办"的指导思想，并进一步提出，要使社会福利事业从单一的、封闭的国家包办的体制转变为国家、集体事业。1985 年，民政部总结推广了上海市民政部门创造的市、区、街道、居委会"四个层次一条龙"的福利服务网络化经验，使城市社会福利事业开始走向社会，深入基层。在此基础上，民政部门于 1986 年第一次提出了在城市开展社区服务工作的要求。1987 年，民政部在武汉召开了部分城市社区服务座谈会，明确了社区服务的内容和任务，以及社区服务与民政部门的关系，这次会议的召开标志着我国城市社区服务的产生、兴起。

　　(2) 普及推广阶段 (1987—1993 年)。自 1987 年武汉会议后，全国城市社区服务工作可谓发展迅速，成效显著。社区服务在全国城市，特别是大、中城市开始进行广泛的试点工作。其内容包括：建立社区服务的指导机构，制定社区服务的发展规划，探索不同类型的基层社区和社区服务模式。值得一提的是，1989 年 3 月 18 日，天津市和平区新光街道率先成立了全国第一个社区服务志愿者协会，从而拉开了我国城市社区志愿者活动的序幕。1989 年 10 月，民政部在杭州召开了全国城市社区服务工作交流会，提出在全国所有城市全面推广和普及社区服务的要求，并提出了普及阶段发展社区服务的指导思想与主要任务。会后，各地民政部门和基层社区组织都以多种形式宣传和探索社区服务工作，使社区服务获得社会上广泛的理解与支持。尤其是同年 12 月通过的《中华人民共和国城市居委会组织法》，明确规定了"居委会应当开展便民利民的社区服务活动"，这进一步推动了社区服务向微型社区延伸。据有关资料统计，到 1992 年年底，全国已有 70%多的城市街道开展了社区服务工作。到 1993 年年底，这一比例上升到了 80%多，同年，全国城市社区设立服务设施的有 11.2 万个，其中设立老年人服务设施 2.4 万个，残疾人服务设施 0.9 万个，优抚对象服务设施 1.6 万个，综合性的服务设施中心及其他便民利民服务设施 6.3 万个。

　　(3) 巩固提高阶段 (1993 年至今)。1993 年，民政部、国家计委、体改委、财政部等中央 14 部委联合下发了《关于加快社区服务业的意见》，这是民政部在全国倡导开展社区服务以来的第一个政策性文件。14 部委文件的颁布，标志着社区服务作为一种特殊的产业进入了新的发展阶段。在此基础上，民政部于 1994 年年底在上海召开了全国社区服务经验交流会议，进一步澄清了社区服务发展中存在的一些模糊认识，重申了它的福利服务宗旨和坚持社会效益为主的基本原则。1995 年，民政部颁布了《社区服务示范城区标准》，在全国开展了创建示范城区的活动。1998 年，民政部命名了 46 个"全国社区服务示范城区"，促使更多城区正在向示范城区迈进。

2007 年，民政部出台了《全国社区服务示范城区标准》和《全国社区建设示范城基本标准》，推动了社区服务向高标准、规范化方向发展。2009 年，民政部颁布了《关于进一步推进和谐社区建设工作的意见》，要求进一步完善以民生需求为导向的新型社区服务体系，不断提高社区居民生活水平。2012 年，十八大报告中提出了要进一步改进政府提供公共服务方式，加强基层社会管理和服务体系建设，增强城乡社区服务功能。

总之，经过 30 年的持续努力，我国城市社区服务已成为居民认识和依赖的切身事业，并取得了显著的成绩。第一，许多社区已从起步阶段的单项服务拓展为系列化服务，具体服务项目达十几个乃至几十个；第二，兴建了一大批社区服务网点和社区服务设施；第三，形成了一支由专、兼职服务人员和广大志愿者组成的宏大社区服务大军；第四，探索出了一条"社会福利社会化"的改革之路，提出了无偿、低偿和有偿服务相结合，以有偿来促进低偿和无偿的社区服务发展思想。

讨论 1-5 纵观社区服务的发展道路，你有什么体会？

1.3.2 社区服务的模式

1. 我国城市社区治理模式的发展

1949 年中华人民共和国成立以后，为确保新生的人民政权的巩固和发展，有效地利用社会资源，促进经济尽快恢复和社会全面进步，党和政府对旧有的基层社会组织进行彻底颠覆，废除了国民党时期的保甲制度，在城市社会基层组建了形式多样的社区组织模式。1954 年 12 月，第一届全国人大常委会第四次会议上对城市街道办事处的性质、任务、组织结构、工作方法、经费等做了具体规定。至 1956 年，全国各城市都建立了居民委员会，从此这一城市社会基层组织形式正式形成。然而，随着单位制度的强化，城市社区组织的作用与单位组织体系相比便显得越来越微不足道。社区组织（居民委员会）逐渐演变成"拾单位之遗，补单位之缺"的组织。

1986 年，民政部提出了开展"社区服务"的要求，在我国首次提出了"社区"这一概念。到 20 世纪 90 年代，政府有关部门借鉴了国外社区发展的基本理念，并结合我国的实际情况提出了社区建设的思路，随之确定了在若干城市进行试点。2000 年 12 月，中共中央办公厅、国务院办公厅转发了《民政部关于在全国推进城市社区建设的意见》（23 号文件），这也是指导我国城市社区建设的纲领性文件。该文件指出："社区建设是指在党和政府领导下，依靠社区力量，利用社区资源，强化社区功能，解决社区问题，促进社区政治、经济、文化、环境协调发展，不断提高社区成员生活水平和生活质量的过程。"随后，全国范围内的社区建设广泛开展起来，在政府的推动和社区居民的参与下，我国城市社区建设由试点进入全面推进阶段。

有的学者认为，我国的社区治理模式大致经历了以下三个阶段：政府主导的行政型治理模式、政府推动与社区自治相结合的合作型治理模式和社区主导与政府支持相结合的自治型治理模式。也有学者将这一发展过程分为两个阶段：街居制——国家行政全能主义治理模式和社区制——合作主义治理模式。两种观点都反映了我国城市社区治理的发展趋势，社区治理的主体由政府组织扩展到社区内的自治组织和非政府组织，政府组织通过授权和权力的下放，逐步将其承担的社会职能让渡给社区内的社会组织，社区自治性逐步增强。社区组织将拥有越来越多的权力和责任，政府不再需要包办社区建设中的各项事务。因此，在新的管理体制下构建一套科学有效的社区管理体系，完善系列制度，进而保证社区服务的质量和资源的合理有效利用，是我国亟待解决的问题。

| 案　例

社区服务开封模式

作为中国七大古都之一，开封果然是唐街宋市，民风淳朴。但开封人的思想并没有被那久远的历史所尘封，近两年来，古道热肠的开封人心中涌动着一股强烈的创新意识，他们果断地"开封"启动了"大社区、大服务、大市场、大流通"的社区服务业，为正处在十字路口的中国社区服务业勇敢地探索出一条新路。说到社区服务的开封模式，不能不提到开封的百姓家庭生活服务中心，这个不起眼的小中心正在尝试着干一件大事业。从其所开展的活动来看，它好像一个公关组织，它曾受中央电视台《综艺大观》栏目委托，组织该栏目的编导和演职员工在东苑大酒店与开封观众见面，也曾为中央电视台《实话实说》节目服务过，在开封组织"百姓点题"活动；从其活动的性质来看，它好像一个服务组织，它把老百姓"想用的、想办的、想找的、想说的"全部纳入自己的视野，全力提供帮助服务；从其提供的服务方式来看，它好像一个信息中介组织，通过金桥信息网把服务对象和服务提供者有机联系起来，使服务需求者享受到免费自愿服务。总之，开封百姓家庭生活服务中心是一个地地道道为老百姓服务的社区服务组织。它立足地方，面向全国。北京一所著名大学的老教授也曾享受过这个中心所提供的服务。

资料来源：节选自知网空间刊登的《民政论坛》2001 年第 03 期夏学銮的"社区服务的开封模式"。

2．社区服务的典型模式

（1）开封模式。"开封"二字，对于开封的百姓家庭生活服务中心来说，就是打开封闭的门户，打开社区千家万户的门户，打开社区各行业、各部门、各单位的门户，通过金桥服务网络，构筑起一个社区服务大平台，让社区单位和社区居民在一个共同的大社区范围内沟通、互动、互惠、互助，拓宽了社区服务的领域，完善了社区服务机制，并结合中国的实情，闯出了用非政府组织开展社区服务的新路子，这就是社区服务的开封模式。

社区服务的开封模式内容充实，形式完整，前景广阔。它具有以下几个鲜明的特点。

1) 以人为本的价值理念。开封人依然保留着许多以人为本的传统价值理念，这在市场经济条件下是非常难能可贵的。在鼓楼区区委书记詹树生的办公室里，抬头可以看到这样的条幅："当官先做人，得志不离群；敬业如敬父，公廉是我魂。"在开封百姓家庭生活服务中心杨丽霞主任的名片上，赫然写着这样的话："你想用的，你想办的，你想找的，你想说的——百姓家庭生活服务中心全力相助。"两边各有一联，上联是"再忙不忘父母"，下联是"再累也疼爹娘"，这些朴实无华的语言，反映了开封百姓家庭生活服务中心的人文关怀和孝敬理念。用这种至孝理念服务社区百姓，怎能不受社区居民的欢迎？

有这样一个案例：当事人夫妇双双下岗，家中还有一位生病的婆婆和一个在北京上大学的孩子，通过开封百姓家庭生活服务中心，这位女下岗职工一次次免费找到家庭保姆工作，她自豪地称自己是"永不下岗的下岗工人"，夸赞"百姓家庭生活服务中心是咱老百姓的贴心人"。

2) 以大社区为对象的服务范围。百姓家庭生活服务中心基于对现代人生活方式社会化和生活范围扩大化的正确认识，使社区服务对象的范围从小家庭、小社区中走出来，以大社区、大社会为工作平台，开展了以信息交换和管理为手段的大流通、大服务。百姓中心在全开封普遍建立了金桥服务站，通过这个信息网络，使服务对象享受到快捷、方便、全面的服务。

3) 产业化的运作模式。由于服务对象的扩大，小作坊式的运作方式已经不能满足日益扩大的社会需求，因此中心采取了产业化的运作模式。产业化模式在这里主要表现为：在对需求的社会化和信息化收集和传递的基础上，需求的批量满足和个别满足相结合；服务的批量供应和个别供应相结合。虽然这个信息化网络还有待资金的注入，但人文关怀弥补了它的技术不足，不久，一个现代化的网络技术平台将在这里浮出水面。

4) 福利性的服务宗旨。开封百姓家庭生活服务中心对社区老百姓奉行福利性的服务宗旨。除了需要收成本费的，其余所有服务都是免费的。由于这个中心和许多商家签订了伙伴关系，因此它能够用从商家那里赚来的钱维持对百姓的免费服务。由于中心介绍的商家和商品都是信誉好的、质量高的、有良好售后服务的，使居民买了实惠和质量，居民都对这种服务方式感到满意。为此，中心工作人员和服务居民形成了信任—依赖关系，受到服务居民特别是老年人的热情欢迎。从其福利性的服务宗旨来看，这个中心有点类似于美国的社区发展公司。但是，从其筹资渠道上来看，它又是一个具有中国特色的非营利部门，即第三部门，因为它不是从政府那里获得福利资金的，而是通过为企事业提供服务而获得资金的，反过来，它通过利润再分配的方式把一部分利润用于福利服务。

5) 创新型的工作体制。开封百姓家庭生活服务中心的工作人员并不多，但从其所做的工作来看，你简直不敢相信这些事情就是这个小中心干的。为什么这个中心能够做到人少效率高，小中心办大事？原来这里有一种创新型的工作机制在发挥作用。例如，它为社区百姓关注且希望参与的中央电视台《实话实说》节目安排的"百姓点题"活动；它和《河南农村报》联合举办的"万千老乡'中州'世纪行动"项目；它所开展的"家庭生活需求调查"活动，以及开展的"企事业发展需求调查"项目；它和企业联合举办的"方圆家具杯"幸福欢乐家庭大赛活动；还有它与居委会联网登记孤寡老人生活状况等项目，不仅取得了良好的社会和经济效益，而且显示出了生产力要素重新结合、资源优化组合和创新型工作机制的巨大威力。

▎案 例

浦东新区罗山市民会馆的托管模式

上海浦东新区罗山市民会馆就是一个探索的案例。1996 年，上海基督教青年会接受上海浦东新区社会发展局的委托，将一个新建小区的公建配套设施改建为综合性的社区中心——上海浦东新区罗山市民会馆。他们尝试着将会馆建成一个当地居民进行社会交往、社会教育、文化娱乐、体育健身、享受公共福利服务的开放式的社区公共场所，并力求以罗山市民会馆为依托，形成一个有社区归属感的松散的会馆成员群体，使会馆成为当地居民人格养成的课堂、人伦实践的场所、人际交往的学校、社群合作的舞台。他们的试验突破了迄今为止中国境内设置和管理社区服务中心的一般模式，在设置目的目标、项目选择、人员聘用、财务管理、运营机制等方面都与现行做法有明显的区别。他们这场试验的意义已经超出了社区服务中心的管理范畴，向政府委托非政府、非营利组织经管社区及社会公共服务设施这一长远方向走出了关键的第一步。在上海近百家社区服务中心中，罗山市民会馆是极有个性的一家，其正式名称应是"浦东新区金杨新村街道社区服务中心"，但习惯上仍称之为"罗山市民会馆"。

资料来源：节选自吾喜杂志网刊登的《社会学研究》2001 年第 03 期杨团的文章"社区公共服务设施托管的新模式——以罗山市民会馆为例"。

（2）社区服务托管模式。罗山市民会馆的重要意义在于它是上海市在社区服务中引入社团和社会化管理新机制的实验和探索的结果，代表着社区服务在上海的一个发展方向。我国的社区公共设施一直沿袭行政化管理模式，几乎所有的社区服务中心都是由政府和派出机构——街道进行管理的，由街道或委托民政科直接管理或承包给个人营运。由于缺乏成熟的管理模式和规范，加之缺乏营运资金，导致管理状况普遍不佳，不是效率低下就是追求赢利，以致影响了社区服务中心公共服务设施的功能发挥。而上海市罗山市民会馆探索社区公共服务设施的托管模式，是一种政府委托、社团运营、市民参与的模式，是为了在我国现有条件下，寻找一种较为节省资源、效率较高的社区公共服务产业化营运方式，同时是对在社区范围内的社会公共财产或社会福利资产的合理的管理方式，值得推广。

1）政府委托、社团营运的托管模式。浦东新区开发以来，新区政府一直在探索"小政府、大社会"的模式，浦东新区社会发展局（简称社会发展局）也遵循这一精神，积极探讨社会福利社会化的新路子。在社区建设中，如何引入市场机制，将国家投资的公共设施委托给民间社团经营；如何营造一个突破部门分割、从社区需要出发的新的综合性社区发展体制，一直是浦东社会发展局规划中改革与发展的重要目标。所以，当1995年新建小区罗山街道的公建配套设施出现空置时，就为他们实现自己的目标提供了机会。社会发展局规划了一个大胆的体制性试验——将这个公建配套设施改建成一个由社会发展局直接管辖的社区公共设施，启动社会机制，并寻找社会组织对其进行管理。他们把这个设施命名为罗山市民会馆，以示与功能单一且由政府或政府派出机构营运的社区服务中心的区别。为此，社会发展局向社会发出信息，征召愿意管理的志愿机构。

最后确定了上海市基督教青年会（简称青年会）。之所以选定青年会，是考虑到这是一个具有服务社会志愿精神传统的民间社会团体，其组织管理水平和人员的专业素养相对较高。

在罗山市民会馆建设过程中，采用了由社会发展局出土地和房屋，并承担改建的费用，浦东新区社会发展基金会（简称基金会）运用社会捐款投资会馆的主要设施，青年会承担会馆管理的共建方式。

1996年2月，社会发展局与青年会签署了委托管理罗山市民会馆的协议。罗山市民会馆开业时只建有市民休闲中心。一年后，青年会又与社会发展局再次签约，受托管理浦东新区"999"市民求助中心，它是利用会馆房产、由政府投资设备和全额拨款支持的。1998年，青年会又与罗山街道签约，将与当时会馆一墙之隔的另一处空置的公建配套设施改建为罗山敬老院，与上述市民休闲中心、"999"市民求助中心共同构成罗山市民会馆的三大主要服务设施。至此，形成了现在罗山市民会馆的规模。会馆占地面积4 000平方米，建筑面积2 260平方米，1996年2月至2000年11月，参加活动或享受服务的市民已达71.4万人次。

运营中的罗山会馆，在多次矛盾冲突与解决的撞击中，初步形成了政府与社会组织协作，提供社区公共服务的政策性意见和实施委托工作的一套程序和程序文件。其中包括被托管的社会公共财产的维护与管理政策、委托单位对于受托单位的财政支持政策、评估与监督的政策，以及签约前对受托方的资格审查认定程序、受托单位提出管理目标规划与成本测算的程序、委托单位进行财务审核的程序等。2000年，关于罗山会馆的第二轮委托协议在社会发展局与青年会之间再次签订，体现了上述工作的成果。

2）受托单位（罗山会馆）的运行与管理模式。罗山市民会馆建设与管理的参与各方对机构运行模式的概括表述是："政府主导、各方协作、市民参与、社团管理。"

政府主导：在提出会馆共建设想、动员社会资源、参与投资创办、委托社团管理、扩大会馆规模、改善会馆管理的每一阶段每一步骤中，社会发展局作为社区建设的规划者、新方式的倡导者、各方关系的协调者，都起了主导作用。

各方协作：社区的事情社区做，各方积极为会馆营运出力。社会发展局、罗山街道（后并入金杨街道）、基金会和青年会出资金、出设备、出人力共建会馆。青年会作为管理方，与社会发展局、基金会、街道办事处、居民委员会都建立了协作关系。

市民参与：市民参与会馆活动，享受会馆服务，并参与会馆的制度建设。参与会馆建设的主要途径是参与会馆的志愿者活动，提供建议和意见，选派代表进入管理委员会。

社团管理：这是罗山模式的核心部分。最初，会馆实行的是管委会制，即由参与会馆共建的各方派出代表成立一个会馆管理委员会，既管决策又管营运。后来发现，管委会只能作为决策机构，具体的日常管理包括选择项目、制定收费标准必须由受托单位独立管理。青年会遂进行了管理方面的大胆探索。他们采取委派会内骨干出任会馆馆长、财务和项目经理，在形成团体领导的基础上进一步放权，实行馆长负责制。从而形成了管委会管大的决策、青年会管项目和财务监督、馆长负责日常事务的较为完整的一套运营管理模式。由此，青年会运用自己的人才和管理经验，依托罗山社区公共服务设施，创建了一个与母体有联系的独立的新社会组织——罗山会馆。老社团帮带建立新社团，这在中国是个新创造。

此外，在组织创新的同时，也出现了制度创新。在社区公共服务设施的管理制度方面，不仅从政府直接管理到政府委托社团管理，而且开创了市场的管理中心方从服务方向、服务质量到服务价格、服务成本的社区公共服务产业化管理制度，形成了市场模拟机制。青年会与罗山会馆的关系目前已经成为社区公共服务设施管理中心（青年会正在登记注册中）与独立的被托管组织的关系。这就为罗山会馆的运营管理模式的推广创造了前提。不仅新建的社区公共服务设施可以这样做，所有已经建立并且已有组织在其中运营的公共设施都可以这样做，即通过与管理中心签约的方式，引入人才，引入资金，引入项目，提高设施利用率和社区公共服务的供给总量和水平。

3．社区治理模式的构建

（1）构建社区组织结构。借鉴公司治理结构的现代管理模式，促使各主体之间形成一定的制衡关系。新构建的社区组织结构可为社区规划发展办公室——领导层，社区居民代表大会——决策层，社区居民委员会——执行层，培育和发展社区中介组织。根据实际需要，在社区居委会下设社区保障服务、治保调解、环境卫生、计划生育、工会、妇联、共青团、残疾人协会、社区志愿者协会、社区老年人文化娱乐组织、青少年帮教组织、扶贫帮困邻里互助等专门性的群众组织和中介组织。

（2）大力发展社会组织。国外非营利组织的发展不仅提供了公共服务，创造了就业机会，激发了公众创造力，也体现了现代公共管理的发展方向。我国的非营利组织主要是一些行业的协会和群众团体中的各种学会、基金会、研究会等。这些社会组织在经济社会发展进程中发挥了积极的作用，但也存在需要加强管理的问题。借鉴国外管理经验，必须把社会组织置于社区管理委员会或其他有控制力的组织管理之中。这样，既可以对社会进行合法有效的组织管理，又可以借助社会组织处理好社区管理工作中大量的日常事务。

（3）社区志愿服务应向制度化方向发展。国外社区居民的志愿服务，既是个人的自愿，也是制度的约束。正是因为有制度约束，才使志愿服务由个人行为迅速向社会化方向发展。我国的志愿服务发展很快，已经形成了"奉献、友爱、互助、进步"的志愿精神，但也存在一些问题，主要是对有志愿服务能力而不参与者的约束力不强，志愿服务还没有真正实现制度化、社会化。因此，我们也需要健全相应的制度，进一步促进社会公平和正义，激发人的主动性和创造力，营造平等友爱、融洽和谐的社会氛围。

| 案 例

新式服务提升社区活力

从2010年10月开始，深圳市借鉴香港等发达地区经验，开始探索新的社区服务中心模式，即由政府牵头并提供运营资金支持，整合社区公共服务场地设施，形成社区服务中心。

中心主要发挥以社会工作者为骨干的专业人才作用，以社区老人、残疾人、青少年、妇女、儿童、家庭为重点对象，为居民提供跨部门的综合性专业化公益性服务。新模式打破了部门分割格局，整合了社区资源，并采用民间运作机制，发挥专业机构和专业人才作用，有效提高了社区服务整体水平。

2011年7月，花果山社区阳光家庭服务中心正式升级转型为社区服务中心。目前，中心已经开展老年日间照料、书吧棋牌娱乐、社区学校教育、心理健康咨询、爱心慈善帮扶弱势群体、两代表一委员定期接访居民群众等各项活动，受到社区居民好评。

花果山社区以政府购买公益性社会组织服务的方式，通过招投标方式引进"阳光家庭"服务机构负责运营，引入香港社工督导，配备5名专业社工，建立"社工＋义工"的服务模式，为社区居民提供心理咨询、养老助残、个案服务等10多项专业化服务，构建起跨部门、综合性、专业化的非行政性社区服务新模式。

资料来源：节选自深圳新闻网刊登的《深圳商报》2011年8月31日的文章"社区服务新模式获民政部长肯定"，节选时有删改。

讨论1-6 结合上述案例，讨论合适的社区服务模式。

复习思考题

一、填空题

1. 社区服务的特点包括_____、_____、_____和_____。

2. 社区服务的功能有支持功能、_____功能、_____功能、_____功能、_____功能和整合功能。

3. 社区服务的原则有以人为本的原则、_____、_____、_____和_____原则。

二、选择题

1. "罗山会馆"的运作模式包含_____特点。

    A．政府主导   B．市民参与   C．各方协作   D．社团管理

2. 社区服务中的特殊人群是指_____。

    A．弱势群体   B．优抚对象   C．边缘人群   D．一般居民

三、简答题

1. 社区服务的方法有哪些？

2. 社区服务的主要内容是什么？

四、讨论题

1. 针对你所在社区的情况，设计合理的社区服务模式。

2. 在学习社区服务方法的基础上，进一步深入社区，调查目前社区所采取的社区服务方法。

实训任务

任务描述：走访社区，获得关于社区和社区服务的最基本的感性认识。

任务引导：

1. 通过实地观察和访谈社区居委会负责人，了解社区的历史发展状况、区域特征、人口结构、基础设施和社区服务的内容等。

2. 访谈不同类型的社区居民，了解社区居民对社区及社区服务的认同感。

第2章　社区服务队伍

引言

　　社区服务队伍是社区服务赖以存在和发展的基础，本章我们要学习社区服务工作者的定义和人员构成。本章还将介绍作为合格的社区服务工作者应该具备哪些服务素质要求，包括品德素质和知识与能力结构两个方面。同时，为了社区服务队伍本身的完善与社会工作专业的持续发展，还要对社区服务队伍人员进行培训，对社区服务的志愿者队伍进行动员和组织。

学习目标

1. 了解我国社区服务队伍的含义和人员构成情况。
2. 掌握合格的社区服务工作者应该具备的品德素质、知识结构和能力结构。
3. 了解社区服务队伍应该进行的培训。

学习导航

2.1　社区服务队伍概述

案　例

北京市社区服务工作者管理办法（试行）公布

2008 年 9 月 25 日，北京社会建设大会召开，公布了《北京市社区服务工作者管理办法（试行）》、《北京市社区管理办法》等五个重要文件，首次对社区服务工作者的职责、待遇等进行规定。本办法所称社区服务工作者，是指在社区党组织、社区居委会和社区服务站专职从事社区管理和服务，并与街道（乡镇）签订服务协议的工作人员。

社区服务工作者通过选任和公开招录等方式配备，其人数由各区（县）依据国家和北京市有关规定，结合工作需要和社区规模确定，并报市政府主管部门备案。

1. 关于选任的社区服务工作者

（1）社区党组织中的专职工作者。按照《中国共产党章程》、《中国共产党基层组织选举工作暂行条例》和《北京市城市社区党组织工作若干规定（试行）》参加选举当选的或被任命为社区党组织成员的专职人员，与街道（乡镇）签订服务协议，办理相关手续，纳入社区服务工作者范畴管理。

（2）社区居委会中的专职工作者。按照《中华人民共和国城市居民委员会组织法》和本市的有关规定参加选举、当选为社区居委会成员的专职人员，与街道（乡镇）签订服务协议，办理相关手续，纳入社区服务工作者范畴管理。

2．关于招录的社区服务工作者

除上述社区党组织、社区居委会选任的社区服务工作者外，在社区服务站配备的专职工作人员，也纳入社区服务工作者队伍管理。社区服务站专职工作人员按照专业化、职业化的要求，采取公开招考的办法录用。招录工作在市有关部门的指导下，由各区（县）按照"公开、平等、竞争、择优"的原则组织实施。

招录对象应当具备如下基本条件：

（1）模范遵守国家的法律、法规，政治素质好，责任心强。

（2）热爱社区工作，具有一定的组织协调能力和相关业务知识。

（3）品行端正，身体健康，年龄一般在 40 岁以下。

（4）具有大专以上（应届毕业生大学本科以上）学历。

（5）具有本市城镇户口。

资料来源：节选自《京华时报》2008 年 9 月 26 日刊登的文章"北京社区管理办法公布"，节选时有删改。

讨论 2-1　结合上述案例，分析社区服务队伍由哪些人员构成。请走访邻近的社区，思考在该社区中社区服务队伍又由哪些人员组成。

2.1.1　社区服务队伍的含义

1．社区服务工作者是专业社会工作者

就内容而言，社区服务工作者具有两个基本特征：一是社会工作的场域在社区；二是工作的方法主要是运用社会工作专业的三大方法之一——社区工作方法来完成推动社区发展的任务。因此，社区服务工作者是指在社区工作的社会工作者。他们或者受雇于政府机构，或者在非营利的社会福利机构（如社区中心），在社区中运用社区工作方法，组织社区居民，动员社区资源，解决社区问题，是促进社区进步和发展的专业社会工作者。

既然社区服务工作者是专业社会工作者，就强调必须具有一定的执业资格。世界上一些国家和地区，对社会工作者执业资格的要求分为两个层次：一是以是否经过社会工作专业教育或训练并获得专业文凭（大专以上学历）作为"入职"的基本资格，否则只能从事辅助工作，如社区中心的行政秘书、社区敬老院的护理等；二是受过专业教育的社会工作者，参加执业资格考试，通过者获准为注册社工，或取得从业执照。

尽管不同国家和地区在受教育程度的规定上有所差异，但国际社会工作界普遍认可的

社会工作者应符合以下要求：

(1) 具有社会工作执业执照；

(2) 具有社会工作的专业教育背景；

(3) 受社会工作专业伦理约束；

(4) 应为社会工作专业组织的成员；

(5) 以社会工作为一种职业生涯。

在我国，2008 年全国社会工作师资格考试在全国开始进行，有一大批来自社区的工作者参加此次考试，此举将促进我国社区服务工作者的专业化和职业化发展。

2．社区服务工作者是职业社会工作者

社会工作者大部分受雇于社会福利机构，对社区福利机构而言，一般有两种形式。

(1) 在社区中的服务设施中工作，即社区服务工作者所服务的机构在某社区设有服务设施，如青少年中心、老年人日间托管中心、社区服务中心等。这类社区服务工作者的岗位是固定的，除非有调职等情况出现，否则不会发生大的人员变动。

(2) 在社区发展项目中服务，即由机构将社区服务工作者组成一个项目工作组，深入社区工作，这类社区一般是有突出社会问题且亟待解决的问题社区或贫困社区。此类社区服务工作者的岗位是随项目需要而定的，当项目结束后，社区服务工作者或者随项目工作组撤出社区，转移到另外一个问题社区，或者被安排到新的项目工作组，进入到其他社区。

无论社区服务工作者的工作形式如何，其所服务的社会福利机构都对社区工作实务活动有很大的影响。

在我国，社区服务工作者的工作机构主要是在社区居民委员会。社区居民委员会作为基层社区群众自治组织，其成员不是政府公务员或事业单位编制干部，而由社区居民选举产生。从全国的情况看，目前社区居民委员会成员仍有相当一部分来源于离退休的社区居民、街道招聘的社区事业干部、社区专职工作者。其中，离退休人员基本居住在本社区，这部分人员随着社区的发展逐步减少。社区事业干部属于过渡形式，主要解决传统社区居民委员会干部年龄偏大、文化偏低、能力不强的问题，其会被未来的社区专职工作者所取代。此外，还有一些非政府机构在社区中开展社会服务工作，这类机构是我国未来社区发展的重要力量。

3．社区服务工作者的使命和任务

传统的社会工作一直是以"济贫扶弱"作为使命和任务的。社会工作在发展成为专业的过程中，在认同"济贫扶弱"是社会工作专业责无旁贷的使命和任务的同时，却在社会工作方法上出现了两种迥异取向：一是源于慈善组织会社的务实活动；二是源于睦邻组织运动的务实活动。这两种取向在方法论上有各自的关注点，但都相信人的问题应该放在其所在的大环境中来考察，而处理的方向也应朝向通过环境的改善或社会的改革来增强个人

及其家人的生活功能。

（1）寻求社会公正。社区工作的基本目的是实现社会资源的再分配，缔造一个公平、正义的社会。而社区服务工作者的使命就是为建立这样的公平、正义的社会而努力，包括改善不合理的制度，倡导更加公平的社会政策和资源分配等。

（2）促进意识提升。社区服务工作者要通过促进社区居民的意识提升，使居民放弃个人取向的解决问题方法，并能够联合其他居民一起想办法处理问题。

（3）推动集体参与。集体参与强调的是运用集体智慧去解决社区问题。社区服务工作者相信集体参与是解决社区问题和提升居民意识的重要途径，因此，工作者应该帮助居民认识到每个人的思维方法是不同的，通过集体参与可以使大家交流意见，形成不同观点的碰撞，有助于拓宽个人的眼界，也有助于根据集体的意愿做出决策。

2.1.2 社区服务队伍的人员构成

社区服务队伍是社区服务赖以存在和发展的基础。社区服务队伍原则上由两个方面的人员组成。

1. 专业社区服务队伍

专业社区服务队伍主要是社区服务的管理人员和从业人员。例如，政府有关部门中从事社区服务的管理人员，各级社区服务中心和社区服务站的工作人员，社区居委会的社区服务工作者，从事社区服务业的从业人员等。社区服务的从业人员是社区服务的重要资源，社区服务中心要用经济合同的形式与之建立合作关系，通过求助热线与之密切联系，通过他们的专业服务，解决社区居民的困难。专业社区服务队伍是社区服务的骨干力量，应明确分工，明确职责，发挥作用。

2. 社区志愿者服务队伍

社区志愿者服务队伍是开展社区公益性、福利性社区服务的骨干力量。各社区都要组织以共产党员、居民及单位代表为主体，热爱公益事业、有一定专长、不计报酬、不讲条件、自愿为社区居民服务的居民参加社区志愿者服务队伍，开展社区公益性服务、居民互助服务、突击应急服务及技术专长或专项的志愿服务。

目前，全国有社区志愿者组织8万个，社区志愿者1 800万人。随着志愿者活动影响面的不断扩大，参与志愿服务不仅成为广大青少年的自觉行动，而且受到中年人、老年人的积极响应，纷纷加入志愿服务的行列，社区志愿者服务队伍不断壮大。

2.2　社区服务队伍的服务素质要求

┃案　例

佛山市南海桂城开展"我心中的'五星级社区服务工作者'"系列活动

城市化进程加速,社区服务工作者如何提高水平,为居民提供优质服务? 2008 年 9 月,南海桂城启动"我心中的'五星级社区服务工作者'"系列活动,通过讲座、征文比赛、演讲比赛等方式全面提升社区服务工作者素质。

每年桂城新增人口超过 2 万人,社区服务、文化需求越来越高,过去的服务水平很难满足现代城市管理要求。为此,去年,桂城专门成立社区管理处,并开展了一系列改革,以便跟上城市经济、文化发展的步伐。

为进一步加强社区工作队伍建设,提高服务能力,桂城特地开展此次系列活动。据介绍,系列活动将举办两场不同主题的培训讲座,分别以素质能力培养和社区工作语言艺术及沟通技巧、演讲技巧、领导语言艺术等为主题;以各社区居委会为单位开展专题学习讨论会,深入讨论如何成为一名"五星级社区服务工作者"。

资料来源: 节选自《佛山日报》2008 年 9 月 10 日刊登的文章"提升社区工作者素质"。

讨论 2-2

1. 该社区评选"五星"社区服务工作者,主要是为了进行社区的什么建设?
2. 如果让你来设计"五星"社区服务工作者,你会如何来定义这个五星的含义?

从微观的社会治疗的角度出发,社区服务工作者的工作方法主要以临床或治疗为协助重点,教育也主要集中教授协助的方法和技巧,培养的是专才的社会工作者。而从宏观的社会改革入手,则强调用社区发展来改革社会政策,改善社会环境,教育也侧重于增进学生社会和政策的知识,训练其解决社会问题的能力,培养的是通才的社会工作者。

2.2.1　社区服务队伍的品德素质

所谓道德品德,是指通过真善美及是与非的价值理念来调整人与人之间的行为规范。它依靠人们对其的认同来发挥作用,靠遵守道德者的自律和社会的他律来约束和指导人们的行为。道德功能是社会良知的一部分,而这种社会良知除了具有判断好坏是非的价值尺度外,也伴随有推广这些价值的义务。可以说,社会良知不仅提高人的道德水平,也进一步达到传播和推广社会工作的目的。

1．社区服务工作者的工作态度

社区服务工作者的道德素质尤其体现在工作者的工作态度上，这要求社区服务工作者要具有奉献精神，要能够忍辱负重并且敬业负责。

（1）奉献精神。社会工作者在进行专业工作时，出发点是奉献而不是索取。社区服务工作者一般的工作对象是困难社区，或正在遭遇困难的社区居民，属于缺乏资源的一群人。他们在接受社区服务工作者帮助的过程中，可以给的回报多是对社区服务工作者个人的肯定和赞扬，或者一句简单的感谢，也就是说，没有及时的物质或声誉的报酬。这就要求社区服务者具有奉献意识，并以良好的意愿投入工作过程中。

（2）忍辱负重。社会工作者的服务对象通常是困难社区的居民，或处于困难中的社区居民，他们的正常的社会生活都受到了一定程度的破坏，所以居民的观念、意识和情绪可能暂时偏离社会的正常标准。因此，当社区服务工作者与他们交往和提供服务时，经常会遇到抱怨和误解，这就要求社区服务工作者要有大的气度，而不是斤斤计较。

（3）敬业负责。社区服务工作者的奉献和忍辱负重，并不是为了标榜自己人格有多么高尚和伟大，而是出于一种职业的态度和事业心，是出于职业的需要，而非个人作秀；是出于推动社会进步和维护社会公平的职业追求。只有热爱自己的事业，持有对专业负责、对服务对象负责的态度，才能把自己的才能贡献给这个有益于人类进步的事业。

2．对从事社区服务工作者个人态度的建议

（1）事先要有力臻完善的规划。若没有对社区服务的完善规划，你所做的事情，只能凸显你的愚昧而不是你良好的工作态度。

（2）接纳建议。社区服务不是个人秀的舞台，而是一个为多数人谋福利的社会空间。为了给大多数人带来利益，可知与众商议是多么重要，这包括与你的同事和服务对象。任何意见都将为你的工作带来裨益。

（3）承认自己是有限的。社区服务工作者应当清楚哪些工作是自己能力范围之内的，应将自己的全部能力来为社区居民服务，但这不是要求做自己做不到的事情。如果你将精力花在做非自己能力范围内的事情，那么你要知道，你不但做不成这件事情，反而浪费了时间，因为你本可以在这段时间内完成其他你能力所及的服务。

（4）勤奋的心志服务。成果和掌声不是来自别人，而是来自自己的耕耘。

（5）控制情绪。情绪管理是社区服务工作者需谨慎处理的事情。作为一位有教养、受过良好社会工作教育的工作者来说，对处于弱势地位的群众大发雷霆，是一件没有修养的事情，这不是这个职业该有的作风。

（6）无须过分忧虑。当你的工作符合道德和专业伦理时，你无须为你的行为过分忧虑，哪怕世人对你的行为有所怀疑，但你不能为怀疑而忧虑，丧失对职业的信心。社会中你会碰到各种情况，有些是不能在课堂里学到的。

（7）好好照顾自己，平衡自己的责任。清楚自己的责任当为重要，若你没有在实务中达到你所认为的理想效果，你应该好好想想，出现这种结果的责任是否应由你个人来承担。你不应该被不必要的责任和内心负担所羁绊，使自己反倒陷入困惑不能自拔。当一位社区居民经过你多次辅导和服务，仍无法找到工作时，你也许不应该在那里过分自责这一切都是你的错，是自己没有尽心的工作。因为若你无法平衡自己的责任，你也将无法分清工作的性质。

（8）要清楚服务理念，并常与人分享。社会工作的价值理念是所需要坚持的第一原则，要时刻坚守它，要时刻分享坚守信念的心得，因为这种交流和分享会进一步巩固你的理念，使你更清楚服务的信念，从而平衡自己的内心，知道什么是社会工作的品德和素质。

2.2.2　社区服务队伍的知识和能力结构

1. 社区服务队伍的知识结构

社会工作作为一门学科和专业，其知识基础由三部分构成。

（1）理论知识。来自心理学、社会学、政治学、经济学、伦理学、人类学、生态学等知识，可以帮助社会工作者建立观念和行动指引，分析社会问题的性质、产生的原因、变革的规律以及解决策略。

（2）介入知识。介入作为一种服务活动，也是以科学知识为基础的行动。介入知识是指那些能够帮助社会工作者综合运用理论知识，并根据现实情况做出具体的分析，设计服务方案，并与受助者一起去实现方案，解决其问题并达成变迁的系统。

（3）实践知识。实践是社会工作的核心，把社会工作看作一个从开始介入到最后实现工作目标的过程。实践知识主要是指社会工作者与受助者交往或帮助受助者与其他人交往所使用的知识和技巧。这些知识尤其与社会工作者的工作经验有关。

在社会工作中，由于社区工作属于宏观操作方法，而行动取向又偏重社会改革，因此客观上要求社区服务工作者应向通才方向发展。因此，其知识结构有以下特点。

（1）有关社会的知识。

① 有关社会结构的知识。社区服务工作者关注的焦点是社会不平等分配结构中的弱者的处境，并希望通过各种途径和方法来改变这种处境。掌握社会结构的知识有助于社区服务工作者了解和分析资源及社会利益分配的格局，有助于解决宏观社会问题。

② 有关社会互动的知识。对社区服务工作者而言，可以帮助理解具体社区中人与人的互动过程和规律以及社会团结状况，以便选择适当的介入模式，更好地推动社区居民参与，达到运用集体力量，通过互助和自助解决社区问题，增进社区凝聚力的目标。

③ 有关社会问题和社会变迁的知识。社区服务工作者要分析社区问题，就要了解社会问题的成因、变化过程及规律，进而对社区问题做出客观正确的认定，并设计出合乎实际

的、有效解决问题的方案。另外，社区服务工作者可以通过分析社会变迁对社区及其居民的影响，阐述通过推动社区变迁来解决社区的具体问题。

（2）有关政治制度和政治行为的知识。在社区服务工作者看来，社区问题的出现是与社会的政治制度相关的。政治制度造成了社会不平等，造就了社会上的统治有权阶层，也造就了政治上的弱势群体，维护弱势群体的利益成为社区工作的主要任务。另外，社区工作有时也是在某种制度框架内实施和执行政策的过程，所以必然涉及相关法律、社会政策的制定或修改，以及为弱势群体利益而采取社会行动，通过社会冲突来达到期望的目标，这些都属于政治行为。总之，在社区工作中，政治行为是普遍存在的，因此，需要社区服务工作者了解和把握政治权力结构、法律和政策的制度和实施过程，以及政治的实际和微观运行状况等。

（3）有关经济学和管理学的知识。社区工作与经济的联系非常密切，如经济不发达会导致贫困甚至贫困社区的出现；经济过程中的就业不充分，会使社区居民的收入下降，生活得不到保障；社会产品分配不合理也造成了贫穷等。社会工作与经济的联系还在于其采用何种方式来解决社区的贫穷问题，传统的社区工作主要是运用社区政策资源或建立社会支持网络来救济和帮助贫困者。而近几年许多社区服务工作者则运用经济合作社模式，创造了更多的就业机会，使贫困者通过就业缓解经济上的贫困和消除社会排斥。

管理学主要是通过计划、组织、指挥、人事、控制与监督等功能，善用各种资源，并通过各种活动的安排，来促进并提升工作的效率和效果，从而达到组织目标的实现和个人需求的满足。社会工作的慈善缘起，使之常被认为是不计成本、只求付出的行为，这种模糊看法阻碍了社会工作向科学、理性的专业和学科方向发展。由此，社会工作开始将管理的概念运用于实务过程中。

2．社区服务队伍的能力结构

能力是指能胜任某项工作的主观条件。在社区工作过程中，社区服务工作者所承担的任务是非常复杂的。这些任务的完成，需要社区服务工作者具有较强的专业能力。

社区发展服务的目的是推广小区关系、培养互助精神、增强对社会和小区的责任感及归属感，并改善生活质量。

社区服务工作者的服务范围包括：鼓励小区居民互相合作，如成立居民协会，以改善生活环境；设立小区服务中心；推行邻舍层面小区服务计划及综合邻里计划，在社会设施及福利不足的小区内提供服务；举办康乐、社交及教育活动；鼓励市民积极参与义务工作，以建立一个互助关怀的社会等。

社区服务工作者的工作方式包括以下几种。

（1）个案工作层面，将重点放在受助者和他们的家庭。通过面谈和家庭探访，协助受助者明白和克服困难。在工作过程中，需要运用社会资源或与其他专业人士合作，为有情绪、思想或行为上有困扰的人士提供临床心理辅导服务。

（2）小组工作层面。通过一组人进行，小组由一群有共同点的人组成，如戒毒者成立小组，以处理共有的难题；或者由一群志同道合的人组成兴趣小组，目的是鼓励小组成员发展潜能，促进组内成员守望相助的精神。

（3）社区工作方面，主要是加深市民对小区和社会的归属感，如帮助木屋居民组织起来，共同解决各种小区问题如防火等。

这就要求社区服务工作者具有机敏，乐于助人，关心别人及善于与人沟通，心智成熟，处事客观，有耐性及良好的组织和应变能力，具备领导才能，熟悉社会、经济及文化状况等素质。

社区服务工作者应具有下述能力：① 社会调查的能力；② 群众工作的能力；③ 社区公共事务服务与管理的能力；④ 组织协调的能力；⑤ 善于分析与综合的能力；⑥ 应用现代计算机系统办公的能力。

应该说，社区工作既是一项专业、一种职业，也是一门艺术，要做好是不容易的。

一直以来，社会工作者在经济及日常生活各方面都对有需要的市民提供了很大的帮助，使不少受助者在精神和物质上都得到了适当的支持。

中国社会不断变迁，衍生出不同的社会问题，如人口老化、国内流动人口和定居人士的适应及青少年儿童犯罪问题等。一般市民对社会工作者的需求也不断提高，但由于这个行业主要依赖政府补助来增加职位空缺，因此，行业前景还是要视政府的未来政策及资源分配。

因此，有志投身社会工作的人士或从业人员应该好好装备自己，平时多与人接触，尽量训练与别人沟通的技巧，并多留意社会及身边所发生的事情，以提高自己的竞争力。

2.2.3　社区服务工作者的角色

1. 使能者

使能者的角色主要表现在地区发展模式中，社区服务工作者发挥作用的方式是协助社区居民团结一致，通过有组织的方法来解决问题。

2. 中介者

社区服务工作者的中介者角色是帮助社区居民确定和运用各种资源。在这种角色下，社区服务工作者成为社区居民与其所需要的资源的主要联系人。

3. 倡导者

在倡导者角色的扮演过程中，社区服务工作者一般会直接代表社区中的弱势群体或利益受损群体，实现对其利益的保护。倡导者角色还包括影响社会政策制定或改变的活动，一方面发现社会政策的不合理之处，提出改善和修订的意见；另一方面通过具体的服务活动了解社会政策没有涉及的问题领域，推进新的社会政策出台。

4. 教育者

教育者的角色是指通过提供机会，让社区居民学习特定的社会技能；通过提供信息，使居民更有效地扮演与发挥社区主人的角色功能，并预防社区问题的发生。

5. 资源动员者

社区服务工作者需要了解如何运用相关资源去满足社区居民各种层次、各种类型的需要，社区服务工作者担当资源动员者的角色。在这一过程中，掌握资源信息，通晓利用这些资源的渠道和程序都是极其重要的。

6. 推广者

社区服务工作者在自己接受正确的社会价值观念及社区工作方法之后，还要做好社区工作专业理念、专业价值观以及专业方法和技巧的推广和宣传工作。

社区服务工作者扮演以上角色受到如下因素的影响。

（1）社会环境因素。社区服务工作者的角色扮演首先会受到社会环境因素的影响。社会对社会工作专业尤其是社区工作的重视程度、认可程度都会影响到社区服务工作者的角色扮演。

（2）自身因素。影响社区服务工作者角色扮演的自身因素主要是指社区服务工作者的目标和价值。社区服务工作者也是一个人，所以在其扮演角色时不可避免地会受到个人价值观的影响。在社区工作过程中，不同类型的工作者对社区问题会有不同的理解，工作者的目标也会对其所扮演的角色产生明显的影响。

（3）服务对象、服务机构与服务环境。除了环境和自身因素外，社区服务工作者的服务对象、服务机构与服务环境也会影响社区服务工作者的角色扮演。社区服务工作者在工作过程中制定什么样的工作方案，采取什么样的工作方法和工作技巧，如何解决问题以及采取什么样的实践角色，都会受到服务方的影响。

2.3 社区服务队伍的发展实务

案 例

南北卫里社区志愿者协会召开志愿者活动动员会

南北卫里志愿者协会于 2013 年 3 月 28 日召开志愿者活动动员会，会上协会会长向广大辖区志愿者介绍了全年的志愿者活动计划，围绕"爱在滨海·文明绿色行动"开展志愿服务活动，将 2013 年每月的志愿服务活动计划向大家做了简要说明，与志愿者服务站成员一起讨论志愿者服务活动内容，确定以扩大志愿者队伍、做实实在在的志愿服务工作为重点，密切联系辖区单位，让志愿服务年更精彩。

南北卫里社区志愿者工作站党支部向志愿者宣读了"'爱在滨海·文明绿色行动'倡议书"，号召广大党员志愿者，共同行动起来，积极参与志愿服务，让志愿服务年更精彩！在各支部开展志愿服务活动，以支部为单位认领辖区内的绿地树木作为护绿责任区；各支部党员志愿者结成"左邻右舍结对帮扶"小组，制定每周一次询问、每月一次走访的制度；开展汇集爱心，筹集善款活动，设立"慈爱基金"；组织党员志愿者参观塘沽近年来建设发展情况。

每位志愿者成员都是以"奉献他人，提升自己"为理念，无私奉献，传播志愿服务精神，希望将雷锋精神传承下去，感染更多的人加入志愿者队伍中。

资料来源：节选自滨海新区塘沽管理委员会网站 2013 年 3 月 28 日刊登的文章"南北卫里志愿者协会召开 2013 年志愿者活动动员会"。

讨论 2-3

1. 为什么要对志愿者进行组织和动员？这对社会福利机构、志愿者本人和服务对象有什么意义？

2. 上述案例中，是用什么方法对志愿者进行动员？此外，你认为还有哪些方法可以有效组织志愿者？

近年来，社区服务工作者队伍总体素质有了明显提高。但是，与新形势的要求和所承担的任务相比，在思维方式、年龄结构、知识结构、观念素质、服务协调能力等方面还有一些不适应的地方。因此，要加强社区服务工作者队伍建设，必须建立完善的社会工作职业制度体系，造就一支专业化、职业化、规范化的社区服务工作者队伍。

2.3.1 社区服务队伍的培训

如前所述，社区工作的性质决定了要求社区服务工作者应当具有良好的道德素质、丰富的知识和卓越的能力，而这些都离不了社区服务工作者的专业教育和专业培训。

1. 社区服务队伍的学院教育和培训

大专院校社会工作系和专业所提供的社区工作课程和训练，是要培养一批有足够准备，愿意投身社区工作的生力军，而他们所面对的时代是不断变化的，因此其知识储备也会与以往的学生有所不同。从中国政治、经济和社会的发展看，学院教育应努力培养具备社会政策分析能力、基层动员能力和具备综合社会服务能力的社区服务工作者。

学院的社区工作培训课程不仅传授社区工作的基本知识及技巧，更重要的是社区工作的信念、价值体系的教育。社区工作强调对社区的责任和承担，其中涉及一些价值体系和意识形态的冲击，如平等、公正、民主、人权、参与等，学生对社区工作价值观、意识形态的认识和反省有助于促进学生的个人成长和社区工作使命感的建立。

2．社区工作服务者的在职训练

一般意义的社区服务工作者在职训练包括两部分。一是对新加入社区工作的人员进行职前训练，让他们能够按部就班地融入新的工作环境和适应新的工作岗位，同时帮助他们缩短学院教授的理论与实践工作的差距。二是机构有系统地安排有一定经验的社区服务工作者进修，协助他们吸收新的理论知识和方法，更好地胜任工作。在我国，由于社会工作教育开展的时间不长，在社区中从事社区工作的人员几乎没有受过社会工作专业训练，因此，我国社区服务工作者在职训练的主要任务是对从事社区工作的人员进行专业训练，使之掌握一定的社会工作专业的价值、知识和技巧，帮助其提升服务水平，改善服务质量，并逐步向专业社区服务工作者过渡。

目前，我国的社会工作师大多活跃在社会福利、社区矫治、司法等各个领域，并开始逐步向卫生、教育、社会保障、心理辅导等广大领域扩展。他们发挥的维系社会良好秩序的作用如今日益得到社会的认可。

2008年6月下旬，我国举办首次全国助理社会工作师和社会工作师的职业资格考试，这标志着我国的社会工作正朝着职业化和规范化的方向积极迈进。为认真准备好这次考试，很多原来非专业的社区服务工作者都努力通过接受培训提高自己的专业水平，用社会工作的专业知识武装自己。这对未来我国社会工作的长远发展将具有远大的意义。

2.3.2 社区服务队伍的动员技巧

1．动员群众的目的

综合而言，动员群众参与的任务，可以是单一的行动或活动，也可以是连串的活动或计划，至于群众参与的深度方面，可以是游离分子的离身式的参与，也可以是成为组织的核心领袖。站在社区服务工作者的角度看，最理想的参与层次是动员群众成为社区活跃分子，承担更多的责任，以及参与连串及持久的任务。不过，并不是每位群众一开始参与便可达到活跃者的层次。有时候群众动员会从简单的任务入手，待建立关系后慢慢提升群众的参与层次。大体而言，动员群众具有以下目的。

（1）加强支持，扩大实力。为了证实很多社区事件的诉求并非少部分人的想法，社区工作服务者很重视动员群众支持及参与，一方面希望诉求更具代表性，另一方面可因群众的集结而构成力量。

（2）集结人才，善用资源。社区内的群众来自五湖四海，背景各异，人才济济，若能加以动员、发掘及善用，必能集思广益，令社区问题有效地解决。

（3）彼此学习，体验成长。通过参与，群众间可以互相学习，看到自己的信心、能力及态度的转变。社区工作服务者动员群众参与，也希望群众逐渐主动、积极成长起来，希望他们意识到参与的重要。

2．动员群众的基本原则

没有群众的参与，或者群众参与的态度冷漠，都会影响活动或行动的气氛和成效，所以动员群众的原则及方法，在社区服务技巧中是十分重要的。

（1）应掌握群众参与的动机。通常群众是否参与，视乎参与当事人有何益处。例如，参与能否解决他们面对租金暴涨的问题；能否解决他们社交圈子的扩张；能否令他们学到一些技能，从而有助于日后求职；能否令群众拥有权力，成为公众风云人物；甚至考虑参与是否能实践彰显公义或公民责任的美德。不同的人在参与时会有不同的动机，若能对症下药，在动员他们时必能事半功倍。

（2）让群众看到参与能解决社区问题。群众通常冷漠及不参与的主因，是看不到参与能为社区问题带来转变，或者他们不相信这种转变的可能性。所以一定要让他们明白及相信，如果不参与，转变一定不会实现，如果群众积极参与，群策群力全力以赴，参与还是可能带来希望的。例如，可多找些热心街坊现身说法，讲述参与如何令社区问题得到解决。这种角色示范的做法，有助推动更多的街坊参与。

（3）为参与者带来个人的改变。社区服务工作者在动员群众时，不仅希望令社区问题得以解决，还想令参与者带来改变。例如，使参与者生活多姿多彩，增强他们的自信，提高应付压力的能力等。在动员群众时，不应只视群众为参与的一种手段或工具，而应将他们看作一群有待开发潜能的主体。

（4）明晰动员的对象。要令社区内每位成员都肯参与并不实际。社区内那些完全冷漠、消极、抗拒的群众，很多时候并不是动员的对象，社区服务工作者宜动员那些态度较积极，或者有一些兴趣但仍在观望的群众。

（5）要令群众感到有所贡献。最好能因群众的能力和意愿，安排一些分工，让参与者看到自己的贡献和能力，觉得自己有用，受人赏识。要循序渐进将群众的责任加重。这样，群众看到自己的重要性，才会继续参与下去。

（6）减低群众付出的代价。群众不参与的原因有时是因为代价太大，如开会时间太长、参与过程缺乏效率、开会地方太远、害怕秋后算账等。要动员群众参与，适当的支援和合理的安排相当重要，工作人员应避免一开始便要群众付出太多金钱、时间及精力，以免吓怕他们。

（7）注意社区服务工作者的素质。社区服务工作者态度诚恳，言而有信，忠于居民，热诚投入，并且肯聆听群众的意见，则被动员的群众可能基于信任的原因而积极参与。

（8）要懂得选取合适的事件。应选择那些简单易懂，而且短期间内可解决，再加上效果可以被群众广泛感受到的事件。这样比较容易鼓动群众参与的积极性。例如，社区内儿童因过路设施不足导致被车撞倒。由于事件迫切和易被理解，加上加设交通路灯要求合理，因此这类社区的事件群众参与的可能性很高。

3．动员群众的过程

（1）先做准备。工作者要计划及决定动员哪些群众，如何接触这些群众，动员群众做什么，如何打动他们的心，如果对方抗拒应该怎么办等问题。

（2）开始接触群众。介绍自己，令对方信任。然后了解对方的想法，初步建立关系。还要细心聆听，令对方觉得受到重视。与对方初步讨论社区问题，探听虚实。

（3）鼓动群众情绪。与群众一起探讨集体行动的得失，令他们对自己的参与能力有信心。

（4）要求群众参与。若时机成熟，要邀请群众参与。如果对方答应，则留下对方的联络方式，并交代下一步做什么。

（5）提醒群众参与。如果群众答应参与的日子与实际参与日子相差太远，要提醒他们，提前一些提醒对方很有用，还有此前一天最好有电话提醒。

（6）群众到来参与。当他们到来参与时，要欢迎、欣赏及支持他们，不要冷落他们，否则他们将在下次失去信心。尤其要注意那些第一次来参与的人，让他们觉得自己是其中的一分子。

4．动员群众的方法

（1）直接接触途径。如果动员前已知道群众的姓名和联络方式，则可以采用去信通知、进行家访、电话联络等方式。

如果动员时并不知道群众的详细姓名和联络方式，则可考虑下列方法。

① 街道设立咨询宣传站。有条件的可以由义工讲解，人手够的话还可以派发传单。如果人手不足，则要在群众流动多的地方站岗，如街心花园、小区门口、楼梯口等。

② 上门挨家"扫楼"。挨家挨户敲门传递信息，邀请对方参与。"扫楼"时一定要携带传单协助讲解。这种工作还能产生团结感及强大士气，有助于鼓舞动员者的情绪，也可推动更多的群众参与。

③ 户外扬声器。由社区服务工作者手持微型扬声器（喇叭），在社区中提醒活动即将进行。这种方法便宜方便，连传单都不用发，对有些不识字的小区居民比较适用。不过要注意的是，群众在家的时间才使用喇叭。

④ 召开群众大会。这是动员群众参与行动的有效方法，在大会中的口号有助于团结一致提高士气，推动集会者一齐行动。在情绪高涨和集体压力下，群众都会举手参与。群众大会其实就是运用与会者互动而产生推动的作用。

⑤ 滚雪球。如果现在已经确定有一部分团体成员被动员参与，就可以由他们各自去动员另外的群众参与社区事务，如滚雪球般越滚越大，人越来越多。

（2）非直接接触途径。动员群众参与的方法还包括一些非人与人之间直接接触的方法。

例如，通过大众传媒的报道、展板及电视宣传、刊登广告、发放新闻稿、随意寄邮件、将传单插入住户信箱、贴海报、拉横幅等，这些都是公开有效和非直接与群众接触的常用宣传方法。

非直接接触途径的优点是，对人力的要求较少，不失为本小利大的有效途径。当然，如果动员的是动机不强或冷漠的人，这种方法的效果就有疑问了。

讨论 2-4　目前在我国社区居民委员会的换届选举中，为动员更多的群众来参与选举，社区服务工作者都采取了哪些动员手法？

2.3.3　培育社区领袖和发掘义工

1．培育社区领袖

社区工作最重要的精髓，不在于社区服务工作者应如何有能力改善社区的实质，而在于推动社区内群体的参与、建立居民组织、培育社区领袖和发掘人力资源。社区领袖对于社区、社区组织和居民而言相当重要，因为他们能团结和领导有共同信念和利益的群体，争取合理的权益。而且他们能把所属的群体引领向独立自主，并体现民主社会的参与精神。因此，社区服务工作者要积极努力培育社区领袖。

领导的潜质当然有天赋的因素，但是社区服务工作者应相信良好的训练加适当的机会，也可以让居民成为好的领袖。很多社区领袖当初也是毫无经验和能力不高的普通居民。那么，什么情况下最能发掘社区领袖呢？这些途径包括训练班、服务提供、社区调查、社区活动和社会行动等。

不过，当居民身处被压迫、被欺负、被操纵的环境下，最容易被激发和将不满化为行动，并挺身而出成为社区领袖。如果这些参与和行动的结果有正面积极意义的话，社区服务工作者就可以发现一位新的社区领袖。

这提示社区服务工作者在培育社区领袖时应谨记以下原则：① 寻找居民所关心和利益受影响的任务；② 与居民分享被不公平对待和不满的感受；③ 鼓励居民做出行动，而且这些行动应当是理性的；④ 行动的实践宜小不宜大；⑤ 行动的实践宜少不宜多；⑥ 每次的实践务求有所成果；⑦ 实践的结果必须证明社区领袖是有能力的；⑧ 实践的深化必须面向增强社区领袖参与的积极性和加强其能力与技巧；⑨ 实践的深化必须把社区领袖的责任感逐渐增强等。

当社区服务工作者培育社区领袖时，要防止问题领袖的出现。这包括领袖对社区居民的不尊重、强迫居民和组员参与、公私不分、把个人利益置于组织利益之上、自作自为、飞扬跋扈、独裁专权、言而无信、工作过于集中于一身而不知道分配工作等。

下面总结的这些培训社区领袖的技巧，相信对实际工作具有很大的意义。

（1）鼓励参与。参与是居民迈向社区领袖的重要一环，所以社区服务工作者应该主动邀请有潜质的社区活跃分子参与组织工作。例如，"×××，明天有个治安问题居民会议，会邀请派出所和街道代表出席，你对这个问题很关心，我们俩一起去发传单吧，邀请邻居们一齐出席……"

（2）给予鼓励和肯定。针对居民缺乏自信、自我形象不高的特点，社区服务工作者应在社区领袖实践的过程中对其表现较佳的地方给予肯定和鼓励。例如，"×××，你刚才对派出所投诉治安管理的问题很好，指出了一些管理的关键问题，一针见血，派出所的同志都觉得很有道理。"

（3）宣扬当家做主的精神。社区服务工作者应不断向社区领袖宣扬当家做主的精神，建立自主自立的意识。例如，"×先生，居民要积极向政府反映你们的问题，你对问题最了解，又是首当其冲的受害者，你们讲一句，胜过我们讲十句。"

（4）建立民主的领导气氛和精神。社区领袖也应受到监督并按居民的意愿和利益行事。因此，社区工作员应积极向居民领袖培训民主意识。例如，"×会长，你们这个会是由居民组成的，不如我们召开会员大会讨论一下，一来让会员知道是怎么回事，二来又可以商量一下怎么办。"

（5）不断提供社区领袖学习的机会。要社区领袖独当一面，社区服务工作者应按照社区领袖的能力水平给予适当的学习机会。例如，"×先生，明天的居民会你负责代表居民发言，不如我们讨论一下怎样能说得更好。""×先生，我们社区中心搞了个社区组织者培训课程，你有兴趣参加吗？""×先生，这些是公开演讲和谈判技巧的资料和录像带，你拿回去参考一下吧。"

（6）建立从检讨中学习改进的习惯。居民组织和社区领袖的成长，不仅是从实践中学习，也来自在失败中改进。社区服务工作者应协助社区领袖培养检讨和自省的习惯。例如，"×会长，昨天的记者招待会举办得很成功，我录下了整个过程，我们一起看一下吧，看看有什么要改善的。""我们成立这个协会已经有一年了，不如我们搞个检讨会，检讨一下大家的表现，然后讨论下以后的发展方向。"

（7）建立社区领袖权责分工的意识。不少社区领袖由于不懂权责分工，往往弄得工作集于一身，甚至分工不明，权责不清，令社区领袖出现摩擦和工作效率低下的情况。社区服务工作者要建立社区领袖权责分工的意识和观念。例如，"这个协会是大家的，大家应该分工合作，齐心协力搞好这个会。""×会长，虽然大家开了会分了工，但是你又不放心，什么事都自己做，搞得自己很辛苦，其他委员呢，又不知道做什么，要不我们再开个会重新讨论一下分工吧。"

（8）培养理性讨论，充分沟通和尊重少数的领导作风。许多社区领袖习惯把民主等同于少数服从多数，而不知道民主是必须包括充分沟通、理性讨论和尊重少数这些条件的。

因此，社区服务工作者应该注重对社区领袖训练这些意识。例如，"各位委员在投票前要充分讨论，如果讨论不成熟，不要那么快表决。""大家讨论要理性，对事不对人。""刚才投票赞成做这件事，可是同意的人数刚过一半，还是有很大的反对声音。如果贸然行事，恐怕会导致协会内部分裂。我们是否可以从长计议，看看有没有折中的办法？"

2. 发掘义工

除了培育社区领袖外，发掘义工也是社区服务工作者重要的工作。

在美国，有 800 万人在社区从事各类服务工作，占全国就业人数的 10%，每年还有 9 000 多万人次的志愿人员。

在香港的社会服务体系中，除了政府和专业社会工作机构以外，由广大社会公众参加的"义务工作者"也是不可或缺的重要组成部分。香港有"义务工作者"登记制度，凡愿意从事义务社会服务工作的都可以到社会工作机构登记成为"义务工作者"，由社会工作机构协调安排他们从事各类社会服务。例如，社区老人和残疾人照顾，青少年学习和心理辅导等各类活动中心的服务工作，大型福利活动的现场服务和后勤工作，实施各种"爱心行动"计划，从事社会福利募捐和开展福利事业宣传等。

尊老爱幼、扶贫助残、互助互济，是中华民族的传统美德，在建立社会主义市场经济体制的新形势下，需要继续发扬这种传统美德。中共中央《关于建立社会主义市场经济体制若干问题的决定》中明确提出要"提倡社会互助"。民政部、国家计委等 14 个部委《关于加快发展社区服务业的意见》中也明确提出要"不断壮大社区服务志愿者队伍和社区服务工作者队伍"。自 1987 年民政部在全国开展社区服务工作以来，一种以社会互助为特点的志愿者服务队伍发展很快。目前，仅京、津、沪三大城市的社区服务志愿者队伍已达百万人之多，他们长期坚持在基层从事社会公益活动，献爱心，送温暖，做奉献。这既是学雷锋活动的继续和发展，又具有改革开放的时代特色。

提倡社会互助，开展社会志愿者活动可以帮助有困难的群众解决部分实际困难，为国分忧，为民解愁；可以使志愿者在实践中体验社会生活，陶冶情操；可以通过志愿者的奉献精神，唤起人们互助互爱的良知与道德感，净化社会风气，增强群众团结。这些对于促进社会主义精神文明建设，促进社会稳定和全面进步，都将起到积极的作用。

一般而言，发掘义工的途径很多，常见的有义工组织和兴趣班、通过服务吸纳、发宣传单吸引、邀请信、电话联络和面谈等。通常居民想参加义工的行列有很多原因，包括：① 想帮助和服务别人；② 想结识很多朋友；③ 想学多点东西；④ 对环境和自己感到不满希望有所改变；⑤ 对要做的工作比较感兴趣等。社会工作者要根据居民的参与意愿而设计适当的程序和活动，以吸纳居民成为义工。

在工作中，为吸纳和发展义工，社区服务工作者可以采用以下的方法和技巧。

(1) 社区服务工作者扮演较主动的角色，邀请居民参与成为义工。例如，"××，你好，我是中心的社工，最近我们搞了一个居民服务日，有没有兴趣参加一下呢？"

（2）要对居民拒绝成为义工的负担有心理准备，因为居民可能是因为怕被别人嘲笑、怕影响日常生活和工作、怕陷入后越做越多不能脱身等，这就要求社会工作者：

① 令居民对你的邀请容易做回应，设身处地地考虑居民的反应。

② 不要获得居民同意参与就完了，必须确保居民有参与动机并知道做些什么。

③ 邀请参与时向居民传递的信息应该包括机构的宗旨和使命、服务的对象和类型、居民可以帮助的事情、居民如果决定成为义工怎样通知工作者等。

④ 邀请的语言要使居民比较好回应，让他们相信他们的工作不会很久也不会很难，他们的协助将帮助很多有需要的人。

⑤ 要清楚具体地向义工说明要做的工作，避免不必要的猜疑和误解。

（3）吸纳义工时，要与义工建立良好的关系。最好身体力行，与义工一起工作。如果能与义工一起开检讨会和聚会，如一起喝茶吃夜宵，则有助于加强对义工的维系。最忌讳的是将义工当廉价劳工。如果义工遇到困难，要给予关怀、鼓励和扶助。

（4）让居民对社区服务工作者及服务机构多点认识和注意，否则他们不会付出。

（5）应采取由近及远的原则，先鼓励周边居民成为义工，再推动他们邀请其他朋友。

（6）要不断评估自己和机构的工作需要，然后按需要邀请义工，这会使义工感到他们的工作是有价值的，并和集体的发展联系在一起。

（7）要不断接触义工，把邀请成为日常工作的一部分。因为居民大多是被动的，下次不接触他的时候他可能就降低了成为义工的意愿。

（8）多接触有潜质的义工，个人化的直接接触（如聚会面谈）对义工的吸纳效果最好。如果是间接的方法（如发传单），则次数要频繁。

（9）要给义工参与和成长的机会，但又不能急于求成，根据义工的能力合理安排工作也是重要的；还要给义工不断学习的机会。例如，"大家既然要决定搞一个大型活动，不如我教大家如何设计和筹办活动的方法，让大家多掌握点程序设计的技巧。""×先生，刚才你做司仪很出色，比当初刚做义工时真是不一样，不如下次就你来做司仪好了。"

（10）对义工的贡献和付出，应多加实质和非实质的鼓励。例如，颁发义工证明、口头赞赏等，增加他们服务的意识和赏识自己的付出。例如，"×××，昨天我们的社区活动办得那么成功，有你帮忙，那些活动很受欢迎。"

（11）对义工的一些过失，工作者应该自省机构和工作者自身的责任，然后才与义工检讨他们的得失。要记住，工作者不应要求义工和受薪工作者一样承担同等的责任，更不能把义工当替罪羊。只有这样，才能赢得义工的尊重。

讨论 2-5　机构应该如何处理受薪工作者与义工之间的关系？

复习思考题

一、填空题

1. 就社区服务工作者的内容而言，社区服务工作者具有两个基本特征：一是社会工作的场域在_____，二是工作的方法主要是运用社会工作专业的三大方法之一的_____来完成推动社区发展的任务。因此，社区服务工作者是指在_____工作的社会工作者。他们或者受雇于_____，或者在非营利的_____（如社区中心），在社区中运用社区工作方法，组织_____，动员_____，解决_____，促进_____的专业社会工作者。

2. 社区服务队伍原则上由_____和_____两个方面的人员组成，是社区服务赖以存在和发展的基础。

二、选择题

1. 社区服务工作者的角色包括_____。

　A. 使能者　　　　　　B. 中介者　　　　　　C. 组织倡导者

　D. 教育者　　　　　　E. 资源动员者　　　　F. 推广者

2. 社区服务者的知识结构由_____构成。

　A. 理论知识　　　　　　B. 介入知识

　C. 实践知识　　　　　　D. 科学知识

三、简答题

1. 社区群众动员在社区服务过程中具有什么意义？群众动员需坚持哪些原则？要有效地动员群众有哪些方法？

2. 培育社区领袖的意义是什么？应该如何培育社区领袖？

四、讨论题

在社区服务中，社区服务工作者和义工的关系是什么？应该如何调动义工的力量？

实训任务

任务描述：提高本社区志愿者服务队伍的综合素质，开展社区志愿者培训及活动。

任务引导：

1. 开展健康知识讲座、家政培训及阳光月嫂培训活动，开展爱心助老志愿活动。以社区享受居民养老服务的孤寡空巢老人为主要对象，开展精神慰藉、保健指导、家政服务、文化娱乐、权益维护等志愿服务。

2．爱心助残志愿活动。发扬"理解、尊重、关心、帮助"的精神，为残疾人及家庭开展医疗保健、技术培训、心理咨询和日常生活照料等方面服务。

3．开展形式多样的技能培训，展开爱心助困志愿活动。针对辖区困难群众、困难家庭不同情况，开展捐款捐物、结对助学和送医疗、送岗位、送信息、送技术志愿服务。

4．开展党员志愿者学习培训，利用社区教师、学生资源，展开爱心助学志愿活动，开展宣讲、辅导、教育、关爱等志愿服务。

第 2 篇

社区服务工作方法

第3章 社区活动的组织与实施

引言

　　社区活动是社区服务的核心内容之一，其以满足人民群众的物质生活需求和精神文化需求为根本目的，是政府的一项重要职责。随着和谐社会建设的不断推进，社区成为城市社会管理创新的基础环节。开展社区活动，对丰富城市居民物质文化生活和精神文化生活、化解社会矛盾、维护社会稳定的作用也越来越重要。依托与社会主义市场经济体制相适应，做好社区服务工作，就是要以不断满足社区居民的物质、文化、生活需要为出发点，充分发挥政府、社区居委会、民间组织、驻社区单位、企业及居民个人在社区活动中的作用，整合社区资源，健全服务网络，创新服务方式，拓宽服务领域，强化服务功能，努力实现社区居民困有所助、难有所帮、需有所应。社区活动的组织与实施过程是社区服务的具体化过程，是有效开展社区服务活动的保障。

学习目标

1. 识别社区活动的概念与特征。
2. 掌握社区活动的类型。
3. 掌握社区活动的招募、甄选、实施方法。
4. 掌握社区活动的策划技巧。
5. 掌握社区活动的组织技巧。

学习导航

```
                              ┌─────────────────┐
                       ┌─────→│  社区活动的含义  │
                       │      └─────────────────┘
          ┌──────────────────┐│      ┌─────────────────┐
          │ 社区活动的类型及其特征 ├┼─────→│  社区活动的类型  │
          └──────────────────┘│      └─────────────────┘
                       │      ┌─────────────────┐
                       └─────→│  社区活动的特征  │
                              └─────────────────┘
                              ┌─────────────────┐
                       ┌─────→│  社区活动的选题  │
                       │      └─────────────────┘
┌───────────┐          │      ┌─────────────────┐
│ 社区活动的组织与实施 │┌─────────────────┐├─────→│  社区活动的招募  │
│           ├→│  社区活动的基本程序  ├┼      └─────────────────┘
└───────────┘ └─────────────────┘│      ┌─────────────────┐
                       ├─────→│  社区活动的甄选  │
                       │      └─────────────────┘
                       │      ┌─────────────────┐
                       └─────→│  社区活动的实施  │
                              └─────────────────┘
          ┌─────────────┐     ┌─────────────────┐
          │  社区活动实务  ├─────→│  社区活动的方法  │
          └─────────────┘│    └─────────────────┘
                       │      ┌─────────────────┐
                       └─────→│  社区活动的技巧  │
                              └─────────────────┘
```

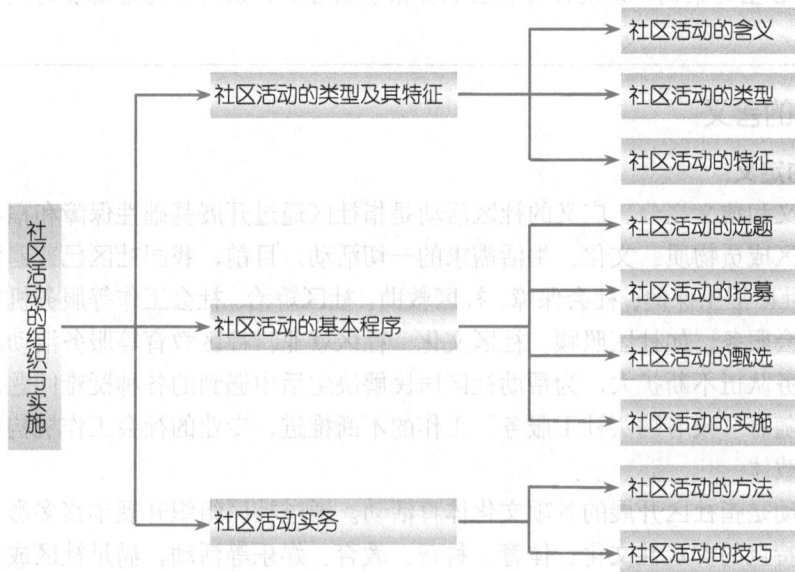

3.1　社区活动的类型及其特征

案　例

社区招募志愿者，辖区内学生纷纷报名

南宁市琼林学校团支部梁副书记一早便来到玉龙社区居委会办公室，商谈学生报名参加社区青年志愿者事宜。原来，玉龙社区居委会从前日起，向社区内的学校、企业、居民发出了招募社区青年志愿者的倡议书后，南宁市琼林学校的师生反响强烈，纷纷要求报名。

玉龙社区位于沿海经济走廊开发区私营企业工业园内，社区面积达 1.68 平方千米，社区内共有居民 15 000 多人，企业 164 家，学校 4 所。而本次招募的社区青年志愿者主要是服务社区公益事业，社区文化活动，关爱和照顾社区的孤寡老人、五保户、军烈属等活动。

玉龙社区居委会朱主任说，倡议书发出后，要求报名的人数便远远超过计划招募的 200人，社区内几所学校的学生都强烈要求报名参加，有些班级几乎全部同学都要求报名。除此之外，企业青年、街道青年也有不少人前来咨询报名。

点评:上述案例中,玉龙社区居委会招募的社区青年志愿者从事的社区公益事业活动,社区文化活动，关爱和照顾社区的孤寡老人、五保户、军烈属等活动，就是本章所要介绍的社区服务活动，也称为社区活动。

讨论 3-1　结合上述案例，谈谈你对社区服务活动的理解，以及你对志愿者的认识。

3.1.1　社区活动的含义

1．社区活动的定义

社区活动有广义和狭义之分。广义的社区活动是指社区通过开展基础性保障和福利性照顾活动，满足社区成员物质、文化、生活需求的一切活动。目前，我国社区已普遍建立社区服务中心，如社区卫生保健、社会保障、社区救助、社区矫治、社会工作等服务机构，为社区居民提供社会服务，如社区照顾、社区文化、社区就业、社区教育等服务活动。同时，社区志愿者服务队伍不断扩大，为帮助社区居民解决生活中遇到的各种疑难问题，发挥了重要的作用。随着"政府购买社工服务"工作的不断推进，专业的社会工作机构也成为社区活动的重要载体。

狭义的社区活动是指社区开展的各项文化体育活动。通过社区组织开展丰富多彩、健康有益、具有社区特色的群众性文化、体育、科普、教育、娱乐等活动，满足社区成员不断增长的精神文化生活需求。

本书社区活动是指广义的社区服务活动。

2．社区活动的目的和功能

开展社区活动的目的是发挥社区服务的功能，通过对社区居民的教育、陶冶、塑造，发挥各个要素的支配力和影响力，以便影响、教育、塑造和完善社区人，不断增强社区活力，为促进社区成员的全面发展提供有效的支持。开展形式多样、内容丰富的社区活动，有助于提高和完善社区服务对于发挥社区的功能，有助于维护改革、发展、稳定的大局，有助于促进社会发展。

社区活动的功能主要有满足需要、引导塑造、促使社区和社区居民全面发展、社会整合协调四个方面。

（1）满足需要的功能。社区活动是社区福利服务和便民利民服务具体化的过程。随着人们生活水平的不断提高，城市化、工业化的不断发展，社区居民对社区服务的要求日渐增多。社区活动必须立足社区居民日益增长的基本需要，整合社区资源，为社区居民提供包括文、教、卫、体等内容为主的服务活动，可极大满足居民日益增长的物质文化生活的需要。

（2）引导塑造的功能。在人的社会化过程中，社区发挥着重要作用。这种功能的实现途径主要有以下几种。

1）导向。社区活动作为社区实践与精神文明建设有机结合的产物，使社区产生一种强大的吸引力。这种吸引力能较好地把社区居民的思想意识引导到精神文明建设的目标上，达到宣传教育、提高人们的思想觉悟和认识水平的目的。

2）塑造。通过开展内涵丰富的社区活动，营造健康向上的社区文化氛围，帮助人们树立正确的人生观和价值观，发挥净化心灵、陶冶情操的功能，塑造具有健全人格和良好道德素质的社会成员。

3）规范。在社会转型过程中，社区居民的个体价值趋于多元化，往往会呈现出一些越轨的思想和行为。社区活动的规范功能就是要对社区居民产生一定的约束作用，使其日常行为成为一种自律行为。

4）凝聚。社区活动过程可以强化社区成员的社区意识，增强社区成员之间的亲和力和凝聚力，提高社区成员的社区认同和归属感。

（3）促使社区和社区居民全面发展的功能。社区活动在促进居民和社区全面发展的过程中具有十分重要的作用。社区活动，特别是社区文化活动具有不可替代的作用。

1）人的素质提高。人的素质提高包括思想道德素质、科学文化素质、文学艺术素质、身体健康素质等。社区文化活动帮助社区居民提升思想境界，树立正确的世界观，正确看待自身与自然和社会的关系，提高精神免疫力，促进居民养成爱科学、学科学、讲科学和用科学的良好习惯，形成科学、健康、文明的生活方式。

2）社区与社区成员良性互动。社区活动立足基层，贴近群众，贴近生活，贴近实际，内容丰富，特色鲜明，形式多样，健康活泼，喜闻乐见，参与成员广泛，具有广泛的群众基础，可以满足不同层次的社区居民多方面的精神活动需求，社区文化活动与社区成员的文明水平、道德素质和全面发展程度相互促进。

3）提高生活质量。丰富群众的文化活动，提高群众的生活质量。社区活动以形式多样、内容丰富的各项活动充实着居民的生活。通过扶危济困活动，改善弱势群体的生存状态；通过广场活动、节庆活动和展示活动及居民的广泛参与，提高人们的审美情趣；通过改善体育活动设施、成立体育团队等活动，推动社区全民健身活动，提高居民的身体素质；通过开发社区休闲功能，为人们提供放松、娱乐、张扬个性和展示自我的条件和机会，满足社区成员的物质和精神需求，提高生活质量。

（4）社会整合协调的功能。社区活动在维护社会稳定和建设和谐社会也具有重要的作用。

1）社区活动具有协调社区关系的功能。在社区建设中，社区活动是推动社会沟通、增强心理凝聚力，从而实现社会和谐的有力杠杆。一个国家、一个民族和一个社会最根本的和谐是人们精神上的和谐，使全体人民有共同的理想和信念，有共同的社会价值观和共同的精神追求。而活动建设恰恰为人们达到精神上的和谐提供了最合适的桥梁。

2）社区活动具有整合社区资源的功能。社区拥有工业、商业、科技、军事、文教、医疗卫生等各个行业，各个行业又有自己独具特色的活动，都有自己的覆盖面，都有自己的影响力和作用。可以通过组织开展大型活动，进一步发挥社区活动的整合功能，用积极向上的社区活动，占领思想活动的宣传阵地，创造一个群众活动群众办、社区活动社区办的大环境，满足社区成员日益增长的社区活动需求，提高社区成员的综合素质，促进家庭和邻里关系的和谐。

3）社区活动具有维护社会稳定的功能。我国社会正处于转型时期，诸多因素的相互碰撞导致了许多社会矛盾和社会问题。社区活动有利于倡导正确的价值观、人生观和审美观，有利于缓冲和解决社会冲突，有利于加强社区与社区、社区与社会之间的沟通，有利于强化公民意识和社区精神。社区通过开展再就业教育，帮助失业群体获得就业机会；开展老年文化体育和照顾活动，使老年人老有所学、老有所为、老有所乐和老有所养；开展健康文明的社区文化教育活动，提高居民的思想素质和法律意识，有效抑制了赌博、吸毒等消极的社会现象，为社会稳定提供了重要保障。

3．社区活动的原则

（1）公益性。坚持公益性、服务群众是社区活动的主旨。坚持公益性是不以经济利益为目的，只要群众需要，就是社区活动努力的方向。

（2）群众性。社区活动要建立在广泛的群众基础之上，既要有一定的代表性，主题鲜明，又要具有广泛的群众基础。

（3）娱乐性和低竞技性。娱乐性是社区群众文化活动不可缺少的重要因素，是吸引社区居民参与的明显特征，也是推广普及社区文化的催化剂；而活动的低竞技性不仅给普及活动增添活力，而且激励人们追求更高境界，从而增强活动的吸引力、感染力。也因有了娱乐、低竞技的特征，才能使社区活动组织者做好社区活动的普及工作，并将两者较好地结合起来。

（4）连续性和稳定性。社区活动在时间上应具有连续性和稳定性。所谓时间上的连续性，就是举办的社区活动项目有比较固定的频次；所谓时间上的稳定性，就是社区活动项目有比较固定的时间。如果是想起来了就办一回，情绪不好就忘记了；或者闲时搞，忙时就不问了。那是很难把社区活动办好的。

3.1.2　社区活动的类型

基于社区环境、社区关系和社区文化资源等因素的差异性，社区活动有不同的类型，如图3-1所示。

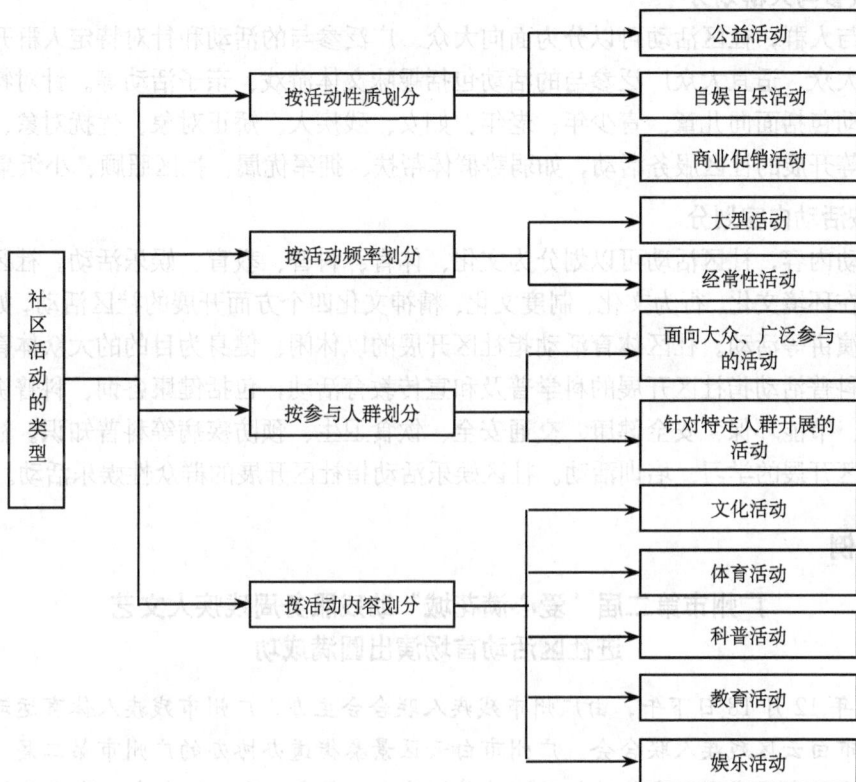

图 3-1　社区活动的类型

1．按活动性质划分

按活动性质，社区活动可分为公益活动、自娱自乐活动和商业促销活动。公益活动是围绕社区独具特征的意识形态和文化观念的社区活动，包括社区精神、社区道德、价值观念、社区理想、行为准则等。这是社区成员道德观、价值观生成的主要途径。活动的指向性强烈，精神性突出，如社区升旗仪式、评选文明户、学先进演讲等。自娱自乐活动是社区居民自发组织的活动。自娱自乐活动是社区居民根据个人或群体的爱好，自发开展的各类兴趣活动，如社区健身活动、广场舞蹈活动等。商业促销活动是企业在社区举办的以宣传企业文化、产品为目的的社会活动。

2．按活动频率划分

按活动频率，社区活动可以分为定期举办的大型活动、日常开展的经常性活动。定期举办的大型活动包括重大节日、主题宣传等活动，如三八妇女节活动、七一庆祝活动等。日常开展的经常性活动包括生活服务、健康服务等活动。

3．按参与人群划分

按参与人群，社区活动可以分为面向大众、广泛参与的活动和针对特定人群开展的活动。面向大众，适宜大众广泛参与的活动包括趣味文体游戏、亲子活动等。针对特定人群开展的活动包括面向儿童、青少年、老年、妇女、残疾人、矫正对象、优抚对象、救助对象、家庭等开展的社区服务活动，如弱势群体帮扶、拥军优属、社区照顾、小饭桌等。

4．按活动内容划分

按活动内容，社区活动可以划分为文化、体育、科普、教育、娱乐活动。社区文化活动指社区在环境文化、行为文化、制度文化、精神文化四个方面开展的社区活动，如庆典、书画展、演讲等活动。社区体育活动指社区开展的以休闲、健身为目的的大众体育健身活动。社区科普活动指社区开展的科学普及和宣传教育活动，包括健康咨询、科普讲座、科普图片展、节能环保、安全健康、交通安全、饮食卫生、预防疾病等科普知识。社区教育活动指社区开展的学习、培训活动。社区娱乐活动指社区开展的群众性娱乐活动。

| 案 例 |

广州市第二届"爱心满花城"助残服务周残疾人文艺进社区活动首场演出圆满成功

2012年12月18日下午，由广州市残疾人联合会主办，广州市残疾人体育运动中心承办，广州市白云区残疾人联合会、广州市白云区景泰街道办协办的广州市第二届"爱心满花城"助残服务周残疾人文艺进社区活动首场演出在景泰街家庭服务中心隆重举行。

"禁传"宣传惠及百姓："抵制传销进社区"活动闭幕

"抵制传销进社区"宣传活动2012年12月20日闭幕。此次活动以"工商、社区、居民三方联动，构筑社区抵制传销防护墙"为主题，历时近三个月，以权威的解读和专业的咨询将"抵制传销"知识送进社区。"禁传"宣传对全市居民，特别是中老年群体、流动人口群体等产生了积极的影响。

襄阳市政协开展送体育进社区活动

2012年12月，湖北省襄樊市政协和市体育局工作人员，来到杨家花园社区开展送体育进社区活动。据介绍，活动旨在认真贯彻《全民健身条例》和全民健身计划，提供亲民、便民、利民的健身平台，增强群众健身意识，提高广大群众身体素质，丰富群众精神文化生活，推进"四个襄阳"建设。据了解，本次活动市政协和市体育局向杨家花园社区捐赠了1.5万元的体育运动器材。

"2012 金沙社区大型医疗体检公益活动"正式启动

2012 年 12 月 1 日，"2012 金沙社区大型医疗体检公益活动"在青羊区金阳路印象金沙广场正式启动。据了解，这次活动由成都同瑞资产管理有限公司、青羊区金沙街办、金沙社区共同主办，将为金沙社区的上万名市民免费提供医疗体检服务。

> **讨论 3-2**　结合上述几则报道，请你对以上社区活动进行分类，并谈谈你对以上社区活动的看法。

3.1.3　社区活动的特征

社区活动是一个地域性的就地就近解决社会问题的综合服务过程，着眼于居民多层次、多样化的物质文化需求，特别是对居民最关心、最需要、通过努力又可以解决的问题及时提供服务，为社区居民排忧解难。社区活动过程中要发挥政府、社区居委会、民间组织、驻社区单位、社会工作机构、企业及个人在社区服务活动中的作用。社区活动过程中，政府部门的职责是提供公共服务，鼓励、支持和引导社区居民、社会力量积极参与；对不同类型的社区服务项目，实行分类指导。既要整体推进，又要解决薄弱环节、重点项目和关键问题；既要坚持广受居民欢迎的传统服务方式，又要善于运用现代科学技术手段，不断提高社区服务的水平。

现阶段，我国社区活动的特征主要体现为以下几点。

1．区位性

社区是按一定地域特征和居民群体划分的生产生活区域。一个城市由若干个这样的区域构成，这些区域之间既相互作用，又相互区别，所以开展的社区活动既有共同性又有差异性。首先，因社区的类型不同，居民文化生活方式也会有所不同。例如，商业型社区推销类社区活动比较多，工业型社区自娱自乐类社区活动较多。其次，因社区的基础设施、活动场地不同，也会影响社区活动的开展。例如，某社区有博物馆、图书馆、文化馆、电影厅、舞厅、卡拉厅、体育场馆、群众性活动广场、公园等，这个社区可以开展的社区活动内容丰富，形式多样；又如，某社区是新建社区，社区的基础设施还不健全，一定程度上会制约社区活动的开展。

2．多元性

从参与主体和社区活动内容看，社区活动具有多元化的特征。首先，从参与主体来看，社区活动以社区和社区居民为主体，开展社区活动就需要动员各种社区资源，鼓励社区内的个人、家庭、邻里、朋友、单位参与其中。现实生活中，每个社区的社区文化和居住群体的信仰、价值观、行为规范、历史传统、风俗习惯、生活方式、地方语言和特定象征存在较大的差异，单位与单位、组织与组织、个人与个人、家庭与家庭之间的关系也较为复杂，所开展的社区活动也会有所不同。其次，从活动内容来看，社区活动可以是与文化、体育、科普、教育、娱乐等领域相关的活动，也可以是针对儿童、青少年、老年、妇女、残疾人、矫正对象、优抚对象、救助对象、家庭等相关人群而开展的活动。

3．互动性

社区活动是社区服务的具体化过程，互动性是检验各项服务活动效果的重要标准之一。随着人们物质文化生活水平和受教育程度的不断提高，社区居民已不满足于被动地参与社区活动，或者旁观社区活动，开始主动地参与和设计社区活动。所以，社区活动的开展必须考虑社区居民的参与需求和主人翁的角色。

3.2　社区活动的基本程序

社区活动的基本程序是指开展社区活动服务的过程，其为社区服务工作者提供开展社区活动的指引。一般包括选题、招募、甄别、实施和评估五个阶段。

3.2.1　社区活动的选题

1．社区活动选题的原则

社区活动的选题既要适应和谐社会建设和社会、经济、政治、文化全面发展的现状，又要满足社区不同人群多层面的需要。

（1）体现社区服务要求，满足社区居民需求。

1）坚持先进性原则。社区活动内容要以新观念、新道德、新规范为内核，体现新时代先进性的内在要求。社区活动需要特别重视学习型社区、数字型社区；两型社区活动项目的培育，通过试点产生"雁行效应"，以带动社区活动品位的整体提高。先进性原则是社区活动选题的核心原则。

2）注重层次性和阶段性。由于社区的成员、职业、年龄、活动等要素的结构不同，社区活动形式的层次也必然不同。要从现有社区活动层次出发，从社区人文精神、活动风尚等内在品质的角度，逐步提升社区活动目标。层次设定与提升的阶段性，是社区活动选题的基本原则。

3）综合性原则。社区不等同于街道，也不等同于居委会辖区，社区是以共同活动为基础的居民与单位的集合。因此，开展社区活动要结合家庭活动、企业活动、校园活动、军营文化的建设，要结合社区管理与社区服务体系的建设，将共建共享作为社区活动开展的基础。

4）指向性原则。社区服务要面向社区弱势人群、贫困人群和特殊人群，这就决定了社区活动形式和内容的指向性。所谓指向性，就是要因地制宜，针对社区不同人群的不同需要、面临的问题，开展切合社区实际的社区活动，服务社区民众。

5）坚持广泛参与性原则。社区活动选题不是少数专家、社区服务工作者一厢情愿的行为，它必须以社区成员的广泛参与为前提。社区活动开展也不是纸上谈兵，它必须是社区资源广泛动员、不断聚集、反复实践、逐步完善的创造过程。

（2）立足社区居民生活，开展形式多样、旗帜鲜明的服务。社区活动有利用社区认同感和社区归属感的形成，是形成社区吸引力、感化力、凝聚力和创造力的重要方法。例如，社区文化活动不仅具有自娱自乐、丰富多彩、雅俗共赏的特点，也有娱乐、审美、教育、宣传、装饰、交际等多种功能，同时是社区艺术风格、民俗特色和经济活力的直接或间接展现。因此，设计各具特色的活动项目，充分调动居民群众积极性，是开展社区活动的关键所在。社区活动要坚持贴近社区、贴近居民、贴近生活的原则，精心筹划，力求提高群众活动的参与率。

1）"远亲不如近邻"社区论坛。通过黑板报、宣传栏、社区微信等媒介引导社区邻里相识相知、互帮互助，着力营造社区邻里人与人、人与社区、人与自然和谐相处的氛围。

2）"爱心助学创明天"助学活动。通过发动社区民营企业，为辖内困难学生捐赠助学金，让社区充满阳光和希望。

3）"邻里爱心电话"。为独居困难户、孤寡老人安装有线电话，组织党员志愿者、社区社会组织为独居、孤寡老人提供爱心志愿服务，建立"爱心联系卡"，让爱心充满社区。

4）"邻里互助服务日"。以社区志愿者和有一技之长的社区居民为主体，通过开展居民之间的义务便民互助服务活动，倡导邻里互助精神。

5）"美在家园"评比。通过评比奖励绿化出色的小区，引导社区居民重视居住环境，美化家园，美化社区。

6）"跳蚤二手交易市场"。通过二手交易市场，居民之间互相交换自己需要的物品，既可以满足个人需要，又可以促使居民之间关系的建立。

2．社区活动选题的范围

社区活动选题的范围非常广，可以根据社区活动的目的和社区活动的性质、开展的时间频率、参与主体及活动内容等，确定社区活动的主题和形式。经常开展的活动包括公益活动、节日活动、主题宣传活动、趣味文体游戏、亲子活动、拥军优属活动、社区照顾活动、科普教育活动、环境保护活动、健康养生活动和文化娱乐活动等。近年来，社区开展的活动中，影响比较大的活动有以下几方面。

（1）社区广场文化活动。近年来，城市社区广场文化活动逐渐兴起，而且有愈演愈烈之势。社区广场是社区成员的文艺活动中心，最具特色的就是每天傍晚大大小小自发组织的舞蹈健身活动，如民族舞、现代舞都各具特色。人们在广场上无拘无束，或亲自表演，自娱自乐，或近距离观看，互相欣赏，既满足了参与、表现的欲望，又达到了锻炼、交往、沟通、联谊的目的。

案 例

公园广场社区搭平台 群众文化活动唱好戏

长假期间，记者走在福建、重庆的各大公园、广场、社区里，都会看到当地提供的各类免费文化大餐以及各式各样的群众自发组织的表演，禁不住为其吸引，驻足观看。近年来，国家对公共文化服务体系建设的投入越来越大，有力地推动了各地群众性文化活动的蓬勃开展。

国庆节当晚7时，记者来到厦门市五一文化广场，电影《建国大业》正在大屏幕上播放，引来了周围不少正在散步的人过来观看。当夜幕降临，华灯初上，厦门市五一文化广场总是热闹非凡，不仅大屏幕上放着新近上映的电影，一支支群众歌唱、舞蹈、演奏队伍也会出来表演、活动，共同抒发对美好生活的期盼、对未来的憧憬。

而随着我国各地社区文化活动中心的建设，各种社区文化更开展得有声有色。

记者来到重庆市渝中区望龙门街区文化活动中心时，渝中区南纪门街道滨江合唱团的队员们正在中心的合唱厅里练习歌曲《爱我中华》。合唱厅面积约100平方米，可同时容纳80人排练。合唱室配备了音响放映设备、桌椅和价值1万元的钢琴，墙壁上还安装上了吸音材料。

据了解，近年来国家对公共文化服务体系的投入越来越大，有效地促进了广场文化、社区文化等群众性文化活动的开展。从2009年起，中央财政开始对全国城市街道文化站和社区文化中心给予设备购置专项资金补助。按照规划，2009—2013年中央财政预计安排资金10.59亿元，用5年时间对中西部地区截至2008年年底已建有文化设施的社区文化中心设备购置进行补助；2014—2018年对中西部地区2008年以后新建的进行补助。该项目的实施，进一步完善了城市社区文化基础设施功能，为基层群众提供了更加丰富的文化资源。

在中央和地方财政的大力支持下，各级党政、文化部门充分调动各方积极性，通过制定政策、保障文化活动经费，建立机制、确保文化活动持续开展，打造品牌、确保群众得实惠等多项具体措施，从网络设施、活动内容、制度保障三个方面搭建服务构架，有效地推动了城市社区、广场文化活动的开展，不断提高公共文化服务能力和水平，保障了人民群众共享文化发展成果。

资料来源：节选自《福建日报》2011年10月9日刊登的文章"公园广场社区搭平台 群众文化活动唱好戏。"

讨论 3-3 结合上述案例，请你谈谈广场文化活动的特点。

（2）社区老年文化活动。第六次全国人口普查数据显示，我国 60 岁及以上老年人口达 1.78 亿人，占总人口的 13.26%，其中 65 岁及以上人口 1.19 亿人，占总人口的 8.9%。我国已经开始进入老龄化社会，为了提高老年人的生活质量，使老人延年益寿、快乐幸福，社区的老年文化活动就成为老年人精神娱乐的主要方式。根据老年人的兴趣和爱好开展的社区老年文化活动，如服装表演、体育舞蹈、棋牌、旅游、书画等，已经成为社区活动的重要内容。

（3）社区文化共建活动。社区文化是社区内所有成员、所有组织、所有企事业单位共同的事情，驻区内政府各职能部门、工会、共青团、妇联、残联、科协、老龄委等群众组织，不但自办各具特色的文化活动，而且积极为社区综合性文化活动出谋划策，共创社区文化的乐园。

首先，社区和企业的文化共建。辖区内的企业、机构根据本单位的文化优势和经济实力，主动赞助、承办一些文化活动，或出资聘请专业文艺表演团体进社区，既丰富了社区居民的文化生活，又宣传了本企业的文化。

其次，为了满足居民体育锻炼和健身的需求，辖区内学校的运动场常在周末和假期免费向社区居民开放，实现了学校体育资源和社会的共享。文化企业也经常和社区居委会合作，送文化进社区，在社区内进行各种图书的展销。军警民共建文明社区，共建文明单位，共创美好家园。

3．绿色社区环保活动

随着人们物质文化生活水平的不断提供，社区居民越来越关注社区环境保护。通过开展环保知识讲座、绿色生活知识培训、"从身边做起，人人公益"等形式的绿色社区环保活动，对建设环境友好型、能源节约型社会具有重要的意义。

｜案　例｜

创模进社区活动进行过半　市民积极参与环保行动

2012 年 7 月 26 日 15:23 腾讯·大渝网：从 7 月 12 日起，为期大半个月的"创模进万家——安利环保社区行"活动已在重庆四个绿色社区举行，市民在社区内观看了露天电影，学习环保知识，体验环保嘉年华项目，老少皆宜的环保游戏让市民更亲近地了解环保宣传，参与环保行动。

记者从主办方获悉，最后一场创模进社区活动将于 7 月 27 日晚在九龙坡区奥体社区进行，同时"评选环保金点子"颁奖活动也将于晚上 6 点在社区内举行，市环保部门将现场为获奖的学生、家长、指导老师颁奖，并为市民印制"节能减排金点子"获奖作品集。届时市民可到奥体社区观看创模成果展及露天环保电影，体验一把环保游戏的乐趣。

社区开展系列环保活动

为美化社区环境，提高全体社区居民的环保意识，自 2013 年 5 月 22 日起至 5 月 24 日，丰台区马家堡街道西里三社区开展了"人人动手，垃圾分类""给废旧电池安个家""绿色出行，你我同行"系列环保活动。

"人人动手，垃圾分类"主题活动。5 月 22 日上午，由社区书记、主任带队，组织全体社区干部、各楼门志愿者，共 40 余人，对辖区三个院内的环境卫生进行集中清理，并将建筑垃圾、生活垃圾、杂草枯叶等垃圾进行分类收集。在活动中以实际行动向居民进行垃圾分类的宣传，号召全体居民在日常生活中将垃圾装袋，分类放入垃圾筒，人人动手，参与到垃圾分类行动中。

"给废旧电池安个家"主题活动。5 月 23 日上午，在辖区内进行废旧电池回收宣传。告知居民废旧电池随意丢弃，造成的污染危害，在居委会设立废旧电池回收站收集居民家中的废旧电池。有的居民反映，知道废旧电池不能随便丢，但却不知该丢到哪，这下有了固定回收站，就可以让它们安家了。此次系列环保活动，使居民在提高环保意识的同时切身感到了绿色环保给每个人、每个家庭带来的好处，人人参与，共建绿色、文明、和谐的新北京。

> **讨论 3-4** 结合上述报道，谈谈你对绿色社区环保活动的认识。

3.2.2 社区活动的招募

社区活动的招募是指为了达到社区活动目的所进行的活动参与人员和活动项目的资源整合的过程。本节主要介绍社区活动的服务对象招募。服务对象招募是社区活动的重要组成部分。社区活动服务对象招募是指社区活动组织机构根据活动目的、内容和活动要求，把符合活动特点、能力要求和其他特性的申请人吸引到社区活动中，以满足社区活动的人力资源需求的过程。招募的基本流程包括招募前准备、招募过程、招募后培训。

1. 招募前准备

招募前准备是对拟将实施的社区活动方案进行人力资源和工作分析。

（1）人力资源分析。根据社区活动计划，对社区活动组织和管理过程中所需要的人力资源数量和类型进行预测，确定人力资源需求清单。同时，估计可以胜任这些岗位的服务人员数量，可能的来源渠道，以便确认社区活动在组织和管理过程中人员的保障方式。

（2）工作分析。所谓工作分析，是指收集、分析和整理关于特定工作信息的一个系统性程序，工作分析要具体说明为了成功地完成一项工作，每个员工的工作内容、必要的工作条件和员工的资格。或者说，工作分析的目的是给出工作说明和工作规范。工作说明是指对工作任务、义务、责任关系等工作相关功能的摘要。工作规范是对潜在申请者应具备的工作知识、技术与能力的规定。

根据社区服务活动的特征进一步细化工作分析的内容。

1）职责与任务。工作分析要指明社区活动组织者和工作者所需承担的职责与任务。例如，社区活动组织者承担的社区活动人力、物力和财力的资源整合职责和具体任务。社区活动工作人员承担的策划、宣传等职责和具体任务。

2）方法。工作分析要明确社区活动组织者和工作者为了完成其职责和任务所需采用的方法。例如，要求社区活动组织者协调社区企业、机构，获得场地、资金支持的走访、调查和宣传方法。

3）对职责结果的期待。例如，对预估这项职责的结果的期待是，社区活动组织者和工作者通过预估可以了解社区活动组织的需求和问题，为社区活动服务的方案设计提供依据。

4）所需知识与技能。工作分析要求社区活动组织者和工作者为完成职责与任务所需具备的专业知识和专业技能，如社区活动策划、社区照顾等。

5）基本功能。社区活动组织者和工作者在不需要任何辅助或合理的协助下独立完成工作的能力。这是职责的核心与必备条件，工作分析要加以明确。

6）学历和经历门槛。工作分析会指明工作者所应具备的学历和工作经历要求。

7）人员特质。社区活动组织者和工作者的个人特质。社区服务机构一般会要求社区活动组织者和工作者具有良好的交流沟通能力、果敢能力、决策能力和服务能力，以及对社会福利、社会工作相关议题关注的特质。

8）工作环境。包括社区活动组织者和工作者职位在社区活动中的位置、上下级关系、工作量等。

一般可以采用社区行动、访谈、问卷调查、直接观察及日志记录等方法来收集与以上内容相关的信息供工作分析之用。

2．招募过程

完成人力资源和工作分析之后，进入招募过程。招募过程包括拟订招募简章、发布招募信息、受理申请。

（1）拟订招募简章。界定潜在的应聘者。根据工作分析产生的工作说明和工作规范，辨别出目标群体。例如，机构要招募一线社会工作者，既可以将潜在应聘者界定为大专院校社会工作专业的毕业生，也可以界定为其他机构的一线社会工作者符合招聘指定职位和吸引申请具体职位的人。一般而言，招聘的首要工作是制定招聘政策，并形成招募简章。

（2）发布招募信息。发布招募信息需要将相关信息有效地传达给界定的潜在应聘者。发布招聘信息的渠道包括在媒体刊登广告或者通过职业中介机构发布。如果目标群体是大专院校的应届毕业生，校园招聘也是一个很好的形式。

（3）受理申请。最后，受理申请和回复申请。一般机构会要求应聘者提交申请表。通过网络递交申请表和受理申请已经成为一种新趋势。接受申请后可进行初步过滤（如审核应聘者是否在形式上符合工作说明书和工作规范中提出的要求），然后向通过初步过滤的合适的候选人发出面试邀请。

实际上，接受申请后的初步过滤也可视为招募的一个步骤。初步过滤后可邀请应聘者进行测验和面试。常见的测验包括以下几种。

1）心理和人格测验。旨在测验应聘者的智商、心理能力和性格。例如，有的机构会测验应聘者的人格特质，以及工作稳定性、工作效率和压力承受能力等。

2）工作样本测验。要求应聘者实际完成（或模拟）一些应征职位的职责，以此来评估应聘者的技能。

3）评价中心法。使用情境性的测验方法对应聘者的特定行为进行观察和评价。例如，无领导小组讨论，要求若干应聘者针对某个问题进行讨论，但不指定领导者。通过观察可以发现谁实际上主持或控制了讨论，谁更具有敏锐的反应和判断能力。

4）面试。包括一对一的面试、一个面试官对多个应聘者的面试，以及面试小组或委员会对一个应聘者的面试。

无论面试，还是测验，都应具有信度和效度。所谓信度，是指面试和测验的稳定性和一致性，即对不同应聘者的提问和测试应该是基本一致的。所谓效度，是指面试和测验具有真实的效果，可以测试出应聘者的才能，招募出真正需要和适合的人员。

招募的最后步骤是，根据面试或测验结果，招募出合适的应聘者加以聘用，并以恰当的方法通知其他落选的应聘者。

3. 招募后培训

社区服务组织中的培训是指对应聘者知识或技能的培训活动。通过培训，社区可以培养和储备人才，改善工作者的技能并提高社区服务活动的质量。同时，通过培训，可以让工作者了解社区活动的使命、愿景和目标，促进社区活动组织者和工作者的归属感，加快工作者内化组织价值的进程。

培训可以分为活动使命、目标、结构、工作内容和程序、设施设备、工具使用等培训，以便他们尽快地融入社区活动中，承担其社区活动岗位的职责。培训分为组织培训、部门培训和工作培训。

实际工作中的招募一般有五个步骤，如表 3-1 所示。

表 3-1　招募的五个步骤和查核要点

步　骤	具体任务
制定工作说明和工作规范	（1）工作说明是否包含清晰和明确的任务陈述以描述职位的核心职责？ （2）是否明确了对知识、技能、能力、学历（如果需要）以及相关工作经验的要求？ （3）工作规范是否与职位匹配，即是否能说明正式学历和经历要求与工作任务之间的关联性？
招聘	（1）发布的招聘信息是否包含有关职位的必要细节？ （2）招聘信息是否表述清晰？ （3）申请截止日期是否合理，即应聘者是否有足够的时间来回应招聘信息发布？ （4）是否将招聘信息发布至足够多的社区、专业或其他团体？在发布过程中是否运用了正式的和非正式的网络？ （5）是否保留了有关招聘的相关记录？
使用申请表和测验（如果适合）遴选应聘者	（1）申请表是否提供了可供判别应聘者教育、培训和经历的信息？ （2）申请表是否有不符法律规定的问题？ （3）申请表和申请程序是否有结构，要求应聘者提交自荐信或其他简要陈述来表明自己有符合相关职位的培训和经历？
进行遴选面试	（1）是否对面试官进行了培训，以使他们掌握挑选的基本程序和原则？ （2）是否制定了每个面试官对每个应聘者都需发问的问题清单？ （3）是否选择负责人引领整个面试过程？ （4）是否确定了挑选时间截止日，并告知应聘者如何和何时通知他们面试结果？
挑选合适人选并通知其他落选人员	（1）是否联系了应聘者的推荐人？ （2）委员会是否综合考虑了各方面信息来确定最有资格的应聘者？ （3）在通知其他应聘者之前是否获得了首选人的回复？ （4）是否以合适的语句通知其他落选人并感谢他们的应聘？

｜案　例

关于四进社区活动志愿者招募的通知

招募 1：摊位

（1）摊位的活动形式和活动内容符合本次活动的性质以及主题。

（2）参加单位应能妥善自理其负责的摊位的问题，有摊位活动经验者优先。

（3）参加人员表达、沟通能力好，具有团队合作精神，服从组委会的安排并积极配合。

招募2：节目

（1）主题健康向上、符合"四进"社区活动的主题和性质。

（2）具有较高的艺术欣赏价值、可以反映××大学学生的良好精神面貌。

招募3：主持人

（1）要有丰富的主持经验。

（2）有较强的现场控制能力。

（3）能带动现场的气氛。

招募4：策划人员

（1）策划人员参与本次活动的宣传、摊位、舞台、外联等小组的策划及监督工作。

（2）要求责任心强、工作热情高。

（3）具有良好的沟通和团队合作精神、创新意识。

（4）有活动策划和实践经验者优先。

招募5：志愿工作者

（1）负责本次活动的后勤、联系、摊位布置以及活动当天传单派发等工作。

（2）有工作热情、责任心、团队合作精神并服从组织者的安排。

（3）热心并善于宣传××大学形象，参加过类似活动者优先。

报名方式：

登录"四进社区"主题网站×××下载招标书及报名表格并了解相关情况。

评标时间：

×月×日 19：00 至 21：30

志愿工作者、策划人员面试时间：21：30 至 22：30

如有疑问需要咨询，请发信到×××

诚邀你的关注与参与！

×××××社区

××××年××月××日

讨论 3-5 结合上述案例，请你谈谈案例中招募的特点。

3.2.3 社区活动的甄选

甄选是在审查的基础上进行选择，是指采取科学的测评方法，选择具有资格的人填补职务空缺，或者优选某项工作方案、活动方案的过程。甄选过程表明在进行选择时是有根据的，是通过对各种条件审核之后才得出的结论，而不是随意的选择。社区活动的甄选是指对社区活动方案进行的甄选，或者是对社区活动参与主体进行的甄选。社区活动的甄选是一项有着明确目的性、针对性和严格要求的复杂过程，完整的甄选体系应该把主体、客体、对象、目标、方法和结果连为一体，通过科学的分析构建以达到较强的适用性。

1．确定甄选内容

一般而言，首先分析被甄选对象的结构，找出所有值得甄选的因素，然后根据甄选的目的与要求进行甄选。内容分析要借助内容分析表进行。内容分析表的设计，纵向可以列出被甄选对象的结构因素，横向可以列出每个结构因素的不同层次或不同方面，在中间表体内则可以具体列出甄选的内容点。

2．确定甄选标准

（1）确定甄选评价标准。在确定甄选的评价内容之后，接下来应该做的是将评价内容标准化。在标准化过程中经常用到的方法是：用工作分析法将各项胜任特征归类，确定出几个主要方面，并由此决定胜任特征评价的项目。

工作分析是按一定的层次进行的，第一分析层次的各个项目称为一级指标，表示评价对象的总体特征；第二分析层次的各个项目称为二级指标，反映一级指标的具体特征，依次类推。无论哪一级指标都用来反映或说明评价对象的特征，只不过具体反映与说明的程度有所不同而已。

（2）确定各项评价指标。确定各项评价指标的权重和标度。评价标准的权重是用来表示各评价标准相对重要程度的百分比，确定权重有助于将组织的战略表现出来，突出重点有助于面试小组对各评价标准进行排序，从而关注于重要的评价要素。确定权重的方法有专家定权法、历史资料法、数据分析法等。

专家定权法由相应的行业和领域内造诣较深的专家依据自己积累的经验确定权重。历史资料法根据历史资料的记载，按每种指标调查结果的重要程度赋以相应的权重。数据分析法从实际数据出发来确定权重。在实际应用过程中，大部分机构都采用专家定权法确定评价标准的权重，因为这种方法能够很好地缩减机构的工作量，提高工作的效率。

当各项评价标准的权重确定之后，就应该对各项评价标准的标度和标记予以确定。所谓标度，是指对评价标准的外在形式的划分，常常表现为对胜任特征的范围、强度和频率的规定。通常用一些带有程度差异的词组表示，揭示评价标准状态、水平变化与分布的情形。例如，"缺乏的"、"略微的"、"中等的"、"熟练的"、"高度的"等。所谓标记，是对应于不同标度的符号，可以出现在标准体系中，也可以直接说明标准。标记没有独立意义，只有当它们与相应强度或频率的标度相联系时才有意义。

（3）确定甄选方法。在甄选方法上，根据机构的实际情况对不同的甄选方法进行组合。目前，在人员甄选中，大多数社区采用职位申请表和面试这两种方法组合；在活动项目、策划方案甄选中，大多数社区则采用直接投标的方式。

3. 设计甄选程序

（1）人员甄选。人员甄选是指用人单位在招募工作完成之后，根据用人条件和用人标准，运用适当的方法和手段，对应聘者进行审查和筛选的过程。人员甄选是为了确保社区活动所需的高质量人力资源而进行的一项工作。

（2）人员甄选的意义。人与人之间的差别，使得有必要对人员的体力、技巧、能力及个性特征与工作要求之间的适应性关系进行评估。人员甄选的常见的方法有简历筛选、测试甄选、面试甄选、背景调查及其他一些特殊的甄选办法。

人员甄选的程序因招聘规模、用人理念、工作种类等不同而有所差异，但主要有七个步骤，如图3-2所示。

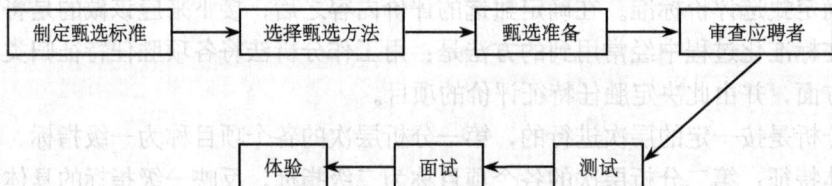

图 3-2　人员甄选的程序

案　例

招募甄选试用工作标准

1. 拟订招募计划

人事部收集人员增补申请单至一定时期，即行拟订招募计划，内容包括以下项目。

（1）招募职位名称及名额。

（2）资格条件限制。

（3）职位预算薪金。

（4）预定任用日期。

（5）拟订招募甄选简章或登报稿。

（6）资料审核方式及办理日期（截止日期）。

（7）甄试方式及日程安排（含面谈主管安排）。

（8）场地安排。

（9）工作能力安排。

（10）准备事项（通知单、海报、公司宣传资料等）。

2．宣传方式

宣传即将招募消息，通告大众及应聘者，方法如下所述。

(1) 登报征求。先拟广告稿，估计刊登费，决定何时刊登何报，然后联络报社。

(2) 同人推荐。以海报或公告方式进行。

3．应征信处理

(1) 宣传消息发出后，会收到应征资料，经审核后，对合格应聘者发出初试通知单及甄选报名单，通知前来接受甄试。

(2) 不合格应聘资料，归档一个月后销毁，但有要求退件者，给予退件。为了给社会大众一个好的印象，对所有未录取者发出谢函，这也是应有的礼貌。

4．甄试

(1) 笔试。

1) 专业测验（由申请部门拟订试题）。

2) 定向测验。

3) 领导能力测验（适合管理级）。

4) 智力测验。

(2) 面谈。由申请部门主管、人事主管、核定权限主管分别或共同面谈，面谈时应注意以下几项。

1) 要尽量使应聘者感到亲切、自然、轻松。

2) 要了解自己所要获知的答案及问题点。

3) 要了解自己要告诉对方的问题。

4) 要尊重对方的人格。

5) 将口试结果随时记录于面谈记录表。

(3) 复谈如初次面谈不够周详，无法做有效参考，可再发出复谈通知单，再次安排约谈。

5．背景调查

经甄试合格，初步决定人选，视情况应做有效的背景调查。

6．结果评定

经评定未录取人员，先发出谢函通知，将其资料归入储备人才档案中，以备不时之需。经评定录取人员，由人事主管及用人主管共同商定日期后发给报到通知单，并安排职前培训等有关准备工作。

7．注意事项

应聘资料的处理及进行背景调查时应尊重应聘者的个人隐私权，注意保密工作。

讨论 3-6   结合上述案例，请你谈谈案例中甄选标准包括的方面。

3.2.4 社区活动的实施

社区活动的实施是社区服务工作者开展社区活动的组织与管理过程。包括社区有关方面对社区活动的组织引导、对社区活动的指导，以及社区企事业单位、学校、机关团体、家庭的参与。从社区活动的组织管理主体角度来分析，可以将社区活动的实施归纳为以下三个方面。

1．社区活动的策划

策划是现代社会活动中运用较为广泛的一种思维方式和操作方法。它的内涵包括思维路线的选择、理念的设计、资源的整合、操作过程的监理等。

社区活动策划是对社区活动进行周密的构思和设计，进行主客体情况分析，全面安排各项资源的过程。成功的社区活动策划，其意义远远胜过活动本身。在进行社区活动策划时，首先应明确活动的目的，进行活动定位；其次是选择活动形式，保证社区活动在内容和形式上都具有吸引力。社区活动策划包括活动主题的策划、活动内容策划和活动形式策划。

| 案　例

社区"学雷锋、三关爱志愿服务"活动方案

为贯彻落实党的十七届六中全会关于"深入开展学雷锋活动，采取措施推动学习活动常态化"的精神，大力弘扬、传承雷锋精神，推进社会主义核心价值体系建设，促进精神文明建设工作上水平、上台阶，根据街道统一部署，在社区广泛开展"学雷锋、三关爱志愿服务"活动。

1．指导思想

以邓小平理论和"三个代表"重要思想为指导，深入贯彻落实科学发展观，以社会主义核心价值体系为引领，积极探索新时期学雷锋、践行雷锋精神的新形式、新内涵，在全社会培育关爱他人、关爱社会、关爱自然"三关爱"志愿服务自觉推动社区志愿服务活动深入开展，不断提高居民的思想道德素质和城市文明程度，迎接党的十八大胜利召开。

2．人事安排

组　　长：×××

副组长：×××　　×××

成　　员：社区服务工作者、社区居民代表

活动主体：社区全体居民、志愿者

3．活动安排

弘扬、传承、践行雷锋精神，以关爱他人、关爱社会、关爱自然"三关爱"为主要内容，广泛开展多种形式的学雷锋志愿服务活动。

(1) 召开全社区学雷锋志愿服务座谈会。组织我社区党员、先进典型、居民进行座谈、交流学习雷锋精神的时代内涵和传承、践行雷锋精神的重要意义，发挥示范带动作用，号召、倡导社区居民，积极投身学雷锋志愿服务活动中。

(2) 开展"天天见面儿"志愿服务活动。组织志愿者采取"一对一"形式，以居住较近的楼长或党员群众与单身老人结成对子，每天见一面儿，以获得老人的最新信息，让老人不再孤独，并及时提供必要的服务。

(3) 开展"讲文明、树新风"志愿服务活动，组织志愿者开展清洁卫生、健康保健、法律援助、治安巡逻、环境保护、心理咨询等关爱社会志愿服务。

(4) 开展"绿化、美化、关爱自然"志愿服务活动，宣传生态文明观念和环境保护知识，大力推动义务植树、绿化美化、清理脏乱、整治污染等行动，使天更蓝、水更清、地更绿，逐步形成良好的人居环境和生态环境，为古冶宜居亮城做出努力。

(5) 开展"爱心助困"活动。为了弘扬社会主义扶贫济困、爱心助残精神，为了扶助社区内的弱势群体，为贫困人群点亮希望之灯，帮助残疾人和困难群体维持正常的生活，解决他们的临时困难，在上级各部门的政策与资金大力支持下，我社区建立了"爱心超市"。并且社区决定在机关、社区全体干部、工作人员和广大党员、居民群众以及社会各界人士中募集"爱心超市"爱心资金及物品，并全部用以爱心扶贫济困活动。

(6) 开展"衣加衣"公益活动。社区着手联合东北二社区借助社区"爱心超市"平台，组织居民开展冬衣捐献活动，号召广大居民捐赠各种棉服帮助偏远贫困地区群众度过冬天，奉献一份关爱，传递一份温暖。

4．工作要求

(1) 加强组织领导。把此项活动与文明城创建活动相结合，与日常工作相结合，采取有效措施，发挥广大党员和广大居民的积极性、创造性，努力把活动抓出实效。

(2) 加强宣传。运用板报、橱窗等形式广泛宣传学雷锋、三关爱志愿服务活动，为社区志愿者与居民架起一道桥梁，体现出志愿服务对居民的爱心，凝聚起民心的作用，并充分调动广大居民参与"学雷锋、三关爱志愿服务"的积极性。

讨论 3-7　结合上述案例，谈谈你对活动主题、活动内容和活动形式的认识。

2．社区活动方案的设计

方案设计是针对方案策略选出的一个或几个策略，再进一步的细节设计。方案设计通常包括九项构成要素。

（1）活动目的。说明这次活动的主题以及通过活动所要达到的效果或产生的效果。活动目的一定具体、能量化。

（2）活动内容。活动内容是活动目的的具体化。一般情况下，活动内容可以是多元化的，也可以是同一内容多种形式的。

（3）活动时间、日期、期限。

（4）活动地点。活动地点一定要具体，一般选择社区居民比较熟悉的地方，如社区广场。

（5）活动工作人员（包括志愿者）。

（6）活动受益人。

（7）活动工作技术、方法、知识。

（8）活动经费预算及筹集方法。

（9）预计困难及解决方案。

▌案 例

社区活动方案

1．活动名称： 幸福女人，和谐社区

2．活动理念

××××社区是一个正朝着文明、新型迈进的发展社区，为了隆重庆祝三八妇女节，同样为了活跃社区居民的文化娱乐生活，王家坝社区准备为社区广大妇女姐妹举办游园活动。

借助三八妇女节到来之际，向社区妇女姐妹宣传保护自己的权益、反对家庭暴力等法律知识。社区也本着为人民服务、共助建设的服务宗旨希望通过活动来展示社区妇女姐妹良好的精神风貌，倡导"自尊、自信、自立、自强"的新时代妇女精神，激发广大妇女争创"三有一好"，立足岗位成才，用新标准、新要求、新作风和新业绩促进社区妇女事业再迈新台阶。

此外，社区内老年妇女居多，且平时生活、娱乐内容单一，为了丰富其生活，为生活添乐趣，从而使老人们老有所乐。

3．整体目标和具体目标

（1）整体目标。通过社区举行的各项活动，共同构建出一个团结互助的文明社区。

（2）具体目标。

① 希望通过活动团结社区的妇女姐妹。

② 通过活动丰富社区的文化娱乐生活。

③ 活动具有思想性、群众性、娱乐性和广泛性，扩大以往的参与人数。

④ 通过活动向社区妇女宣传尊重维护妇女权益。

4．活动性质

(1) 活动性质：娱乐性、广泛性、群众性。

(2) 工作对象：社区内的所有妇女姐妹。

(3) 活动日期、时间、地点。

活动名称	活动日期	时　间	地　点
猜谜语	2013 年 3 月 8 日	下午 2：00 开始	社区广场
夹珠子	2013 年 3 月 8 日	下午 2：00 开始	社区广场
托乒乓球	2013 年 3 月 8 日	下午 2：00 开始	社区广场
免费体检	2013 年 3 月 8 日	下午 2：00 开始	社区广场

(4) 预计参加人数：约 500 人。

(5) 所需人力及工作分配：游园活动共三项，每项由 2 人负责，2 人负责照相，2 人负责分发奖品。

(6) 资源：谜语纸 100 张左右，玻璃珠数颗，面盆两个，筷子一双，乒乓球及球拍一副，桌子三张，椅子六把等。

5．招募及宣传

(1) 召开居民代表大会。

(2) 宣传栏粘贴公告。

(3) 散发宣传资料。

(4) 社区报。

(5) 社区内挂标语。

6．活动时间表

准备时间	下午 1：00 社区内工作人员开始布置活动场地
开始时间	下午 2：00 活动正式开始
结束时间	下午 4：30 结束活动

7．活动内容及方式

(1) 主要活动：猜谜语、夹珠子、托乒乓球、免费体检。

(2) 主要的活动方式：娱乐为主，大家共庆三八国际妇女节。

8．财政预算

2 000 元左右。

9. 预计会出现的困难

预计困难	解决办法
（一）没有太多的妇女群众参与	（一）社区采取广播宣传的方式来提高群众参与的积极性
（二）活动内容少，参加人数众多而影响秩序	（二）增加几个工作人员来维持活动秩序
（三）奖品的发放有限，不能面面俱到	（三）认真按照比赛规则来发放奖品，但对于年老体迈的老人则让他们重在参与，参加活动就发奖品以表示鼓励

讨论 3-8　结合上述案例，谈谈你对活动设计细节的理解。

3. 社区活动筹备

根据社区活动实施计划，制定活动筹备方案。社区活动筹备方案包括确定筹备活动负责人，活动涉及内容的具体安排。活动筹备方案要求具体、翔实、责任到人。

┃ 案　例

联谊活动筹备方案

1. 成立活动筹备领导小组

组　　长：协会副秘书长张××

副组长：协会办公室主任李××

成　　员：科技公司办公室主任赵××、物流公司办公室主任李××

2. 具体安排

（1）会前准备工作

1）工作协调由协会副秘书长张××、办公室主任李××负责。

2）节目筛选、调度、彩排由机关办公室梁××、董××；

① 元月 28 日下午 2：00 在协会招待所多功能厅审定参加联联谊会节目（负责人：郑××）。

② 元月 31 日下午 2：00 在新华剧场进行第一次彩排（负责人：郑××、李××）。

③ 2 月 3 日下午 2：00 在新华剧场进行第二次彩排（负责人：郑××、李××）。

3）会务筹备（会标、座次、音响、灯光、鲜花、节目单、签到、会场服务等）由协会办公室赵××、文××，××区委办公室路××、王××负责。

① 腊月 25 下午 15：00 布置会场。

② 区委办王××负责在舞台上方悬挂"2005××市××协会迎新春联谊会"横幅一条。

③ 协会赵××、文××负责安排领导座次。

④ 文体局安排一名工作人员负责音响、灯光调试（责任人：郝××）。

⑤ 大方公司路××、王××负责在舞台前摆放鲜花及舞台中央悬挂"春节联谊晚会"泡沫字。

⑥ 协会李××负责将确定好的节目名单汇总后交王××统一制作节目单。

⑦ 区委办赵××、文××负责签到（地点：新华剧场。时间：2 月 4 日 14：30）。

⑧ 区委办王××负责协调协会招待所 3～4 名服务员负责会场服务。

⑨ 区文体局负责对剧场内外环境进行清理打扫（责任人：郝××）。

⑩ 区防疫站负责对新华剧场、协会招待所餐厅进行消毒（负责人：姚××）。

（2）晚宴安排

下午 5：30 在协会招待所西餐厅举行晚宴，安排方案如下：

1）协会和机关领导在宴会厅就餐，共安排四桌，并在每桌摆放鲜花及桌签（负责人：姚××）。

2）协会其他领导及工作人员在西餐厅大厅就餐，安排××桌（负责人：王××　杨××）。

3）参加演出的演职人员在协会招待所东餐厅就餐，饭菜标准为每人××元共××人（负责人：姚××）。

3．其他事宜

（1）安排区电视台，对联谊活动全程录像，并刻制成光碟及安排照相 2 人（负责人：王××）。

（2）制定接待方案（负责人：姚××），协会负责提供参加人员名单及参加晚宴人员名单。

4．纪念品

所有参加人员 1 份台历。

××××协会办公室

××××年××月××日

> **讨论 3-9**　结合上述案例，说明活动筹备的特点。

3.3　社区活动实务

3.3.1　社区活动的方法

社区活动的方法有很多，本节结合社区服务实际，重点介绍无毒害社区活动、社区文化活动和社区体育活动三种社区活动的具体方法。

1．无毒害社区活动的方法

无毒害社区主要是指无黄色书刊、黄色音响和各类毒品。无毒害社区创建是我国社会主义精神文明的主要组成部分，也是和谐社会建设的重要内容。做好这项工作，不仅有利于社会稳定，也有助于营造积极健康的社区环境。

（1）积极配合公安机关，依法查禁和取缔吸毒、贩毒、传播和贩卖黄色书刊、黄色音像等危害人民的违法和犯罪行为。社区服务机构，要经常开展与之相关的社区活动。同时，社区服务工作者要熟悉和掌握社区内各种人员的情况，如有发现，及时向相关机构提供资料和线索。

（2）定期开展帮教服务。由公安机关、社区干部、社区服务工作者、相关家庭成员组成帮教小组，对涉入其中的相关人员定期和不定期开展帮教活动。

（3）为涉入人员开展"辅助就业"活动。社区服务中要积极整合社区资源，动员社区力量，帮助相关人员再就业，帮助他们自食其力，堂堂正正地做人。

2．社区文化活动的方法

社区文化活动是创建和谐社区的重要内容。一般而言，社区文化有广义和狭义之分。广义的社区文化是指一个社区的文化特质，如辖区内人们的信仰、价值观、历史传统等。狭义的社区文化主要是指社区成员开展的各类群众娱乐、体育、教育等。为此，开展各类社区文化活动应注意以下几点：

（1）树立正确观念，统筹规划。社区文化是建设中国特色社会主义的重要组成部分，也是社区服务的核心内容。应坚持社会主义精神文明建设和社区服务建设的重要要求，确立社区文化活动的方向和目标，统筹规划。

（2）既要重视软文化建设，也要重视文化设施建设。"软硬"结合是社区文化活动指导原则，软主要是指社区教育，硬主要是社区文化的表现形式，如结合社区宣传栏、板报等社区文化宣传硬件设置的建设。

（3）结合实际，树立社区品牌。社区文化活动一定要从所在地社区实际情况出发，结合社区民众的需要，开展不同类型的社区文化活动。例如，少数民族地区，应以民族团结为主体，围绕民族团结开展各类文化活动。

3．社区体育活动的方法

丰富多样的社区体育活动，不仅有利于社区居民身心健康，也有助于社区安定团结。生机勃勃的体育可强健人们的体魄，振奋人们的进取精神，陶冶人们的情操。组织社区体育活动，应把握以下几点。

（1）立足社区，因地制宜。体育活动开展一定要结合社区实际情况，如活动场地大小、活动设施多寡等。另外，在开展体育活动时，一定要注意年龄、性别、个人兴趣等因素。

（2）分工明确，责任到人。体育活动充分体现体育活动思想性、知识性、趣味性。所有活动既要重视竞技性，也要重视参与性，既要重视活泼生动性，也要重视比赛规则。另外，开展这类活动，一定要分工明确，责任到人。

（3）重视体育活动的日常化。体育活动的目的是让社区居民树立健康的生活观念，所有体育活动要常态化、日常化。实现这一目标的重要手段就是各类运动组织的建立，通过运动组织定期和不定期开展体育活动。

3.3.2　社区活动的技巧

社区活动的开展，既依赖社区居民的广泛参与，又要依托社区资源和社会力量；既能解决社区问题，又能满足社区居民需求。要实现以上目标，社区服务工作者必须熟练掌握开展社区活动的各种技巧。

1. 建立社区活动组织的技巧

建立社区活动组织的工作可以细分为建立社区活动团体、建构社区活动组织和组织经营管理。社区活动团体的成员一般是非正式的，是以一定的共同兴趣为基础组成的团体；社区活动的组织一般是正式注册或登记的组织，或者是临时组建的活动机构，公开招募社区活动团体和人员，满足企业、学校、机构、社会和社区的双向需求。

（1）建立社区活动团体的技巧。建立社区活动团体的过程是：首先找到 3~4 位热心活动的社区居民，并聚集他们一起讨论社区事务；其次扩充团体成员人数到 8~12 位；再次设定一定的团体目标；最后建立社区活动团体的结构，并通过民主方式分配任务，分工行事。

在建立社区活动团体的过程中，社区服务工作者的任务是促进社区热心居民愿意站出来，参与和投入社区事务。社会工作者特别要注意的是，其辅导方式是非指令性的，不可以指挥和命令社区热心居民。

在建立社区活动团体的过程中，社区服务工作者必备的技巧主要有三类：一是接触社区居民的技巧，要尽量找机会接触社区人士，注意给人的印象，倾听和注意力集中；建立个人化接触；先让对方知道你是谁，再询问对方。二是基本的人际关系技巧，如温暖和尊重、同情心、真诚、倾听等技巧。三是引导社区团体成员互动的技巧，包括联系、阻止、设限，融合技巧（综合、摘要、分类化、重新结构等），支持技巧，当面质询的技巧等。

（2）建构社区活动组织的技巧。社区活动组织建立的程序：一是招募成员（个人、团体）。发起人要遵循我国社会团体、民办非企业单位登记和管理办法。二是订立组织章程。组织章程要有宗旨和任务。三是推选领导者成立理事会或董事会。要推选出各方所接受的人，并且自己也真心愿意投入领导的人，他们不是只要名分而不做事的人。四是设立执行部门或作业部门，即根据事业的性质、服务项目、服务对象等要素设立执行部门或作业部门。五是筹措经费。

在社区活动组织建立的过程中，社区服务工作者除了扮演指导者的角色外，还要扮演组织者的角色。建立组织的技术主要有：一是应能指出社区现状的不足之处，不足应被确认，并引发和促成组织的发展，通过动员组织、计划和行动来回应社区的特殊问题。二是社区组织必须有被多数人认同和接受的领导或领头人。三是社区组织必须拥有大家乐于接受的目标和工作程序。四是社区组织所推动的方案应包括一些鼓励、激发的活动。五是社区组织应该寻求和激发社区中存在的美好愿望。

（3）组织经营管理技巧。社区组织建立以后，要让组织能够运作，就要对社区组织进行经营管理。社区组织在建立之初，保障组织运作和维持组织的技巧主要包括：① 社区组织必须在组织之内、在社区组织之间建立有效的沟通途径；② 社区组织应该支持和加强能相互合作的团体；③ 社区组织在工作程序上不会破坏决策过程时，应有所弹性；④ 社区组织应该发展一种配合其社区现状的工作步调；⑤ 社区组织要培养有效的领导者；⑥ 社区组织应该在社区中培养其影响力。

组织经营管理的事务主要包括：① 服务策划，包括策略规划和服务方案规划；② 营销管理，包括服务产品的营销、社会使命和社会责任的营销、社会观念和价值的营销和组织的营销；③ 财务管理，包括经费筹措、编列预算、会计；④ 人力资源管理，包括专职人员、志愿者的招募、任用和工作分配、训练、报酬与奖惩；⑤ 研究和发展，包括服务方案的评估、新服务方案的开发、组织评估、组织变革等。

2．社区活动宣传技巧

社区工作中常用的社区宣传技巧主要包括以下方面。

（1）知识和资料的传播。社区服务工作者经常要向居民解释有关的法律、政策，以确保居民获得必要的知识和资料来保障自己的权益。例如，对社区内的失业人员和贫困者，介绍我国的失业保险制度和最低生活保障制度；为社区内的老人和残疾者提供有关养老机构及康复机构的资料等。社区服务工作者可以通过发放宣传单、召开座谈会、研讨会及通信等方式，向居民传递有关的信息。此外，顺口溜以及流畅的口号或歌曲也可以成为理念和观念的传播媒介，统计数据和个案案例则有利于做好说服工作。

（2）居民骨干的培养。培养居民骨干是社区工作的一项重要任务。社区工作所提供的骨干训练，大多以个别教授方式进行，根据居民骨干的情况和水平，设计训练内容。培训居民骨干多通过隐蔽和渗透方式向居民灌输知识和理念。社会工作者通过家庭访问、讨论和分享，向居民带头人提供有关政策发展的背景资料和分析框架。简报、图表和分析框架表等文字参考有利于启发居民带头人的概念性思维。居民骨干的训练课程可以统一进行，通过辩论和讨论，使居民建立批判性反思习惯，摆脱逆来顺受的顺民心态。居民带头人训练也可以穿插在定期的居民会议中，制造不断学习的环境和良好的氛围，而社会工作者也因此可以建立自己作为指导者的地位和形象。

（3）社区居民的教育和动员。社会工作者在工作中有时会不自觉地把教育的重点过分集中于少数居民带头人身上，或者将时间花在提供服务和社会行动方面，忽略了对广大群众的动员和教育。而实际上，群众的教育和动员也是社区工作的目标之一，因为这样可以加强整体居民对改善环境的关注，有利于提升居民的互助精神。我国在过去的几十年建立了以街道和居委会为依托的基层动员网络，形成了"上情下达，下情上达"的运行体制，其在宣传和教育方面的高效率也得到了普遍肯定。社区服务工作者在动员群众的过程中，可以多利用家庭访问、个人影响及板报、教育讲座等形式，引导居民关心共同的问题，并思考解决问题的可行方法。

(4) 发展社区关系。社区关系主要是指社区服务工作者和社区组织与社区内政府部门、社会团体及有影响的人士（包括人民代表、政协委员、社会知名人士等）之间的互动联系。建立良好的社区关系是持续的教育过程，应尽量使有关决策者能够体会居民的困难。个案故事和统计数字是打动局外人、激发同情心的常用工具。此外，社会工作者必须认识到新闻媒体的作用，掌握与新闻工作者合作和沟通的技巧。

(5) 开展互助活动。在推动社区服务和社区建设的过程中，社区意识的培养教育、良好社会风气的营造、家庭照顾技巧的传授、志愿工作者的动员等工作，都要运用社区教育的技巧和方法。例如，利用调查研究、家庭访问了解贫困家庭的生活状况；通过开展社区活动、展览、演讲、记者招待会、讲座等方式，提升这些家庭对自己权益的认识，建立表达自己困难的自信心，并使他们能够团结起来，彼此信任，互相帮助。此外，可以通过新闻媒介报道其生活的贫困状态，唤起社会公众的同情心，以获得一些物质方面的支持或志愿者的协助。为了鼓励社区居民参与互助行动，社会工作者应该掌握一些成功互助的典型，以便向有服务意向的居民说明互助的目标、可行性、方式和成效。

3．社区活动策划技巧

所谓策划，是指设计出行动的路径与详细具体的做法。而策划行动的路径就是策略规划。规划具体的做法分述如下。

(1) 策略规划。策略规划是达到目标的预定路径。策略规划的程序包括三个步骤。

① 采取"头脑风暴"方法让规划小组成员提出各种想到的策略。小组成员中任何人表达意见、观点时，都不被批判和嘲笑，与会者每人都要提出意见，并尽情表达，鼓励"搭便车"，从其他人的看法中衍生出自己的新意见。

② 运用符合性、可接受性、可行性三个指标去评估上一阶段提出的每个策略，删除那些明显不可能的策略，即不符合目标、不被人们接受、没有任何可行性的策略。

③ 就保留下来的策略，通过 SWOT 分析法逐一分析实践该策略的可能性，选出一个或几个策略。即通过对各策略的优势、弱势、机会和威胁分析，最后比较得出较好的策略。

(2) 方案计划。方案计划是针对策略规划选出的一个或几个策略，进行更细节、更具体的方案设计。方案计划的程序也是首先采取"头脑风暴"提出九项方案构成要素(6W+2H+1I)。

① Why：代表方案的目的和目标。

② What：服务内容。

③ When：时间、日期、期限。

④ Where：地点。

⑤ Who：工作人员（包括志愿者）。

⑥ Whom：接受服务的对象。

⑦ How：工作技术、方法、知识。

⑧ How much：财源和预算。

⑨ If…then：应变方案，即如果发生临时状况，应该怎么办。

然后采用符合性、可接受性、可行性三个指标逐一讨论每项要素，形成具体的方案计划书。

案 例

社区活动"问与答"

问：

我是××的一位社区服务工作者。我在开展社区工作的过程中发现，有时候我们在设计活动时初衷很好，但是活动开展下来却适得其反，不是居民们不满意，就是根本不感兴趣，不愿意参加。为此，我们都很困惑，究竟应该怎样开展社区活动，居民才能满意？

答：

社区活动表面上看起来技术含量比较低，其实不然，如果没有从居民的需求和社区实际情况出发，极有可能出现居民不买账、社区服务工作者费力不讨好的现象。在这一方面，××××社区居委会下了不少工夫。

第一是从活动的形式上考虑参加人员的基本需求。

3月20日，×××社区和共建单位××××工商分局一起组织开展3·15消费者日系列活动，活动主题是"市民了解奥运食品和物流配送体系"。工商局和社区服务工作者、居民代表一行50余人，先后到"千鹤食品公司、星宇物流配送中心、××农产品物流配送中心"参观，由所在地相关负责人介绍企业发展情况、工作流程、检验检疫工作及保证食品安全的措施和做法，使参观者了解食品源头的各项工作，了解工商局和食品工作者怎样监督、制作安全食品、绿色食品和有机食品，从而为宣传食品安全工作奠定基础。

作为活动组织者，社区居委会考虑到要参观的两个地点比较远且有两个地点没有公共厕所，而参观人员中有一半是中老年人，在参观完第一个地点后，社区服务工作者建议司机专门绕道到城区公厕，让老人们集中方便一次。老人们对社区的做法非常满意，直夸社区把工作做到了细微处。

　　第二是活动时间要参照参加人员来设定。

　　社区举办"迎奥运盛会，展巾帼风采"演讲比赛，一般分上下午两场，上午一般安排到 10 点多钟就结束。因为考虑到一般家庭主妇要接放学的孩子，还要为全家准备午饭，所以社区特意不把上午时间安排满，这样不会影响她们的正常生活，她们才有积极性参加社区活动。又如，社区举办"庆六一儿童才艺大赛"，一般都把时间调到周六或周日，这样既让孩子们有了参加的时间，又给了家长加油的机会，大人孩子都高兴，活动自然就会办得精彩。

　　第三是活动项目的制定要考虑参加对象的实际。

　　九九重阳节，社区举办了以"夕阳无限好"为主题的趣味运动会，在征集项目设置意见时，有居民提出跳绳、接力跑等项目，当时社区没有采纳，主要是考虑到参加运动会的主角是老年人，太剧烈的运动不利于老年人的健康，老人的子女和家人也不会支持老人参加活动。最终，因为社区设置的项目大多都符合中老年人的口味，老人们都踊跃参与，使活动开展得有声有色。

　　第四是如何使活动内容让参加对象受益。

　　社区举办青春期、哺乳期、更年期、男性健康日等健康知识讲座时，参加活动的人有时会因为相关知识比较贫乏，或怕人家说自己笨，或怕别人觉得自己不健康，不好意思参加，顾虑重重。还有的人怀疑社区在主办这类活动时是走过场，含金量低，不会有多大裨益。针对这些情况，社区一方面联系专家办好讲座，用丰富的内容吸引居民参加，以排除部分人的心理障碍；另一方面，努力保证讲座的科学性、知识性、实用性，不让居民觉得这是个空架子。

　　第五是活动中的奖品、纪念品的发放也要人性化。

　　妇女活动的纪念品一般是买洗涤用品、床上用品和厨房用品，她们自己用着方便，也会十分高兴。男性活动一般买球拍、球、运动服、喝水杯等，他们会觉得奖品有创意，更适合他们。老年人活动一般买内衣、毛巾等，这些儿女们往往容易忽略的东西，不仅填补了他们的生活所缺，而且送去的是一份温暖与体贴。

讨论 3-10　结合上述案例，说明有哪些值得借鉴的工作技巧。

复习思考题

一、填空题

1. 广义的社区活动是指社区开展的_____。

2．招募过程包括_____、_____、_____。

3．近年来，社区经常开展的活动有_____、_____、_____、_____。

4．社区活动筹备方案包括_____，活动涉及内容的_____。活动筹备方案要求_____、_____、责任到人。

二、选择题

1．社区活动的原则是_____。

　　A．公益性　　　　　　　　　B．群众性

　　C．娱乐性和低竞技性　　　　D．连续性和稳定性

2．社区活动的特征是_____。

　　A．区位性　　　　　　　　　B．多元性

　　C．互动性　　　　　　　　　D．技巧性

三、简答题

1．社区活动宣传技巧有哪些？

2．方案计划的九项方案构成要素是什么？

四、讨论题

1．如何进行社区活动的选题？

2．为社区弱势群体服务的社区活动有哪些？

🔍 实训任务

任务描述：

××社区服务机构是一家新成立的社区服务中心，其所在社区为新建社区，社区居民彼此不是很熟悉，社区归属感、凝聚力不是很强。为改善这一现况，假如你是这个机构的社区服务工作者，针对以上情况，拟订一份社区活动计划书。

任务引导：

1．进行社区调查，评估社区居民关系现况及社区居民共同兴趣。

2．根据社区居民共同的需求，设定活动策划方案。

3．实施服务方法及评估。

第4章　社区人民调解

引言

　　人民调解，又称诉讼外调解，是指在纠纷当事人的申请下，由人民调解委员会调解人员主持，以国家法律、法规、规章、政策和社会公德规范为依据，由人民调解委员会的调解人员对纠纷当事人进行讲道理、说服教育、规劝疏导，促使纠纷各方当事人互谅互让、平等协商，自愿达成处理纠纷的协议，消除矛盾，解决纠纷的一种群众性司法活动。

　　人民调解是一项具有中国特色的化解矛盾、消除纷争的非诉讼纠纷解决方式，被国际社会誉为化解社会矛盾的"东方经验"。多年来，人民调解与司法调解、行政调解等共同构成的"大调解"体系，为预防和减少民间纠纷、化解社会矛盾、维护社会和谐稳定发挥了重要作用。2010年8月28日中华人民共和国第十一届全国人民代表大会常务委员会第十六次会议通过的《中华人民共和国人民调解法》是我国人民调解工作发展道路上的一座里程碑，标志着人民调解工作进入了新的发展阶段，为广大人民调解组织依法调解矛盾纠纷提供了有力的法律支撑和法制保障。

　　人民调解委员会是乡镇、街道、企事业单位及其委员会和居民委员会设立的，在基层人民政府和基层人民法院指导下调解民间纠纷的群众性组织。其一般工作程序为：确定是否属于人民调解委员会管辖，确定是否属于人民调解委员会调解民间纠纷的权限范围，登记受理，事实调查，调查取证，约见协调，制定方案，制作调解协议书，调解结案归档并回访。

学习目标

1. 掌握社区人民调解的概念。
2. 掌握社区人民调解的基本原则。
3. 了解人民调解的基本功能。
4. 理解人民调解委员会的定义。
5. 了解人民调解委员会的任务及优劣点。
6. 掌握人民调解委员会的调解程序及操作。

学习导航

社区人民调解

- 社区人民调解概述
  - 社区人民调解的定义及法律地位
  - 社区人民调解与行政调解、司法调解的区别
  - 社区人民调解的基本功能
- 社区人民调解组织——人民调解委员会
  - 社区人民调解委员会的定义及法律地位
  - 社区人民调解委员会的任务
  - 社区人民调解委会员的优势与不足
- 社区人民调解组织——人民调解委员会工作实务操作
  - 社区矛盾认识
  - 人民调解委员会的一般工作程序与操作守则

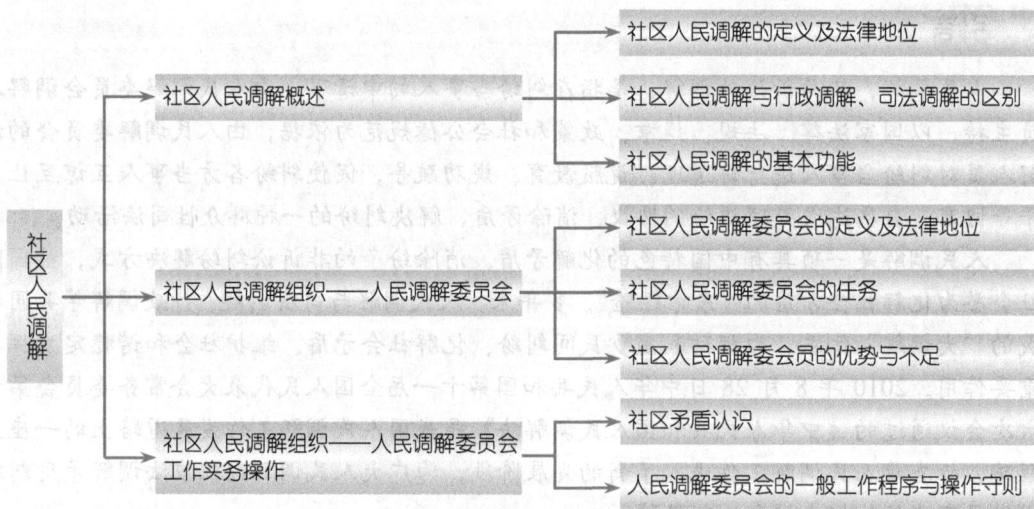

4.1　社区人民调解概述

案　例

司法助理员调解家庭纠纷

3月7日上午，彭阳县白阳司法所来了一位中年妇女，此人一脸血迹，身上几处伤痕，一进门就泣不成声。工作人员见此情形急忙上前扶她坐在沙发上，倒上一杯热茶，稳住了她的情绪。经详细询问，此人是白阳镇老庄村海河队农民马某，她的丈夫刘某经常因家庭

生活琐事殴打她,也经常虐待她和两个孩子。这次因家庭生活琐事刘某又将马某毒打一顿。工作人员了解此事后,给当事人马某做了大量的思想工作,并立即和村队干部取得联系,通知刘某,调查此纠纷的详细情况。经用手机联系,终于在中午 12 时在其亲戚家找到了刘某,刘某当时的态度也不好,经过再三说服,才愿意到司法所进行调解处理。当夫妻俩见面时,好像仇人相见,分外眼红,双方你争我抢各说各的理。待双方都将理由讲完后,调解员才开始对双方做工作,指出了双方的错误,对夫妻二人展开批评教育,说得刘某直点头,此时马某也面带微笑,夫妻双方表示日后遇事要冷静,克制自己,都改掉坏脾气。就这样,一场即将恶化的婚姻家庭纠纷经过司法助理员的耐心调解,夫妻双方终于接受了。为了巩固调解成果,调解员又先后两次进行了回访,如今两口子和好如初,孩子也乐了,老人也很高兴,一家人和睦相处,小日子过得红红火火。

> **讨论 4-1**　结合上述案例,谈谈你对社区人民调解工作的直观理解。

4.1.1　社区人民调解的定义及法律地位

社区人民调解是指在纠纷当事人的申请下,由人民调解委员会调解人员主持,以国家法律、法规、规章、政策和社会公序良俗为依据,由人民调解委员会的调解人员对纠纷当事人进行讲道理、说服教育、规劝疏导,促使纠纷各方当事人互谅互让、平等协商,自愿达成处理纠纷的协议,消除矛盾,解决纠纷的一种群众性司法活动。人民调解是群众自我管理、自我教育、自我服务的自治行为,其主体是群众选举的人民调解委员会,一般设在居民委员会内。除了调解委员会外,许多居委会干部以及楼组长包括部分热心的志愿者都承担着社区内各类矛盾纠纷的调解工作。

《中华人民共和国人民调解法》(简称《人民调解法》)为社区人民调解提供了法律依据。本法指出社区人民调解的基本原则是:一是在当事人自愿、平等的基础上进行调解;二是不违背法律、法规和国家政策;三是尊重当事人的权利,不得因调解而阻止当事人依法通过仲裁、行政、司法等途径维护自己的权利。

4.1.2　社区人民调解与行政调解、司法调解的区别

街道社区作为基层组织,在化解社区矛盾方面担负着相当重要的职责。就街道办事处职责所及而论,社区矛盾化解的工作体系由人民调解、行政调解和司法调解组成。要准确理解社区人民调解的定义必须首先弄清这三种调解的关系。

作为维护社会秩序的"第一道防线",人民调解主要是以民间纠纷为调解对象,采用说服讲情说理的方法,以平息纷争和稳定社会为目的。这种方式具有程序简易、所耗费成本小、十分灵活等优势,但人民调解一般仅限于公民之间的纠纷。当涉及公民与法人、政府、

团体之间的纠纷或纠纷涉及公民较大的财产、人身权利时，人们则更多地倾向于直接向政府讨公道、要"说法"，这就涉及行政调解。

行政调解是以行政部门的法定权力作为支撑，解决人民内部矛盾的方法。目前，行政调解的主要方法是政府各行政部门的信访接待，然后按行政权限对信访接待中遇到的各类矛盾予以处理。

司法调解主要是指人民法院在收案后对民事纠纷的调解处理，又称诉讼调解、法院调解。人民法院在审理各类民事案件的过程中，由审理该案件的法官或合议庭人员主持案件各方当事人，在分清是非责任的基础上，依照相关法律、法规和有关民事政策，由各方当事人平等协商，达成一致处理意见，从而使纠纷得到解决的一种诉讼活动。它不仅由主审法官、合议庭成员主持调解，而且可以由法院委托人民调解组织的人员、社会团体的工作人员、具有很高社会威望的人员、各级社会组织的人员进行调解或参加调解。

《中华人民共和国民事诉讼法》第 9 条规定："人民法院审理民事案件，应当根据自愿和合法的原则进行调解；调解不成的，应当及时判决。"《诉讼法》第 85～91 条，分别规定了法院调解的原则、方式、调解协议、调解书的制作，以及调解终结的条件和合法的原则，调解不成的应当及时判决等，并规定了人民法院制作的调解书经双方当事人签名后，即具有法律效力。调解所、律师服务所也承担着部分调解活动与诉讼过程，从诉讼开始后到法院做出判决前的任何阶段，都可以进行调解，在第二审程序和再审程序中也可以进行调解。司法调解是调解人民内部矛盾的最后手段，因此调解活动具有终结的意味。如果调解成功，调解后果具有法律效力，双方当事人不得再予反悔；调解未成，则将由法院予以判决。司法调解的成本高，除了耗费时间、精力之外，还要花费相当的财力，但司法调解程序严格，结果相对公正并具有法律的权威性。

人民调解、行政调解、司法调解各有自己适用的范围。三种方式也不存在递进序列的关系，人们遇到的矛盾不需要首先经过人民调解、行政调解然后进入司法调解，社区矛盾的化解可以直接进入司法调解程序，也可以首先从人民调解开始，但三种方式的权威性是递进的，人民调解最小，行政调解较高，司法调解最高。对许多矛盾人们一开始往往愿意进行人民调解或行政调解，但如果人们感到这样的调解处理仍不公道，他们将最终诉诸法院。除此之外，工会、共青团、妇联等群众团体也都负有参与调解、化解人民内部矛盾的职责，他们大多从各自联系的群体利益出发，依法维护工人群众、青少年和广大妇女的合法权益，参与到调解工作中。例如，在司法调解中有妇女陪审员、共青团陪审员，市、区总工会都有自己的法律顾问室，企业工会发挥自己的独特作用，在企业内部化解职工之间的纠纷，在企业外部代表职工利益参与调解地区的家庭邻里纠纷，为社会稳定、为人民调解和司法调解发挥了不可缺少的作用。

综述之，社区人民调解与司法、行政调解的区别主要体现为五点：性质不同；调解机构性质不同；调解权利来源与性质不同；调解范围不同；达成协议的效力不同。

│案 例

黄南州制定出台《关于建立人民调解、行政调解、司法调解"三调联动"大调解工作机制的意见》

为深入贯彻落实中央和省委关于深入推进社会矛盾化解、社会管理创新、公正廉洁执法的决策部署，有效预防和化解社会矛盾纠纷，全力维护社会和谐稳定，近日，州委、州政府制定出台了《关于建立人民调解、行政调解、司法调解"三调联动"大调解工作机制的意见》（简称《意见》）。

《意见》指出，要充分认识新形势下加强"三调联动"大调解工作的重要意义，切实加强组织领导。建立人民调解、行政调解、司法调解相互衔接配合的"三调联动"大调解工作机制，有利于整合调解资源，强化调解功能，形成工作合力，及时有效地化解社会矛盾纠纷；有利于妥善协调各方面利益关系，维护好、实现好、发展好最广大人民群众利益，密切党和人民群众的血肉联系，巩固党的执政基础，提高党的执政能力；有利于充分调动各方面的积极性，实现优势互补，提高社会矛盾纠纷调处效率；有利于减少群众诉求，节约化解矛盾纠纷社会成本。各级党委、政府要从维护社会稳定、构建和谐社会、实现长久治安的高度，充分认识建立"三调联动"大调解工作机制的重要性和必要性，切实加强组织领导，扎实开展工作，推动社会管理方式创新，全力构建"三调联动"大调解工作机制，为维护社会和谐稳定发挥更大的作用。《意见》明确，准确把握目标任务，全面完成，维护社会稳定。通过"三调联动"机制的建立和有效运行，努力实现"三不出、四提高、五下降、六增强"的工作目标。"三不出"即：小纠纷不出村（社区、单位），大纠纷不出乡（镇、部门），疑难纠纷不出县（系统）。"四提高"即：人民调解成功率、民事诉讼案件调解率、信访案件结案率、人民群众对调解的公信力提高。"五下降"即："民转刑"案件、民事诉讼案件、重大群体性事件、重大非正常上访事件、重大治安事件下降。"六增强"即：调解联动能力、调解人员调处能力、群众参与调解积极性、公民表达诉求的法律素质、社会管理创新能力、和谐稳定公认度明显增强。《意见》要求，要建立组织体系，全面落实工作责任。州、县两级设立"三调联动"大调解工作领导小组，下设三个专门指导调处中心，即人民调解指导调处中心、行政调解指导调处中心、司法调解指导调处中心。乡（镇）一级建立"三调联动"大调解工作领导小组，与乡（镇）综治工作中心合署办公。同时，明确规定了各领导小组、办公室和中心工作职责。

资料来源：节选自黄南司法行政网 2010 年 8 月 20 日刊登的文章"黄南州制定出台人民调解、行政调解、司法调解'三调联动'大调解工作机制"。

讨论 4-2 和小组成员讨论一下，你在哪种情况下会选择人民调解、行政调解或司法调解。

4.1.3 社区人民调解的基本功能

从人民调解制度设立的初衷和实际承载的社会功能看，社区人民调解至少包括三个不可缺少的方面。

1．社会治理和政治功能

人民调解依托于居委会组织，具有群众性和自治性，属于社会治理系统的一个基本环节。这些基层组织在完成社会自治功能的同时，还承担着重要的政治和行政以及意识形态功能，即对基层民众的组织、管理和教育（包括普法）等。可以说，在我国，人民调解是基于社会调整的需要而产生的一种不可或缺的社会治理手段。今后社会发展可能改变基层社会治理的方式，但只要地域性或社区组织存在，依托于基层社会组织的调解就必然有其存在的理由并承担着这方面的功能。

2．传承文化、道德和社会组织功能

社区人民调解解决纠纷的规则：一是要立足法律法规、社会政策；二是依据大量的公共道德、习俗、情理、文化等社会规范。这些规则的适用和依赖，实际上起着支撑东方"和为贵"及礼仪伦常等传统价值观、维护公共道德和公共利益、培养社会凝聚力及健康的人际关系的社会力量，具有传承与维系传统文化、社会公共道德和社会联系的功能。当前，文化对人们日常生产生活具有重要的影响。虽然今天法律至上的社会思潮也使人们更加依赖国家的权威，但是社会道德规范还是具有十分重要的意义。现今，社区人民调解在文化方面的功能面临被淡忘或忽视，而道德失范则成为当代社会的切肤之痛。随着近年来和谐社会主义建设的推进，社区人民调解的这一功能又开始被重视。

3．纠纷解决功能

与政治和文化方面的功能比较，纠纷解决是人民调解制度最为基本和重要的功能。无论传统社会还是现代法治社会，都会产生特定的纠纷解决需求，基于社会主体的价值观和偏好、纠纷解决途径的多样化、纠纷类型及其处理的特殊性等因素，就必然需要一种多元化的纠纷解决机制。而调解作为一种具有平等、自愿、参与、自主选择和灵活便利等经济纠纷的解决途径则永远具有不可替代的魅力。在大力建设和谐社区和依法治国的现代社会中，社区人民调解的价值不断提升。

总之，上述三种功能是不可分割地存在于人民调解及其实践中的。其中，社会治理和文化功能既依附于纠纷解决功能，又深刻地存在于具体的纠纷解决过程之外；既有利于增加社区的凝聚力及和谐度，也有利于预防和减少纠纷，降低纠纷的对抗程度，避免纠纷的升级，而这些功能又都是通过调解人员（组织）的日常工作和具体的纠纷解决实践体现和发挥出来的。

此外，社会治理和文化功能主要依托于社区或第三部门（包括乡土社会的村和现代的小区等形式）实现的，是通过属地管理实现属人管理的方式。而纠纷解决功能本身并非必然依托于地域组织。在现代法治社会，社区人民调解作为一种基本方式或手段可能依托于多种组织形式或制度，可以根据纠纷的类型及特殊性分为不同的专门性解决机制，如劳动争议、环境纠纷、家事纠纷、交通事故纠纷、医疗纠纷等。由此可见，社区人民调解既是一种重要的、基础的纠纷解决机制，但其不是唯一的调解或纠纷解决形式，就其本质而言，属于一种以地域（社区）组织为依托的纠纷解决方式。

4.2 社区人民调解组织——人民调解委员会

4.2.1 社区人民调解委员会的定义及法律地位

《中华人民共和国宪法》第 111 条规定："城市和农村按居住地区设立的居民委员会或者村民委员会是基层群众性自治组织。""居民委员会、村民委员会设人民调解、治安保卫、公共卫生等委员会，办理本居住地区的公共事务和公益事业，调解民间纠纷，协助维护社会治安。"2011 年 1 月 1 日颁布实施的《中华人民共和国人民调解法》第 2 章第 7 条规定："人民调解委员会是依法设立的调解民间纠纷的群众性组织。"《民事诉讼法》第 16 条规定："人民调解委员会是在基层人民政府和基层人民法院指导下，调解民间纠纷的群众性组织。"

综述之，社区人民调解委员会是乡镇、街道、企事业单位及委员会和居民委员会设立的，在基层人民政府和基层人民法院指导下的调解民间纠纷的群众性组织。其性质为调解民间纠纷的群众性组织，属于一种民间性纠纷解决机制。社区人民调解委员会具有以下特征：

（1）人民调解委员会是群体性自治组织；

（2）人民调解委员会的主要任务是调解民间纠纷；

（3）人民调解委员会的工作要在基层人民政府、司法行政机关和基层人民法院指导下进行。

4.2.2 社区人民调解委员会的任务

1. 防止民间纠纷激化

这是人民调解委员会的首要任务。所谓民间，是指公民之间，如夫妻、父子、兄弟等家庭成员之间，职工、居民、村民等社会成员之间。所谓民间纠纷，是指公民之间发生的以民事法律关系、社会道德关系为内容的争议或争执。公民之间发生了纠纷，可由人民调解委员会进行调解。

2．通过调解工作进行社会主义法律宣传，做到法律、道德相结合

调解哪类纠纷就宣传哪方面的法律、法规，做到以案释法，以事议法。通过宣传，既能调解纠纷、化解矛盾，又能增强群众的法律意识，提高群众的道德水平，从根本上减少和预防纠纷的发生。

3．向村（居）民委员会、基层人民政府反映民间纠纷和调解工作的情况及建议

人民调解委员会是在村（居）民委员会领导下，在基层人民政府指导下进行工作的群众性组织。因此，应及时将辖区内民间纠纷的发生、发展情况和调解工作情况及建议向村（居）民委员会和基层人民政府汇报，以便取得村（居）民委员会和基层人民政府对调解工作的重视和支持。例如，有的乡政府根据调解委员会提供的信息，发现建房纠纷上升，便依据法律和政策及时做出建房的规范性规定，使这类纠纷大幅度下降。在调解工作中，还应及时反映群众对现行法律、政策及纠纷调解等方面的意见和要求，以便促进我国的社会主义民主与法制建设。

4．开展民间纠纷排查工作

调解组织了解纠纷信息，掌握纠纷情况，有的放矢地开展调解工作的重要方法，也是人民调解工作参与社会治安综合治理的措施之一。开展民间纠纷排查工作必须接受当地党委、政府的统一领导。民间纠纷排查工作既是人民调解组织的一项经常性工作，又是社会治安综合治理中的一项基础性工作，需要工、青、妇、公、检、法等部门的密切合作、互相配合。

排查前，司法行政机关要拟制排查工作计划，对排查工作的目的与意义、排查的时间、范围、方法进行说明。印制下发排查纠纷统计表，内容包括：纠纷总数，各项纠纷分类，纠纷重点户、重点人、重点事，发现的犯罪线索，落实的调解人员等。排查中要充分利用入户调解员、纠纷信息员地方熟、人情熟、情况熟的特点，在所辖范围内逐户、逐人进行摸底排队；能马上解决的纠纷应及时疏导化解。排查后，司法行政机关要认真分析排查统计表，对摸出的纠纷线索进行分类、排队，对排查出的纠纷重点户、重点人，落实调解人员和调解部门，采取有效措施，抓早、抓小、抓苗头，及时疏导调解，防止纠纷激化。同时，要针对重点纠纷、多发性纠纷以及易激化纠纷情况，加强人民调解工作的指导管理，搞好专项治理，以杜绝、减少这类纠纷的发生。对排查中发现的犯罪线索，应及时报告有关部门。

4.2.3 社区人民调解委员会的优势与不足

作为维护社会秩序的"第一道防线",社区人民调解委员会拥有自己的优势,但是也存在不足。

1．人民调解委员会的优势

(1) 具有主动性,有利于矛盾纠纷的及时化解,防止矛盾纠纷的激化和升级。人民调解组织都建立在农村的村民委员会、街道的社区和乡、镇人民政府,当地群众发生纠纷后第一时间就是找乡、镇、村和社区,因此,人民调解委员会最先介入纠纷的调查了解,掌握了解决纠纷的主动权。

(2) 具有简变、及时、经济的特点。人民调解委员会调解纠纷,只要当事人找到要求解决纠纷,调解委员会的调解人员马上就可以通知当事人就地进行调解,就近、及时化解民间纠纷,以最短的时间实现对矛盾纠纷的处理,有效地降低了解决纠纷的成本,减轻了人民群众的经济负担。

(3) 具有广泛性,有利于方便广大人民群众。就我国人民调解组织的设置情况来看,调解机构星罗棋布,只要有乡村、城镇社区的地方就都有人民调解委员会。

(4) 人民调解能实现情与法的融合。合法不合情,合情不合法,这是行政和司法调解中经常遇到的难题,也给行政官员和法官带来诸多困惑。人民调解的性质可以使这些问题得到合理规避,可以将法与情融合在整个调解过程中,实现法与情的有机统一,使法的实施更易于被广大人民群众所接受。

2．人民调解委员会的不足

(1) 调解方式随意性大,缺乏严格的程序规范。由于调解委员会进行调解时,没有回避制度,也没有可供操作的程序,调解的结果就不能充分体现公平、正义。

(2) 经费没有保障。调解组织是群众自己管理自己事务的群众性自治组织,国家没有拨付专项资金来保障正常开展工作的经费,全凭调解人员的敬业精神和为群众排难解纷的热情,这就限制和影响了人民调解委员会工作的开展。

(3) 调解人员业务、政策水平参差不齐,人员变化大,严重影响了调解纠纷的质量和效率。

| 案 例

《中华人民共和国人民调解法》

《中华人民共和国人民调解法》规定了我国当前社区人民调解委员会的一系列制度,该法于 2011 年 1 月日颁布并实施,共有六章 35 条。

第一章　总则

第一条　为了完善人民调解制度，规范人民调解活动，及时解决民间纠纷，维护社会和谐稳定，根据宪法，制定本法。

第二条　本法所称人民调解，是指人民调解委员会通过说服、疏导等方法，促使当事人在平等协商基础上自愿达成调解协议，解决民间纠纷的活动。

第三条　人民调解委员会调解民间纠纷，应当遵循下列原则：

（一）在当事人自愿、平等的基础上进行调解；

（二）不违背法律、法规和国家政策；

（三）尊重当事人的权利，不得因调解而阻止当事人依法通过仲裁、行政、司法等途径维护自己的权利。

第四条　人民调解委员会调解民间纠纷，不收取任何费用。

第五条　国务院司法行政部门负责指导全国的人民调解工作，县级以上地方人民政府司法行政部门负责指导本行政区域的人民调解工作。

基层人民法院对人民调解委员会调解民间纠纷进行业务指导。

第六条　国家鼓励和支持人民调解工作。县级以上地方人民政府对人民调解工作所需经费应当给予必要的支持和保障，对有突出贡献的人民调解委员会和人民调解员按照国家规定给予表彰奖励。

第二章　人民调解委员会

第七条　人民调解委员会是依法设立的调解民间纠纷的群众性组织。

第八条　村民委员会、居民委员会设立人民调解委员会。企业事业单位根据需要设立人民调解委员会。

人民调解委员会由委员三至九人组成，设主任一人，必要时，可以设副主任若干人。

人民调解委员会应当有妇女成员，多民族居住的地区应当有人数较少民族的成员。

第九条　村民委员会、居民委员会的人民调解委员会委员由村民会议或者村民代表会议、居民会议推选产生；企业事业单位设立的人民调解委员会委员由职工大会、职工代表大会或者工会组织推选产生。

人民调解委员会委员每届任期三年，可以连选连任。

第十条　县级人民政府司法行政部门应当对本行政区域内人民调解委员会的设立情况进行统计，并且将人民调解委员会以及人员组成和调整情况及时通报所在地基层人民法院。

第十一条　人民调解委员会应当建立健全各项调解工作制度，听取群众意见，接受群众监督。

第十二条　村民委员会、居民委员会和企业事业单位应当为人民调解委员会开展工作提供办公条件和必要的工作经费。

第三章 人民调解员

第十三条 人民调解员由人民调解委员会委员和人民调解委员会聘任的人员担任。

第十四条 人民调解员应当由公道正派、热心人民调解工作，并具有一定文化水平、政策水平和法律知识的成年公民担任。

县级人民政府司法行政部门应当定期对人民调解员进行业务培训。

第十五条 人民调解员在调解工作中有下列行为之一的，由其所在的人民调解委员会给予批评教育、责令改正，情节严重的，由推选或者聘任单位予以罢免或者解聘：

（一）偏袒一方当事人的；

（二）侮辱当事人的；

（三）索取、收受财物或者牟取其他不正当利益的；

（四）泄露当事人的个人隐私、商业秘密的。

第十六条 人民调解员从事调解工作，应当给予适当的误工补贴；因从事调解工作致伤致残，生活发生困难的，当地人民政府应当提供必要的医疗、生活救助；在人民调解工作岗位上牺牲的人民调解员，其配偶、子女按照国家规定享受抚恤和优待。

第四章 调解程序

第十七条 当事人可以向人民调解委员会申请调解；人民调解委员会也可以主动调解。当事人一方明确拒绝调解的，不得调解。

第十八条 基层人民法院、公安机关对适宜通过人民调解方式解决的纠纷，可以在受理前告知当事人向人民调解委员会申请调解。

第十九条 人民调解委员会根据调解纠纷的需要，可以指定一名或者数名人民调解员进行调解，也可以由当事人选择一名或者数名人民调解员进行调解。

第二十条 人民调解员根据调解纠纷的需要，在征得当事人的同意后，可以邀请当事人的亲属、邻里、同事等参与调解，也可以邀请具有专门知识、特定经验的人员或者有关社会组织的人员参与调解。

人民调解委员会支持当地公道正派、热心调解、群众认可的社会人士参与调解。

第二十一条 人民调解员调解民间纠纷，应当坚持原则，明法析理，主持公道。

调解民间纠纷，应当及时、就地进行，防止矛盾激化。

第二十二条 人民调解员根据纠纷的不同情况，可以采取多种方式调解民间纠纷，充分听取当事人的陈述，讲解有关法律、法规和国家政策，耐心疏导，在当事人平等协商、互谅互让的基础上提出纠纷解决方案，帮助当事人自愿达成调解协议。

第二十三条 当事人在人民调解活动中享有下列权利：

（一）选择或者接受人民调解员；

（二）接受调解、拒绝调解或者要求终止调解；

（三）要求调解公开进行或者不公开进行；

（四）自主表达意愿、自愿达成调解协议。

第二十四条 当事人在人民调解活动中履行下列义务：

（一）如实陈述纠纷事实；

（二）遵守调解现场秩序，尊重人民调解员；

（三）尊重对方当事人行使权利。

第二十五条 人民调解员在调解纠纷过程中，发现纠纷有可能激化的，应当采取有针对性的预防措施；对有可能引起治安案件、刑事案件的纠纷，应当及时向当地公安机关或者其他有关部门报告。

第二十六条 人民调解员调解纠纷，调解不成的，应当终止调解，并依据有关法律、法规的规定，告知当事人可以依法通过仲裁、行政、司法等途径维护自己的权利。

第二十七条 人民调解员应当记录调解情况。人民调解委员会应当建立调解工作档案，将调解登记、调解工作记录、调解协议书等材料立卷归档。

第五章 调解协议

第二十八条 经人民调解委员会调解达成调解协议的，可以制作调解协议书。当事人认为无需制作调解协议书的，可以采取口头协议方式，人民调解员应当记录协议内容。

第二十九条 调解协议书可以载明下列事项：

（一）当事人的基本情况；

（二）纠纷的主要事实、争议事项以及各方当事人的责任；

（三）当事人达成调解协议的内容，履行的方式、期限。

调解协议书自各方当事人签名、盖章或者按指印，人民调解员签名并加盖人民调解委员会印章之日起生效。调解协议书由当事人各执一份，人民调解委员会留存一份。

第三十条 口头调解协议自各方当事人达成协议之日起生效。

第三十一条 经人民调解委员会调解达成的调解协议，具有法律约束力，当事人应当按照约定履行。

人民调解委员会应当对调解协议的履行情况进行监督，督促当事人履行约定的义务。

第三十二条 经人民调解委员会调解达成调解协议后，当事人之间就调解协议的履行或者调解协议的内容发生争议的，一方当事人可以向人民法院提起诉讼。

第三十三条 经人民调解委员会调解达成调解协议后，双方当事人认为有必要的，可以自调解协议生效之日起三十日内共同向人民法院申请司法确认，人民法院应当及时对调解协议进行审查，依法确认调解协议的效力。

人民法院依法确认调解协议有效，一方当事人拒绝履行或者未全部履行的，对方当事人可以向人民法院申请强制执行。

人民法院依法确认调解协议无效的，当事人可以通过人民调解方式变更原调解协议或者达成新的调解协议，也可以向人民法院提起诉讼。

第六章 附则

第三十四条 乡镇、街道以及社会团体或者其他组织根据需要可以参照本法有关规定设立人民调解委员会，调解民间纠纷。

第三十五条 本法自 2011 年 1 月 1 日起施行。

討论 4-3　以小组为单位，学习本节，总结汇报对本法的认识和理解。

4.3　社区人民调解组织——人民调解委员会工作实务操作

和谐社会建设、和谐社区建设是我党和政府在新时期下的重要工作。社会全面发展要有稳定的社会环境，稳定的社会环境是经济、社会持续发展的保障。社会和谐是保持稳定的前提条件，社区人民调解是"和谐"工作的重要机制。本节集中介绍人民调解委员会工作的处境、方法和技巧。

4.3.1　社区矛盾认识

要进行社区人民调解，必须对社区矛盾的现状有全面了解。从近年来许多地区统计的资料来看，社区矛盾主要表现为：婚姻家庭矛盾，邻里间矛盾，因住房问题引发的矛盾，伤害、损害赔偿矛盾，因环境污染引发的矛盾，征地拆迁矛盾等。

1. 婚姻家庭变化方面的矛盾

新的历史时期，人们的价值观念不断更新，婚姻家庭关系发生急剧变化。社会离婚率每年以近 10 个百分点上升，引发大量诸如财产、子女抚养纠纷及家庭暴力、老人赡养等一系列家庭矛盾。

2. 邻里之间琐事争执方面的矛盾

城市邻里之间的纠纷中目前还有不少是由于住房狭窄、拥挤所引起的，如因公用部位的使用问题、占路置物等问题引起的矛盾就是如此。另外，因为生活噪声、晾晒衣服、整修房屋、安装空调、饲养宠物等引发的矛盾也比较多见。后者是由于社会发展带来的新问题。

3. 因住房问题引发的矛盾

当前社区因为住房问题引发的矛盾多见于房屋买卖、房屋继承、房屋产权确认、房屋租赁、房屋拆迁等过程中。

4．伤害、损害赔偿方面的矛盾

在社区人与人之间的交往中，由于每个人文化素质、道德修养、生活习惯、职业特点的不同，常常会相互产生一些误解或争执，这些问题一旦得不到及时的解决，就可能发展为伤害对方人身、损害对方财物的事件。这类事件一旦发生，又自然会引发双方之间要求索赔和拒绝赔付的争议，或者赔偿数量的争议。因此，伤害、损害赔偿矛盾实际上是由于旧的矛盾没有得到及时解决而转化来的新矛盾。

5．因环境污染引发的矛盾

由于社区人口的数量急剧增加，管理水平低下，使得因为社区环境污染发生的矛盾越来越多。这类矛盾常见的起因有建筑施工、家庭整修、工厂排污、交通噪声、生活垃圾倾倒等。

社区矛盾的类型除上述情况外，还有多种。但在实践中可以看到，社区矛盾的类型仍然高度集中于邻里关系、家庭婚姻和住房问题上，完全可以通过社区人民调解以低成本的方式解决。

4.3.2　人民调解委员会的一般工作程序与操作守则

人民调解委员会工作程序一般包括三个阶段，即受理、调解前准备和实施调解。

1．确定是否属于人民调解委员会管辖

（1）纠纷当事人双方户口在同一调解委员会辖区内的由该调解委员会管辖。

（2）当事人双方户口不在同一个辖区，发生了纠纷，由纠纷发生地调解委员会主动联合另一方调解委员会调解。

（3）当事人户口所在地与居住地不一致的，由居住地调解委员会管辖。

（4）厂矿企业内部职工因婚姻、家庭和财产权益等发生纠纷，由企业内部调解委员会调解。

2．确定是否属于人民调解委员会调解民间纠纷的权限范围

属于人民调解委员会调解民间纠纷权限范围的包括以下几个。

（1）人身权利纠纷，主要包括因人身自由、人格尊严以及名誉、荣誉等一般轻微侵权行为引起的纠纷。

（2）婚姻纠纷与家庭纠纷。婚姻纠纷主要包括因恋爱解除婚约、夫妻不和、离婚带产、寡妇改嫁带产、借婚姻关系索要财物等引起的纠纷；家庭纠纷则主要包括婆媳、妯娌、兄弟姐妹、夫妻之间因分家产、赡养、扶养、抚育和家务引起的纠纷及下岗职工因生活困难而引发的纠纷。

（3）财产纠纷，主要包括债务、房屋、宅基、继承等方面的纠纷。

（4）邻里纠纷，主要包括因相邻土地通行关系、用水关系、排水关系、公共场地使用关系、环境保护关系、防险关系、通风关系、采光关系、种植关系等矛盾引起的纠纷。

（5）生产经营性纠纷，主要包括因种植、养殖、买地等生产经营方面引起的纠纷。

（6）损害赔偿纠纷，主要指伤害、意外等引起的民事赔偿纠纷。

（7）行政纠纷，指市政建设、危旧房改造中因拆迁安置、施工、噪声引发的矛盾纠纷。

| 案 例

社区调解委员会调解死亡赔偿纠纷

（一）

2013 年 1 月 3 日傍晚，诺江镇沿新村村民陈某 9 岁的女儿在门前玩耍，被邻店杨某所养狗突然扑过去狠狠地咬住其胳膊。陈妻闻声跑出去，被眼前一幕吓呆了，遂将狗赶走，并把女儿送往医院。经过注射狂犬疫苗及护理治疗，最终陈某女儿的胳膊上留下一道约 2 厘米长的伤疤。

（二）

2013 年 1 月 14 日上午 9 时左右，新场乡清江村村民赵某（男）刚从外地务工返家，怀疑邻居李某（女）言语伤害其胞弟，便不分青红皂白来到李某家，用木棒大打出手，正好打在李某的左手尺骨上，后被邻居劝开，李某受伤被送往县人民医院治疗。经检查，李某左手尺骨骨折，属重伤，10 月 13 日治疗出院。李某家人找到洁阳社区调解委员会，要求给予调解。

讨论 4-4 面对这种案例，你会如何解决？

3．调解阶段的一般工作程序及操作过程

（1）登记受理。当事人口头或书面申请调解，陈述事情经过，提出"主张"，拿出可以支持"主张"的证据，人民调解员可以马上受理。当然，在某些情况下，社区人民调解委员会可以主动与当事人双方联系。

（2）事实调查。对当事人矛盾纠纷的基本事实要做必要的调查了解并认真笔录，对当事人难以举证的环节，调解人员要做深入细致的调查。

（3）调查取证。一要查明纠纷真相，二要分清是非责任。要深入群众中调查研究，询问当事人和见证人，完成现场勘察和周围群众的调查核实工作。

（4）约见协调。人民调解员约见被告诉人，由被告诉人陈述事情经过，拿出反对告诉人"主张"的理由或证据。然后，人民调解员认真记录，仔细询问，搞清楚事实真相。这一过程中调解员要注意的是：把自己放在与当事人平行的位置上；要以诚恳和蔼的态度，倾听双方当事人的意见；要向双方当事人耐心宣传法律政策，启发他们提高认识；说服教育和疏导工作要有针对性。

前第一案例中社区调解委员会就陈家与杨家就赔偿问题进行协商。陈某夫妇要求杨某支付医疗、误工、营养、护理、精神损害赔偿、伤疤美容治疗等费用 3 000 元。杨某认为对方赔偿要求不合理，未能达成协商意见。陈某申请社区调解委员会调解。社区调解委员会及时组织双方进行调解。陈家认为，小孩被狗咬伤精神上受到极度惊吓，要求赔偿。杨某认为自己事发后积极承担医疗费和交通费；杨家认为陈家夫妇在照管孩子上也存在疏忽。陈家认为杨家的狗没有圈养。在双方的陈述和辩论后，社区调解委员会成员在明确指出双方的过失责任后，一方面找出法律依据，组织当事人学习，用法律规范双方当事人的行为；一方面从邻里交往关系进行思想劝导，融化矛盾。最终达成由杨某支付医疗、交通、后续治疗等费用 2 000 元的调解协议。第二个案例中，涪阳片区社区调解委员会受理此案。在大量走访群众，听取当事人陈述，先后组织四次调解，最终于 1 月 20 日达成协议：一是李某自愿放弃追究赵某的刑事责任的权利；二是李某伤后治疗的医药、误工、陪护、住院伙食补助、营养、伤残补助、精神损失等各项费用赔偿计算应为 19 807.5 元，李某同意赵某承担 18 107.5 元，并于当场一次性兑现。

（5）制定方案。人民调解员仔细分析情况，制定调解方案，提交人民调解委员会讨论通过。

（6）应对失败。当协调失败时，人民调解员应单独做告诉人工作，努力让告诉人放低"主张"的要求；同时，人民调解员单独做被告诉人工作，努力让被告诉人接受告诉人的"主张"。然后再次开协调会，如果再次失败，就再次单独做双方思想工作。当然在实际操作过程中，行政力量的介入有时会提高调解成功率。

（7）制作调解协议书。纠纷双方达成共识后，人民调解员起草调解协议书，并要求告诉方与被告诉方签字或盖章。最后人民调解员签名并加盖"人民调解委员会"印章。

调解协议书的主要内容包括：调解时间、地点、人民调解员姓名、主要调解参与人姓名及身份等基本情况、纠纷双方当事人姓名及身份等基本情况、纠纷事与争议焦点、调解理由、达成的具体协议事项、纠纷、双方当事人签名或盖章、参与人签名或盖章、人民调解员签名或盖章。

（8）调解结案、归档并回访。为减少矛盾纠纷反复，巩固调处成果，人民调解员对调处完毕的矛盾纠纷要及时进行回访，并做回访记录。

学习材料

社区人民调解卷宗模板

<u>×××办事处</u> 人民调解委员会

卷 宗

卷宗类别：<u>婚姻家庭纠纷</u>

卷 名：<u>王×××与李××婚姻家庭纠纷</u>

年 度：<u>20××</u>　卷 号：<u>2013010</u>

调解员：<u>李××</u>　调解日期：<u>2013-01-27</u>

立卷人：<u>李××</u>　立卷日期：<u>2013-01-30</u>

保管期限：<u>长期</u>

备 注：<u>　　　　　　　</u>

卷 宗 目 录

文件名称	页码	文件名称	页码
调解申请书	1		
民间纠纷受理调解登记表	1		
调查笔录	1		
调解笔录	1		
人民调解协议书	1		
回访记录	1		
附卷材料			
备注：			
本卷宗连面带底共计：　　页，附证物　　袋。			

调解申请书

当事人（自然人姓名、性别、年龄、民族、职业、单位或住址，法人及社会组织的名称、地址、法人代表姓名和职务）：

王××，女，1968年出生，汉族，居民，××市（县）××街道××社区×××号

李××，男，1964年出生，汉族，居民，××市（县）××街道××社区×××号

纠纷事实及申请事项：双方经人介绍于1988年相识，后于1989年结婚，婚后生育两个孩子，大的女孩，现年13岁，小的男孩，现年9岁。婚后感情一直较好。近来由于家庭琐事发生纠纷，女方要求与男方离婚，男方认为感情很好不同意离婚，因此发生纠纷，已经文昌居委会调处，好了一段时间，现在又闹了，请办事处来调处。

特申请_____××× 办事处_____人民调解委员会予以调解。

申请人（签名）_____ 登记日期___2013__年_1_月_17_日

民间纠纷受理调解登记表

纠纷类别：___婚姻家庭___　　编号：___2013010___

当事人（自然人姓名、性别、年龄、民族、职业、单位或住址，法人及社会组织的名称、地址、法定代表人姓名和职务）：

王××，女，1968年出生，汉族，居民，××市（县）××街道××社区×××号

李××，男，1964年出生，汉族，居民，××市（县）××街道××社区×××号

纠纷事实及申请事项：双方经人介绍于1988年相识，后于1989年结婚，婚后生育两个孩子，大的女孩，现年13岁，小的男孩，现年9岁。婚后感情一直较好。近来由于家庭琐事发生纠纷，女方要求与男方离婚，男方认为感情很好不同意离婚，因此发生纠纷，已经文昌居委会调处，好了一段时间，现在又闹了，请办事处来调处。经调解，于_2011_年_8_月_27_日达成如下协议：

1. 双方自愿和好；2. 李××自本协议签订之日起戒烟；3. 家庭经济由王××掌管。

协议履行情况：　　达成协议后，李×× 当时写保证书。　　

因调解不成，于＿＿＿年＿＿月＿＿日告知当事人＿＿＿＿＿＿＿

因＿＿＿＿＿＿＿＿＿，决定不受理该纠纷，告知当事人＿＿＿＿＿。

登记人（签名）＿＿＿＿＿＿　登记日期＿2013＿年_×_月_×_日

调查笔录

时间：＿2013年×月×日＿＿　地　点：＿＿××办事处调解室＿＿＿

事由：＿＿＿婚姻家庭＿＿＿＿参加人：＿＿＿李××＿＿＿＿＿＿＿

被调查人：王××，男，1964年出生，汉族，居民，××市（县）××街道××社区×××号

笔录：

问：你与李××何时认识？

答：1988年认识。

问：何时结婚？

答：1989年。

问：李××为何提出与你离婚？

答：她讲我抽烟，还有她要管钱，别的没有了。

问：为了你这个家庭，你能否愿意戒烟，并把钱交给她管？

答：我愿意。

问：你能否做到？

答：我一定做到，我愿意当你们的面写保证书。

问：别的可有什么要讲的了？

答：没有。

被调查人（签名）＿＿＿＿＿＿＿＿调查人（签名）＿＿＿＿＿＿＿

参加人　（签名）＿＿＿＿＿＿＿＿记录人（签名）＿＿＿＿＿＿＿

调解笔录

时间：<u>2013年×月×日</u>　地　点：<u>××办事处调解室</u>

事由：<u>　婚姻家庭　</u>　调解员：<u>　李××　</u>

当事人（自然人姓名、性别、年龄、民族、职业、单位或住址，法人及社会组织的名称、地址、法定代表人姓名和职务）：

<u>王××，女，1968年出生，汉族，居民，××市（县）××街道××社区×××号</u>

<u>李××，男，1964年出生，汉族，居民，××市（县）××街道××社区×××号</u>

笔录：

调解员：申请方李××与被申请方王××婚姻纠纷一案，今天本调解委员会根据调解自愿的原则，组织双方当事人进行调解，双方是否同意调解？

<u>申请方：同意调解。</u>

<u>被申请方：同意调解。</u>

调解员：本纠纷由调委会成员李××主持调解，记录员×××参加，双方当事人是否申请回避？

<u>申请方：不申请回避。</u>

<u>被申请方：不申请回避。</u>

调解员：先由申请方陈述申请请求及其事实理由。

<u>申请方：我与被申请方1988年经人介绍相识，于1989年结婚。婚后，她讲我抽烟，还有她要管钱，经常为这些琐事感情失和，现要求与她离婚。</u>

调解员：被申请方，对申请方的诉讼请求及事实理由有无意见？

<u>被申请方：申请方陈述基本属实，但是讲他抽烟出于对他的关心，我来保管钱，也是为了家庭好。</u>

调解员：在调查过程中，李××同意当着我们的面写不再抽烟的保证书，您们愿意和好吗？

<u>申请方：愿意和好。</u>

<u>被申请方：愿意和好。</u>

申请方（签名）_____　调解人（签名）_____

被申请方（签名）_____　记录人（签名）_____

20××年×月×日

人民调解协议书

编号：　　　2013010　　　

当事人（自然人姓名、性别、年龄、民族、职业、单位或住址，法人及社会组织的名称、地址、法定代表人姓名和职务）：

王××，女，1968 年出生，汉族，居民，××市（县）××街道××社区×××号

李××，男，1964 年出生，汉族，居民，××市（县）××街道××社区×××号

纠纷简要情况：双方经人介绍于 1988 年相识，后于 1989 年结婚，婚后生育两个孩子，大的女孩，现年 13 岁，小的男孩，现年 9 岁。婚后感情一直较好。近来由于家庭琐事发生纠纷，女方要求与男方离婚，男方认为感情很好不同意离婚，因此发生纠纷 。

经调解，自愿达成如下协议：

1. 双方自愿和好；

2. 李××自本协议签订之日起戒烟；

3. 家庭经济由王××掌管。

履行协议的方式、地点、期限：双方签字后一同回家。

本协议一式 　　三　　 份，当事人、人民调解委员会各持一份。

当事人（签名或盖章）　　　　　　　　、　　　　　　　　

调解员（签名）　　　　　　　　　　20×× 年 × 月 × 日

回访记录

当事人： 王×× 李××　　　　　　调解协议编号：　　　*2013006*

回访事由：*婚姻家庭纠纷*　　　　　　回访时间：　*2013* 年 *×* 月 *×* 日

回访情况：　双方家庭幸福，和好如初。

_____

_____

_____

回访人（签名）　　　　　　20×× 年 × 月 × 日

案 例

2013 年 6 月 13 日，两台挖掘机轰隆隆地开进了宁波市环城西路南段 477 号店面房内，开始施工，经过 10 多个小时的开挖，70% 的地面已经向下挖了近 80cm 深。

地处南雅社区的 477 号店面房，由 5 间组成，总共 800 平方米，中间由 12 根水泥柱支撑着两幢 6 层高的楼，楼上总共有 4 个楼道 40 户居民。房东王某将 800 平方米的店面房其中的 500 平方米卖给台州人洪某，然后两家同时开始装修该店面房，准备将房子装修成上下两层，下面做成店面，上面作为员工住的地方，由于只能往下开挖才能做成上下两层。在未经任何管理部门的许可，也没有征求楼上 40 户居民的意见，就开始了装修。15 日早上，有居民看到 477 号的装修情况，马上来到小区，情绪激动地向左邻右舍讲述看到的情况，40 户居民马上炸开了锅，急不可待地来到现场，要求老板出来对话，两个老板看到如此激烈的场面，不敢承认自己就是老板，只是谎称自己只是打工的。居民们一看找不到老板，就一齐涌向南雅社区，要求社区调委会帮他们解决，居民提出要求主要有两点：一是立即停止施工，并要求对房屋进行安全鉴定；二是要求老板马上出来对话，以协商赔偿事宜。并扬言如果这些要求达不到就组织所有居民到市里上访。

讨论 4-5　根据给出的案例，请分析：

1. 该纠纷涉及哪些人群和行政部门？

2. 该案例中，有哪些社区资源可以用于帮助协调矛盾？

3. 如果你是社区调解委员会负责人，你将如何应对？分小组讨论后，按社区人民调解的步骤设计调解方案。

4. 评估在这个方案实施的各个步骤中将会遇到哪些障碍，并讨论应对措施。

复习思考题

一、填空题

1. 人民调解是指在纠纷当事人的申请下，由＿＿＿＿主持，以国家法律、法规、规章、政策和社会公序良俗为依据，由＿＿＿＿对纠纷当事人进行讲道理、说服教育、规劝疏导，促使纠纷各方当事人互谅互让、平等协商，自愿达成处理纠纷的协议，消除矛盾，解决纠纷的一种＿＿＿＿活动。

2. 人民调解是群众＿＿＿＿、＿＿＿＿、＿＿＿＿的自治行为，其主体是群众选举的＿＿＿＿。

3. 人民调解委员会是乡镇、街道、企事业单位及其委员会和居民委员会设立的，＿＿＿＿和＿＿＿＿指导下的调解民间纠纷的群众性组织。

4.《中华人民共和国人民调解法》规定了中国当前社区人民调解委员会的一系列制度，《人民调解法》于＿＿＿年＿＿＿月＿＿＿日国务院第＿＿＿次常务会议通过，＿＿＿年＿＿＿月＿＿＿日发布。

5. 人民调解委员会由委员＿＿＿＿人组成，设主任＿＿＿＿人，必要时可以设＿＿＿＿。

二、选择题

1. 社区矛盾调解的方法不包括＿＿＿＿。

　　A. 行政调解　　　B. 家庭调解　　　C. 人民调解　　　D. 司法调解

2. 人民调解不包括＿＿＿＿功能。

　　A. 社会治理　　　B. 传承文化　　　C. 社区成员发展　　D. 纠纷解决

3.《人民调解委员会组织条例》内容总共＿＿＿＿条。

　　A. 15　　　　　B. 16　　　　　C. 17　　　　　D. 18

三、简答题

1. 简述人民调解的定义和基本功能。

2. 简述人民调解委员会的特征。

3. 简述人民调解委员会的任务。

4. 简述当前社区矛盾的类型。

5. 简述社区人民调解委员会回访制度。

四、讨论题

1．论述社区人民调解与司法调解、行政调解的区别与联系。

2．结合实际，论述人民调解委员会的优缺点。

3．论述社区调解委员会的权限范围。

4．论述社区人民调解委员会登记制度。

5．论述人民调解委员会的调解程序及操作过程。

🔍 实训任务

任务描述：

1．5~6人一组，走访附近社区调查委员会，了解该社区调查委员会基本情况。

2．征询社区调查委员会相关人员和案主同意，了解某个案纠纷处理全过程。

3．根据观察过程和相关材料，结合社区人民调解卷宗模板，模拟撰写一份社区人民调解卷宗。

第5章 社区再就业服务

章 6 第

引言

《中华人民共和国国民经济和社会发展第十二个五年规划纲要》将发展社区劳动就业和社会保障服务作为未来五年社区服务工作重要工程。其指出，社区劳动就业服务重点要积极做好为社区大中专毕业生、困难人员和外来务工人员等群体提供就业援助，大力发展以家政服务为主要内容的家庭服务业，积极推进企业离退休人员社会化管理。也就是说，社区再就业服务的服务重点对象为大中专毕业生、困难人员、外来务工人员；服务方法是就业援助和家庭就业服务。劳动力的失业与再就业问题是当今世界许多国家都很难解决的问题，也是我国建设和谐社区所要解决的关键问题。大量职工下岗失业是我国社会转型期一个不可避免的问题，也是一个复杂的社会现象。伴随着市场经济的发展，我国原来那种由单位办社会的状况发生了改变，城市的管理模式逐渐从关注单位到关注社区，从关注"单位人"到关注"社区人"，尤其是关注那些失业后又回到社区的下岗工人。与此同时，政府的职能也发生了变化，政府已将目标定位在宏观调控、社会管理和公共服务上。有道是，"安置一个人，稳定一个家，平安一方天"，因此，为下岗职工提供再就业服务，对社区专业人员或志愿工作者而言，既是一种责任，也是一种使命，成为建设和谐社区的基础性工作。2008 年 1 月 1 日，《中华人民共和国就业促进法》和《就业服务与就业管理规定》颁布实施，为我国社区再就业服务提供了政策保障和法律依据，社区服务工作者要依据相关要求和规定开展社区再就业服务。

学习目标

1. 掌握社区再就业服务的定义。
2. 了解社区再就业服务的政策支持。
3. 掌握社区再就业服务的途径。
4. 理解公益性就业岗位的概念。
5. 了解社区再就业服务实务。
6. 了解就业援助和家庭就业。

学习导航

社区再就业服务
- 社区再就业服务的概念
  - 社区再就业服务的定义
  - 社区再就业服务的特点
  - 社区再就业服务的内容
- 社区再就业服务的实施与开展
  - 社区再就业服务的途径
  - 社区再就业服务的政策支持
  - 社区再就业服务的发展方向
- 社区再就业服务实务
  - 社区再就业人员培训内容
  - 社区再就业培训方法及技巧
  - 完善社区再就业服务的配套措施

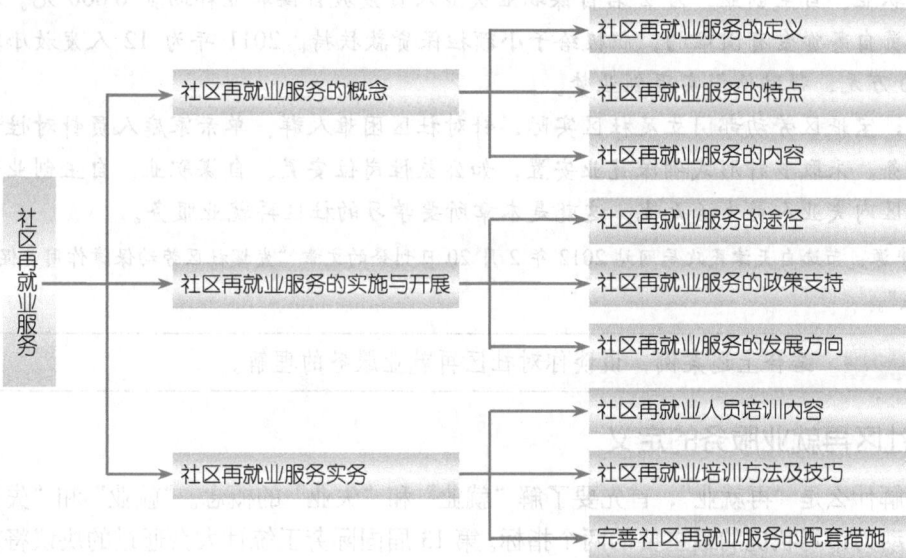

5.1　社区再就业服务的概念

案　例

发挥社区劳动保障作用　促进困难群体就业

宝坻区劳动部门在全面掌握社区就业动态的基础上，加大再就业援助力度，开展了就业指导、就业咨询、就业宣传、岗位信息发布等一系列服务。同时，为就业困难人员指定专人，开展一对一盯人帮扶，实现由被动就业服务向主动就业服务的转变。一是劳动保障协管员与街道劳动保障中心签订"就业帮扶责任书"；二是劳动保障协管员向就业困难人员提供"就业服务承诺书"；三是劳动保障协管员与就业困难人员签订"就业帮扶协议"。每个社区都为就业困难对象建立了动态记录，包括提供信息、培训、岗位等情况。截至目前，社区已安置"4050"失业人员430名，零就业家庭人员148名，单亲家庭人员5名。90%以上有就业能力和就业愿望的"4050"失业人员、单亲家庭人员都实现了就业，确保零就业家庭至少一人就业，实现动态为零。

采取多种形式确保就业安置。一是公益性岗位安置就业。社区安置82名失业人员在公益性岗位上从事社区清洁、上门送报、社区保安等工作，并享受社会保险补贴和工资性补贴。二是通过社区服务站把失业人员组织起来从事手工编织、插花、剪线头、送菜送水等工作，使411名失业人员不出家门就实现灵活就业，并落实灵活就业社会保险补贴政策。三是自谋职业、自主创业。为2名自谋职业失业人员发放自谋职业补助费6 000元。对创业失业人员自筹资金有困难的，积极给予小额担保贷款扶持。2011年为12人发放小额担保贷款60万元，帮助他们实现创业梦。

点评：宝坻区劳动部门立足社区实际，针对社区困难人群、单亲家庭人员针对性开展再就业服务，采取多种形式确保就业安置，如公益性岗位安置、自谋职业、自主创业等形式保障社区内失业人员生活无忧。这就是本章所要学习的社区再就业服务。

资料来源：节选自天津民政局网站2012年2月20日刊登的文章"发挥社区劳动保障作用　促进困难群体就业"。

讨论 5-1　结合上述案例，谈谈你对社区再就业服务的理解。

5.1.1　社区再就业服务的定义

要理解什么是"再就业"，首先要了解"就业"和"失业"的概念。"就业"和"失业"是反映劳动力市场状况的最主要的两个指标。第13届国际劳工统计大会通过的决议将就业定义为"就业被界定为在参照期内从事任何一种工作以获取薪酬或利润（或实物报酬）的人或者在此期间因生病、休假或产业争议等理由而暂脱离工作岗位的人员。决议还规定，凡在家庭企业或农场从事无薪酬工作至少每天1小时以上的人员，应被包括在就业统计中"。"将失业者界定为在参照期内无工作、但目前能够工作并寻找工作的某一特定年龄以上的所有人员"。

我国劳动保障部对就业和失业都做了清楚的界定。"就业"指在法定劳动年龄内（男16～60岁，女16～55岁），从事一定的社会经济活动，并取得合法劳动报酬或经营收入。其中，劳动报酬达到和超过当地最低工资标准的，为充分就业；劳动时间少于法定工作时间，且劳动报酬低于当地最低工资标准、高于城市居民最低生活保障标准，本人愿意从事更多工作的，为不充分就业。"失业"指在法定劳动年龄内，有工作能力，无业且要求就业而未能就业。其中，虽然从事一定社会劳动，但劳动报酬低于当地城市居民最低生活保障标准的，视同失业。

再就业指原来处于就业状态，但由于某种原因失业了，之后又重新走上就业岗位的状态。社区再就业服务是指社区服务工作者通过开发社区岗位等方式，帮助下岗失业的人员重新就业，发挥社区分流安置下岗职工的主阵地和再就业的主渠道作用而提供的服务。

5.1.2　社区再就业服务的特点

1．起步晚

社区再就业服务受目前的经济社会发展水平、人民的收入水平和观念意识的制约尚处于起步阶段。社区服务是在改革开放中发展起来的新兴产业。随着城市建设的发展和城市社会管理创新的改革，社区在城市建设中的基础地位愈加显著，社区功能明显增强，群众对社区再就业服务的要求也急剧增加。发展社区再就业服务对调整产业结构，拓宽就业领域，加快城市社区建设，提高城镇居民的生活水平和生活质量，都具有十分重要的意义。

2．服务涉及的部门多

社区再就业服务工作涉及工商、税务、计划、劳动保障、城管、卫生等多个部门，各管理机构均有自己的管理权限。各部门应在合理分工的基础上，协调配合，简化手续，为符合要求的社区下岗失业人员的再就业提供方便。

3．公益性

在社区再就业服务过程中，各层次的社区再就业服务组织应属于公益性的组织，不以营利为目的，所有管理和服务均应免费。可充分发挥社会工作机构的专业优势，依托政府购买社会服务模式，社会工作机构要将社区再就业服务作为机构的重要工作内容来抓。

▍案　例

提升社区党建水平　推动社区再就业服务创新

伊春区前进街道新园社区位于伊春市河西中心地段，占地面积 7.8 万平方米，居民 2 016 户 5 572 人。社区设 1 个党总支、3 个党支部，党员 148 名。随着企业改制，大量企业职工纷纷下岗，仅我社区下岗职工就有 948 人，占社区总人口的 17%。此外，社区还有 650 名无业人员。针对社区下岗、无业人员多，不稳定就业比例相对较大等问题，社区党总支坚持就业是民生之本，以"春风行动"、"创建零就业社区"、"全民创业"为载体，以提高下岗、无业人员就业质量为重点，发挥党员联系群众、服务群众的桥梁纽带作用，提供信息、培训和就业服务，在充分就业的基础上促进更多的下岗、无业人员实现稳定就业、素质就业和自主创业。

1. 以提供就业信息服务为基础，发挥党组织作用，促进下岗、无业人员实现稳定就业

随着居民人口增长，下岗职工及无业人员的日益增多，社区再就业的工作难度也在不断加大。为了加强对社区再就业工作的力度，社区党组织形成了以总支为核心，党员队伍为基础的信息网络，帮助下岗、无业人员实现稳定就业。

（1）组建信息网络队伍，收集企业用工信息。社区党总支发挥老党员威信高、沟通协调能力强的优势，组建了就业信息小分队，让他们担任就业信息联络员。通过"四联系"即与市区企事业单位、中介组织、三小企业、家政服务中心建立稳定的用工联系，为下岗、无业人员寻找就业门路，充分挖掘就业岗位。同时，为每个用人单位建立"企业用工台账"，及时跟踪了解企业淡季裁员和旺季缺工情况，提供"一站式"服务。截至目前，通过社区推荐就业354人。

（2）实行动态管理和分类管理，及时掌握下岗、无业人员就业状况。为了摸清每个下岗职工的情况，社区党总支动员离退休党员担任下岗职工情况调查员，对他们逐户走访调查，建立下岗职工档案，完成劳动力资源登记，实现了"十清"即家庭情况清、就业愿望清、掌握技能清、失业时间清、失业原因清、培训要求清、政策享受清、社会保险清、家庭住址及联系方式清，根据其就业意向、就业技能等情况进行分类管理。同时，对已安置的下岗职工进行回访，实现"三知"即知道下岗职工工作表现、下岗职工技能水平及用工需求，做好就业跟踪服务，确保就业质量，提高就业成功率。目前，社区实名制就业登记率100%，有就业愿望人员登记率100%。

（3）加强宣传，对上争取，落实惠民政策。社区专门成立了由党员组成的宣传小组，将各项政策、工作程序发放给每位失业下岗职工。目前，我们为535名下岗失业人员办理了就（失）业证，为7名创业人员办理了小额贷款，带动了35名下岗失业人员实现就业。我们坚持开展送岗位、送政策、送服务，带着政策、带着岗位，开展"零距离、面对面"服务，通过"三送"已有60人实现了再就业，为255名下岗、无业人员申请了最低生活保障。

2. 以提升就业技能服务为前提，创新活动载体，促进下岗、无业人员实现素质就业

社区党总支始终坚持以提升下岗、无业人员就业技能为根本，以"创建零就业社区"、"春风行动"为载体，以提高下岗、无业人员素质为重点，创新培训方式，开展各类技能培训活动，积极开发就业岗位，实现劳动者素质就业。

（1）开展"创建零就业社区"活动，大力开发服务性岗位。按照市、区两级政府安排部署，社区组织广大党员、辖区单位、志愿者开展了"创建零就业社区"活动。社区党总支每季度与辖区单位召开一次"党建联席会议"，商议就业难题。目前，水上公园、环卫处、辖区中介组织、三小企业等用工单位已安置下岗、无业人员 420 名。同时，我们邀请在职党员为下岗职工、无业人员开展预约式、输出式培训，举办家政服务员培训班，先后有 35 名月嫂、保姆实现了再就业。

（2）开展"春风行动"，确保有就业愿望人员基本实现就业。社区党总支抓住棚户区改造的有利时机，通过采取开发公益性岗位、保洁服务等措施，将下岗失业人员消化在内部。具体做到"一个坚持、四个服务"，即坚持无偿、低偿与有偿服务相结合；面向社区老年人、残疾人、低保户提供福利服务，面向下岗、失业人员提供就业和社会保障服务，面向辖区居民提供便民、利民服务，面向辖区单位提供社会化服务。同时，做好关心、帮助劳务输出人员家庭工作，社区党员及干部经常到劳务输出人员家庭进行走访，了解情况，帮助他们解决生活中实际困难。

（3）组织参与职业技能培训活动，实现转岗就业。社区分别与市、区社保部门、团委及妇联积极联系，了解培训班次、时间、地点、工种等信息，充分利用社区宣传栏、黑板报等阵地，及时发布培训信息，同时发放就业培训宣传单，方便百姓了解培训政策。目前，社区有 300 多人次参加了市、区社保部门、团委及妇联举办的面食、美容美发、家电维修等 10 余种职业技能培训班，通过技能培训实现转岗就业。培训就业率达到 95% 以上。

（4）开展"党员志愿"活动，提高劳动者法律意识。为提高下岗职工的职业道德素养，树立诚信服务的理念，社区党总支组织党员志愿者利用双休日和节假日为下岗职工及无业人员进行职业道德、法律知识培训，举办了以《合同法》、《劳动法》等为主要内容的法律培训班。目前，已有 270 人参加了学习，增强了下岗职工的自我保护意识。

3. 以引导开发创业服务为根本，开辟就业途径，促进下岗、无业人员实现自主创业

"坚持以人为本、为民解忧"是社区党总支的宗旨。近年来，我们把帮助困难群体再就业工作摆在突出位置，认真贯彻落实再就业各项扶持优惠政策，积极帮助下岗、无业人员实现自主创业。

（1）树立创业典型，鼓励下岗无业人员自主创业。为鼓励下岗无业人员自主创业，社区开展了争当下岗无业人员"领头人"和争做下岗无业人员"贴心人"活动，把辖区内有一定经营规模的创业人员作为重点培养对象，帮助他们扩大规模，成为创业带头人，激励和带动周围的下岗失业人员自主创业，先后出现了于海涛、习慧娟、魏强等创业带头人。

（2）开展各类创业活动，加强对创业工作的宣传。为了促进更多的社区居民实现创业，我们结合市里开展"全民创业"工作，开展了"创业政策宣传日"、"创业讲堂"、"争当小老板"、"好点子"征集等活动，营造自主创业的良好社会氛围，激发自主创业活力。目前，已收集信息咨询、社会中介、金融保险、家政服务、物业管理、物流快递等 20 多个创业项目。

（3）落实创业优惠政策，大力支持下岗无业人员自主创业。社区加强同有关部门的协调，指导创业者办理相关手续，帮助其解决政策落实中遇到的困难。几年来，社区有12人享受到了小额担保贷款政策，有38人享受到了税费减免政策。现在，社区创业气氛浓厚，涌现出了"小宝发廊"、"天合中介"、"聚福来餐馆"等一大批自主创业的"小老板"，仅去年社区内新增加创业企业就达40余家，吸纳就业人员达200余人。

资料来源：伊春市伊春区前进街道新园社区党总支。

5.1.3 社区再就业服务的内容

1. 提供再就业的政策、法律方面的咨询服务

扩大就业，促进再就业，关系到我国改革发展稳定的大局，关系到人民生活水平的提高，关系到国家的长治久安，不仅是重大的经济问题，也是重大的政治问题。我国在下岗失业人员再就业方面出台了不少的优惠政策，如《中共中央国务院关于进一步做好下岗失业人员再就业工作的通知》（中发〔2002〕12号）、《财政部、国家税务总局关于延长下岗失业人员再就业有关税收政策的通知》（财税〔2009〕23号），为社区失业人员提供再就业优惠政策咨询服务，成为社区再就业服务的一项重要内容。上述案例中当地社区积极开展"党员志愿"活动，提高劳动者法律意识，社区党总支组织党员志愿者利用双休日和节假日为下岗职工及无业人员进行职业道德、法律知识培训，举办了以《合同法》、《劳动法》等为主要内容的法律培训班。目前，已有270人参加了学习，增强了下岗职工的自我保护意识。

2. 提供有关的就业信息

社区服务工作者帮助社区下岗人员再就业时，需要了解充分的就业信息。因此，加大就业信息的收集、整理与传递力度，建立就业信息库与信息网，为求职者和用工单位提供全方位的准确的信息资源，利用广播、电视、微信等宣传媒体开设就业信息栏目、再就业服务频道等方式，为社区失业人员提供就业信息，就成为社区再就业服务的又一项重要内容。上述案例中当地社区通过组建信息网络队伍，实行动态管理和分类管理，加强宣传，对上争取，落实惠民政策等方式是提供就业信息的重要形式和方法。

3. 帮助再就业人员和社区用人单位牵线搭桥

获得就业信息后，下岗失业人员要重新走上工作岗位，还需要得到用人单位的认同。在某些情况下，需要社区服务工作者为再就业人员和用人单位牵线搭桥。例如，定期和不定期地举办各类人才招聘洽谈会等。

4. 对社区需要再就业的人员进行再就业培训，提高他们的劳动技能

下岗失业人员中有很大一部分人缺乏再就业技能。为了让这部分人尽快再就业，社区服务工作者可以提供技能等方面的培训，再就业培训是社区再就业服务的重要内容。社区服务工作者积极配合街道劳动就业服务部机构，积极开展各类社区再就业培训。一是结合

社区实际需要，努力开发适应社区就业岗位需要的再就业培训项目和培训课程，采取实用有效的培训方式，为下岗职工、失业人员、大中专毕业生在社区就业创造有利条件；二是积极开展各类创业培训，培养一批创办社区就业实体的带头人，以培训促就业，以创业带动就业；三是积极开发各类公益性岗位，吸纳一批愿意从事公共服务、公益服务的社区相关人员，促进就业。

5．为创造社区就业岗位提供便利条件

社区内的就业岗位数量是有限的。为了帮助更多的下岗失业人员在社区内找到合适的岗位，重新就业，社区服务工作者应该为创造更多的就业岗位提供尽可能多的便利条件。例如，在社区内引进企业；大胆创新，开发新岗位；创造条件，鼓励失业人员自主创业等。

讨论 5-2　　除了以上服务内容以外，你还能列举其他的再就业服务内容吗？

5.2　社区再就业服务的实施与开展

5.2.1　社区再就业服务的途径

1．做好社区下岗失业人员情况的摸底和及时登记工作

社区服务工作者开展社区再就业服务前，必须对本社区内的下岗失业人员情况有一个比较全面清晰的了解，以便有针对性地开展切实有效的服务，帮助他们重新走上工作岗位。

对下岗失业人员情况的摸底最原始的方法是在社区内挨家挨户地上门询问，了解社区居民的就业状况，然后登记造册。通过这种方法了解到的信息一般都比较真实、可靠、全面，但是比较费时、费力。有的人因为拉不下面子，可能会对社区服务工作者登记失业人员的工作产生抵触情绪，造成摸底结果失真。也有的社区采取让失业人员自愿到社区服务中心登记的方法来了解社区居民的就业状况。社区服务工作者通过在社区内大力宣传，让社区居民了解政府在再就业方面的优惠措施，让社区居民自主地决定是否来社区服务中心登记。

随着互联网日益深入平常百姓的家庭，目前，已经有不少社区开发了相关的在线登记下岗失业人员情况的计算机软件，建立了市、区、街三级社区就业服务工作网络，利用计算机网络可以随时掌握辖区内的下岗失业人员的就业状况，建立健全了街道办事处（社区服务中心）、企业社区服务组织、再就业中心三位一体的社区就业服务网络，为下岗失业人员提供求职登记、职业指导、职业介绍、职业心理咨询、档案管理、社会保险关系接续等"一站式"服务。这种方法非常方便、及时、省时、省力，但是运作成本较高，对居民的经济承受能力有一定的要求。

案 例

各地社区为下岗失业人员再就业建立登记台账

南京市华侨路街道工作人员对辖区采取"拉网式"调查摸底，登门入户对下岗失业人员的基本情况进行普查，逐户登记造册，整理分类并录入电脑，建立了一整套具有华侨路特色的下岗失业人员的"一库四账"，即下岗失业人员资料库、求职登记台账、用工登记台账、"4050"人员台账（4050人员是指处于劳动年龄段中女 40 周岁以上、男 50 周岁以上的，且本人就业愿望迫切，但因自身就业条件较差、技能单一等原因，难以在劳动力市场竞争下就业的劳动者）、"双失双下"户台账。

安徽湖东路街道大北庄社区服务工作者为了充分了解辖区所有住户的就业再就业状况，他们入户调查摸底，登记建卡，基本做到了"六清"，即下岗失业人员家庭状况清、失业原因清、择业愿望清、技能水平清、培训愿望清、就业愿望清。为了给社区下岗失业人员提供更多的就业岗位，社区服务工作者都养成了一个习惯——兜里随时都装着纸、笔及就业联系卡，走到哪儿都留心着有关再就业的信息，不放过任何一个就业招聘机会。

点评：在上述案例中，华侨路街道的工作人员和大北庄社区的工作者就是利用登门入户的方式对社区下岗失业人员进行情况摸底的。值得指出的是，了解到的信息还需要精心处理，力求发挥信息的最大效用。如本案例中，华侨路街道的工作人员建立了"一库四账"，大北庄社区服务工作者建立了"六清登记卡"。

2．统筹规划，整合政府、社区等多方面的资源，明确工作方向

下岗职工再就业工作，工作量大，涉及面广，政策性强，社区服务工作者必须整合多方面的资源为开展这项工作服务。

（1）必须坚持政府主体地位不动摇，政府宏观上的政策法规支持对社区再就业工程起方向指引作用。实行积极的就业政策，扩大就业，为再就业创造有利条件，为扩大就业创造良好的外部环境，是政府不可推卸的责任，也是党和政府工作的重要目标。社区服务工作者对政府再就业方面的有关政策与法规，尤其再就业可以享受的优惠条件应该了解清楚，以便为社区内有需要的下岗职工提供帮助。此外，社区服务工作者还应该积极向政府部门反映情况，促成有利于再就业工程顺利实施的政策与法规的形成。

（2）必须坚持动员全社会的力量，整体发挥社区资源的整体优势。动员全社会的力量，通过建立社会中介机制，多渠道地筹措人力、物力和财力资源，共同为再就业工程提供可持续发展的动力。要促成劳动保障、财政、民政、工商、税务等有关部门以及工会、妇联、共青团等群众团体的协调，紧密合作，在推动再就业工作方面建立起联办制度、协商制度，在落实政策方面实行落实政策督察制度、社会举报监督制度，切实把社区就业的组织工作与相应的优惠政策落到实处。要逐步建立政府统一领导、部门各负其责、社会广泛参与的管理体制。在市、区两级政府成立专门社区就业管理机构，通过制定政策、组织培训、完善信息网络等综合服务发挥指导和扶持作用，创造适合社区就业服务的良好外部环境。

（3）大力发展社区再就业自助组织。例如，街道、居委会应该成立专门的社区就业服务机构，负责社区就业服务的建立、组织、管理工作，并进行具体工作的运作。各社区应统筹规划，从本地区社区建设和社区服务业发展的实际需求出发，制定全面推动社区就业的规划，提出明确的阶段性目标任务和政策措施，进而实行目标管理，具体量化考核指标，层层落实工作责任，并争取多方面的支持，将就业的规划同政府经济发展、社区建设规划衔接起来，形成整体推动的态势。

案 例

辽阳市四项措施促进社区再就业工作

辽阳市自年初以来积极探索再就业工作新方法、新思路。社区就业工作是就业工作的基础单位，做好社区就业工作是落实就业工作的重要环节，通过采取四项措施，使社区再就业工作迎来了新的面貌。

（1）优惠政策落实到位。对政策的享受对象不错不漏，本着公开、公平、公正的原则，严格按政策规定审核申请公益性岗位，办理"再就业优惠证"员，对符合条件的上报、发证。创业扶持工作向社区延伸，利用社区劳动保障平台，落实小额担保贷款、税费减免等政策措施，大力扶持社区居民创业就业。

（2）加大宣传力度。将再就业优惠政策和申请公益性岗位、办理"再就业优惠证"等申报办理程序印制成宣传材料，通过社区劳动保障服务站，发放给每位失业人员，使下岗失业人员了解政策，掌握政策，享受到政策。

（3）设立劳动法规咨询服务台。现场解答下岗失业人员提出的问题，并通过宣传栏、咨询服务等多种形式，进行全方位宣传，转变下岗失业人员择业观念，使其安心走自谋职业、自主创业之路。

（4）抓社区平台建设。全面提升服务质量，确保失业人员不出社区就得到劳动保障工作各项优质服务，促进统筹城乡就业服务社会化。利用社区劳动保障平台对每户就业困难家庭实行上门服务，推行"48 小时推荐就业承诺制"，确保就业困难群体实现稳定就业。

截至目前，全市实现实名制就业 1.46 万人，组织普惠制培训 4 380 人，开展创业培训280 人。

资料来源：节选自人民网 2011 年 4 月 22 日刊登的文章"辽阳市四项措施促进社区再就业工作"。

该案例中，辽阳市政府通过四项措施为社区再就业工作开展提供了政策等方面的支持，社区服务工作者在社区再就业服务中，要充分利用这些方面的资源。通过发挥全社会的力量和所有人的积极性，建立完善的社会中介机制，才能进一步延伸、扩大政府的力量，保证再就业扶助工作的可持续发展。

3. 社区再就业培训

开展社区再就业培训服务，必须充分认识到培训对象的特征。当前，我国社区下岗失业人员普遍存在"三低"现象，即文化低、技能低、竞争就业意识弱。针对这三低，社区服务工作者可以有针对性地开展职工培训和下岗职工、失业人员的再就业培训，尤其科技培训。通过培训，增强他们的再就业技能，这等于为他们在市场经济的大潮中搏击附上了一个救生圈，增强了他们生存的本领和成功的希望与信心。根据就业市场的需求和变化，帮助下岗职工通过培训掌握再就业的技能和本领，形成以培训促进创业、以创业促进就业的良性机制。通过再就业培训，提高下岗人员的职业技能，增强其职业应变能力，帮助他们尽快具备上岗再就业的技能，变"输血"为"造血"。

（1）要注重下岗工人择业观念的转变培训。不少下岗失业人员在再就业过程中遇到一些困难，就业率低，究其原因并非都是客观的，也与他们各人的主观因素有很大关系。他们中的不少人存在就业观念滞后、要求过高的现象，较苦、较累、夜班的岗位不愿上，总期待着好的企业、好的岗位。培训前挑专业，培训后挑岗位，挑不到满意的，宁愿再等着。因此，在再就业培训中，转变下岗工人的择业观念是十分重要的。

一般来说，影响下岗失业人员再就业的主观方面的原因主要有几方面：① 存在劳动有高低贵贱之分的思想障碍。有的下岗人员说："过去我家请保姆，现在我去当保姆，我才不干。"还有部分下岗人员不愿做一些脏、苦、累的工作，他们当中不少人认为："这些活我能干，并且能比外来工干得还要好，但是宁愿少拿钱也不想干。"② 存在"眼高手低"的情况。不少下岗人员小钱不愿挣，大钱挣不来，从而失去一些再就业的机会。③ 对再就业认识片面。绝大部分下岗人员认为从事个体经营仍属失业，只有政府重新安排的工作才是就业。

│ 案 例

下岗女工再就业培训项目

在南京市宁海路街道，有一批文化程度不高，也没有什么特长的下岗女工参加了再就业培训。这个培训是一个国际合作项目，是由德国经济技术合作公司设立的"下岗失业妇女再就业双边合作项目"。这个培训的内容既不是学文化，也不是学技术，而是择业态度的培训。培训首先分析了当前的就业形势，帮助下岗女工转变了依靠政府解决就业的观念，使她们树立了在市场经济条件下自主择业的观念；其次讲解了职业道德的基本规范，帮助下岗女工提高了遵守职业道德的自觉性。在这个培训项目的帮助下，很多下岗女工的择业态度都发生了变化，实现了再就业，其中还有人自主创办了企业。

　　点评：该案例中的国际合作项目非常注重择业观念的培训。从根本思想上转变劳动者的择业、就业观念，就要破除在长期计划经济条件下形成的旧的就业观念，树立起与社会主义市场经济体制相适应的新观念。

　　要树立自主就业观念，认识到劳动力流动是市场配置资源的内在需要，在市场经济条件下，一部分人处于失业状态、一部分职工临时性地下岗分流是一种正常现象，关键是下岗后要及时调整心态，在困难面前不灰心丧气，不怨天尤人，不等不靠，自强自立，积极主动地寻找就业机会；要树立灵活的择业观念，要看到择业的天地很宽，无论在国有企业、集体企业、乡镇企业，还是在三资企业、个体和私营企业，都可能找到发挥自己才能的工作；要树立竞争就业观念，认识到激烈的市场竞争对劳动者素质提出了更高的要求，就业靠竞争、上岗凭本领，多一门技能，就多一种选择，多一条出路。

　　（2）下岗再就业培训中，要注重培训对象、内容和方式的选择。结合国内外社区再就业培训经验，社区服务工作者在组织社区再就业培训中须特别注意培训对象、培训内容、培训方式的选择和选取。

　　① 从再就业培训的对象看，一般社区再就业培训人员包括三类：一类是失业人员。当前，我国大中专毕业生也成为失业大军的主要成员。因此，社区再就业培训可将青年培训作为失业人员培训的重点。此外，对于部分非正常失业人员，如因工作懈怠、不守纪律、完不成任务而被解雇的人员，一些国家也采取了措施，对其进行包括纪律培训在内的强制性培训。二类是面临失业威胁的人员。为避免不具备就业资格的待业青年、工作前途不佳者、"夕阳"行业的工作人员成为社会上新的失业者，可加强技能训练，或开展改行培训。三类是就业处境不利者。长期失业者、妇女、劳改释放者、年龄在 45 岁以上难以找到工作者、文化技术素质偏低者、残疾者以及破产和倒闭企业的失业者，这些需要特殊照顾对象，社区服务工作者依照相关法律或设立"特殊服务中心"安排他们的培训，如福利工厂。

　　② 从培训内容看，一般社区再就业培训包括职业技能培训、就业指导和创业指导。职业技能培训是对从事某一职业所必备的职业知识、技术和能力的培养和教育活动。职业技能培训是社区下岗工人急需的，一般都能在短时间内取得立竿见影的效果。就业指导可分为狭义和广义两大类。狭义的就业指导，是给要求就业的劳动者传递就业信息，为他们和用人单位结合做月下老人。广义的就业指导，则包括预测要求就业的劳动力资源，社会需求量，汇集、传递就业信息，培养劳动技能，组织劳动力市场以及推荐、介绍、组织招聘等与就业有关的综合性社会咨询、服务活动。创业是非常艰苦的事，不少社区下岗工人希望能够通过自己创业，自谋出路，但是对于如何创业却感到很茫然。通过创业指导，能够帮助他们明确思路。

③ 从培训方式看，主要包括企业外培训和企业内培训。企业外培训由技术高中、职业训练学校、社区学院、继续教育学院等正规教育机构举办；或者由跨企业培训中心、学徒培训中心、再学习中心、技能开发中心等专门的培训基地举办。企业内培训包括学徒培训、在职培训和转岗培训等方式。

培训活动的开展，需要社区服务工作者充分利用本社区内、外各方面的资源，为需要进行再就业培训的人联系好培训师、培训的时间及场地等。从这个角度讲，社区再就业培训对社区服务工作者的社会资源要求比较高。

案 例

安宁长风社区举办首期手工编织培训班 15 名下岗女工乐学新技能

"8月3日，安宁区第一个手工编织培训班开班了。"别急，这个培训班的课堂不设在职业学校，而是设在安宁长风社区的会议室，这也是该社区为下岗女工再就业办的一件实事。

走进手工编织培训班，各种手工编制的拖鞋摆放在桌面上，15名学员围在桌子周围左手拿直针，右手提钩针，右手小拇指递线，从一个孔里穿进，另一边钩出。虽然，她们的手法不是很娴熟，但可以看出来，每个人都很认真。另一边，几个学员正在讨论针法和打结的技艺。

据长风社区主任柴玉珍介绍，社区在以往的工作中，"再就业"是一项重要内容。通常社区都是将收集来的岗位信息进行梳理后，介绍给辖区需要再就业的困难群体。他们感觉这样的方式过于简单，不能授人以渔。此前，她在桃海市场看到有老人将自己编织的各种鞋垫和鞋子摆在地摊出售，效果不错。她就萌发了一个对下岗工人进行职业培训的念头。"我们为什么不给没有一技之长的居民提供一次职业技能培训呢？"柴玉珍说。无独有偶，城关区就业局很快有了一次手工编织的培训机会，社区就派去了一个副主任学习编织技能。随后，社区发出通知，如果想学习手工编织可以到社区报名。只几天工夫，报名的人就有60多人。由于场地的限制，社区从这60多人里选出了15人参与第一期培训班，一期15个课时。值得一提的是，所有学习的材料都是社区购买，无偿提供给学员，学员学习也是免费的。

资料来源：节选自兰州新闻网2009年8月4日刊登的文章"安宁长风社区举办首期手工编织培训班15名下岗女工乐学新技能"。

点评：在本案例中，社区服务工作者免费为社区下岗人员在社区提供了培训，并且为她们开发了手工编织课程，组织了手工编织培训班，帮助更多的下岗工人掌握了手工编织，重新走上了工作岗位。这种再就业培训是一种典型的再就业服务。

4．开发社区就业岗位

（1）大力开发社区公益性就业岗位。公益性就业岗位是指由政府及其职能部门出资扶持，社会筹集资金，以安置就业为主的公共管理和社会服务性质的就业岗位。主要包括社区管理岗位（如劳动保障协管员、交通协管、市场管理、环境管理、物业管理等），社区服务岗位（如保安、卫生保洁、环境绿化、停车场管理、公用设施维护、报刊亭、电话亭、社区文化、教育、体育、保健、托老、托幼服务等）和社会工作机构相关的岗位，社区单位后勤岗位（如机关事业单位的门卫、收发、后勤服务等临时用工）。社区服务工作者要号召社区居民大力开发社区公益性岗位，帮助就业困难群体实现再就业。凡是由政府投资形成的社区公益性岗位，要优先安排就业困难对象，切实帮扶一批就业困难对象实现再就业。

（2）面向社会，大力开发社会化服务岗位。可以结合驻社区的企、事业单位和政府机关根据部分社会服务职能的需要，开发物业管理、卫生保洁、商品递送等社会化服务岗位；结合对企业退休人员实行社会化管理的需要，开发健身、娱乐以及老年生活照料等工作岗位。

案 例

街道成立地区人力资源协会提供再就业信息

南京市宁海路街道根据辖区内省级机关多、大单位多、需求服务的岗位多的特点，在2003 年 10 月，成立了地区人力资源协会，协会的成员单位包括省委办公厅、省政府办公厅等 51 家驻地单位。协会以开发岗位服务于本地区的下岗失业人员、为驻地单位与下岗失业人员之间架起就业桥梁为宗旨。协会通过优质的服务来获取社区单位特别是会员单位的就业岗位信息，形成了社区单位用人基本在本地区下岗失业人员中寻找人选和就近就地优先安排本地区下岗失业人员就业的良性互动机制。几年来，地区人力资源协会在帮助本地区的下岗失业人员获得就业信息、提供就业岗位、帮助他们重新就业方面起到了重要的作用。

点评：本案例中的"地区人力资源协会"在就业岗位的开发、在下岗失业人员和用人单位"牵线搭桥"方面起到了切实有效的作用，社区服务工作者在社区再就业服务中可以促成类似的组织的形成，并为组织活动的开展提供帮助。

5．将企业引入社区，拓展就业渠道

就业岗位的开辟，还可以大力创办社区服务实体，创新社区服务形式。国家在鼓励企业积极吸纳下岗失业人员方面，已经出台了具体的税收优惠政策。社区服务工作者可以鼓励个体、私营、民营等企业及其他社会力量在社区内开办社区服务项目和社区服务实体，建立多渠道社区服务设施建设投入机制，加快社区服务产业化步伐，提高社区服务吸纳劳

动就业的能力。要坚持"谁投资、谁所有、谁受益"的原则，通过投资入股、合作经营等形式，引进一批社区服务企业，培养一批社区服务明星，形成一批名牌企业。通过这种方式，拓展下岗居民再就业的渠道。

┃ 案 例

社区促进拆迁失地农民就业

某社区地处市郊，原来是典型的农村地区，因为城市化进程的加快，该地很快经历了拆迁的复杂恼人过程。当地居民虽说得到了一定程度的补偿，但是失地的农民绝大部分处于失业状态，这可让刚刚上任的社区领导发愁。从社会安定的角度出发，社区领导认为应该尽快让原来的失地农民找到工作岗位。该社区处于交通比较方便的 107 国道边，这为该地区招商引资提供了便利，社区服务工作者打算利用这一条件，将企业引进社区，一方面搞活社区经济，另一方面可以在一定程度上为当地的失业者解决就业问题。德天五金制品厂是一家民营企业，老总是温州人，公司正好有意在该社区开设分厂。得知此消息后，社区服务工作者积极配合政府有关部门为德天五金制品厂落户社区进行各项准备，包括租用厂房、水电安装、工商税务登记等，正如社区服务工作者所盼望的那样，德天五金制品厂进驻后，确实吸纳了当地的不少无业劳动力进厂，解决了这些人的再就业难题。

就业岗位的创造相当程度上得益于企业的扩大发展。企业是一个容纳劳动力的大口袋，在社区内引进企业对于帮助社区下岗失业人员重新找到就业岗位、顺利实现再就业是很有帮助的。

6. 鼓励自主创业

以市场化、产业化和社会化为方向，扩大就业，加快发展服务业的要求，社区服务工作者可以鼓励和支持下岗职工和失业人员在社区组织起来，以个体、私营等各种经济形式，兴办投资少、机制灵活、适应性强的社区服务型小企业，从事社区服务，实现自谋职业。

┃ 案 例

下岗工人成功创业

南京市鼓楼区社区服务工作者在下岗职工创业的过程中，总是千方百计、想方设法地为他们提供帮助。很多承担再就业培训的教师经常是一边为下岗职工培训，一边与他们一起论证创业项目，一起跑工商、税务，指导他们办理相关手续，甚至帮他们填写相关表格。在培训教师的教育帮扶下，越来越多的下岗职工自主创业，获得了成功。表 5-1 是鼓楼区部分成功创业项目一览表。

表 5-1　鼓楼区成功创业项目一览表（部分）

创业者	创业项目	创业者	创业项目	创业者	创业项目
唐冰	文化茶社	李振连	专业木楼梯	鹿萍	家政服务
曹靖龙	家庭厨师	刘婉茹	婚纱店	侯女士	母婴服务
彭洪根	彭家豆腐加盟店	周榴芳	科技公司	彭先生	图书租赁
王建菊	服装店	张荣庆	美食休闲中心	陈先生	健身房
魏红映	人力资源公司	郑元华	工艺拖鞋	王永	盲人中医推拿
张四红	熟食小卖	张军	轿车空调维护	季培宁	庆典摄像
殷秀珍	小饭桌	张数华	小货车营运	缪女士	玩具出租
倪美红	砂锅小吃	王小姐	个性化鞋吧	陈女士	玩具模型
金丽丽	手工艺品工作室	冯兆明	酒店	吴女士	婴幼儿服饰
凌娜	印刷术咨询公司	贺荣来	货物运输	李宝云	幼儿园
佘永琴	毛线编织店	韩品峒	培训中心	朱薇薇	眼镜店
吴波	手工纸艺	潘师傅	自行车维修	李金林	废品专项收购
董女士	丧葬用品店	罗俊	丘比特婚介	胡兵	花卉苗圃种植与销售
张女士	服装零售	华伟民	殡葬礼仪服务		

点评：鼓楼区下岗工人成功创业，实现再就业的成功案例可以为各社区的社区服务工作者提供参考和借鉴。社区服务工作者通过鼓励下岗失业人员自主创业，可以为广大的失业人员搭建就业平台，有利于社区再就业工程的顺利实施。

5.2.2　社区再就业服务的政策支持

扩大就业，促进再就业，关系到改革发展稳定的大局，关系到人民生活水平的提高，关系到国家的长治久安，不仅是重大的经济问题，也是重大的政治问题。我国政府在推进社区再就业工程方面出台了一系列帮扶政策，社区服务工作者在再就业服务中，应该对这些政策有清晰的了解，以便更好地为社区下岗失业工人服务。

1．再就业优惠证

再就业优惠证是下岗失业人员享受相应的再就业扶持政策的凭证。按照《中共中央国务院关于进一步做好下岗失业人员再就业工作的通知》（中发［2002］12 号）和劳动保障部等 11 部委联合制定下发的《关于贯彻落实中共中央国务院关于进一步做好下岗失业人员再就业工作的通知若干问题的意见》（劳社部发［2002］20 号）规定，各级劳动保障部门负责为符合条件的人员免费核发再就业优惠证，作为享受扶持政策的凭证。再就业优惠证的内容包括：下岗失业人员的基本情况、再就业扶持政策和享受政策记录等。

讨论 5-3 你知道什么样的人可以领取再就业优惠证及如何办理再就业优惠证吗？

目前，有四类人可以办理再就业优惠证。

（1）国有企业下岗失业人员持失业就业登录证、居民身份证复印件、4张2寸近期免冠照片、再就业去向申请书，经所在社区劳动保障服务站对其现实就业状况进行核实，并张榜公示后，填写再就业优惠证申领表，由街道（乡镇）劳动保障事务所报县级以上就业服务机构审核，符合条件者，发放再就业优惠证。

（2）国有企业关闭破产需要安置的人员持国有关闭破产企业职工身份认定表、失业就业登录证、居民身份证复印件、4张2寸近期免冠照片、再就业去向申请书，经所在社区劳动保障服务站对其现实就业状况进行核实，并张榜公示后，填写再就业优惠证申领表，由街道（乡镇）劳动保障事务所报县级以上就业服务机构审核，符合条件者，发放再就业优惠证。

（3）集体企业下岗失业人员持由劳动保障部门原始编号和批准日期的招供录用（调配证）手续、登记失业人员持失业就业登录证、居民身份证复印件、4张2寸近期免冠照片、再就业去向申请书，经所在社区劳动保障服务站对其现实就业状况进行核实，并张榜公示后，填写再就业优惠证申领表，由街道（乡镇）劳动保障事务所报县级以上就业服务机构审核，符合条件者，发放再就业优惠证。

（4）享受城市居民最低生活保障且失业1年以上的城镇其他登记失业人员持失业就业登录证、民政部门出具的领取城市居民最低生活保障金证明和居民身份证复印件、4张2寸近期免冠照片、再就业去向申请书，经所在社区劳动保障服务站对其现实就业状况进行核实，并张榜公示后，填写再就业优惠证申领表，由街道（乡镇）劳动保障事务所报县级以上就业服务机构审核，符合条件者，发放再就业优惠证。

2．工商登记、场地安排、税费减免方面的优惠政策

自1998年以来，中共中央、国务院提出了促进下岗职工和失业人员再就业的各项优惠政策，特别是工商登记、场地安排、税费减免等方面的优惠政策。例如，财政部、国家税务总局《关于延长下岗失业人员再就业有关税收政策的通知》（财税〔2009〕23号），指出对持"再就业优惠证"人员从事个体经营的，3年内按每户每年8 000元为限额依次扣减其当年实际应缴纳的营业税、城市维护建设税、教育费附加和个人所得税。

国家税务总局《关于下岗职工从事社区居民服务业享受有关税收优惠政策问题的通知》（国税发〔1999〕43号）的规定，对下岗职工从事社区居民服务业项目取得的收入，在规定年限内免征营业税、个人所得税、城市维护建设税和教育费附加。

按照《国务院办公厅转发国家经贸委关于鼓励和促进中小企业发展若干政策意见的通

知》(国办发 [2000] 59 号) 和《关于进一步改善对中小企业金融服务的意见》(银发 [2002] 394 号) 的有关政策规定, 各级建设、城市规划主管部门及相关部门和街道办事处, 应在符合城市规划的前提下, 积极帮助下岗职工和失业人员解决好从事社区服务业的场地安排、项目经营等方面遇到的实际问题。

《国家工商行政管理局关于认真贯彻落实党中央、国务院〈关于认真贯彻落实党中央、国务院关于切实做好国有企业下岗职工基本生活保障和再就业工作的通知〉(中发 [1998] 10 号) 的通知》(工商个字 [1998] 第 120 号) 提出的对下岗职工从事社区居民服务业的, 三年内可免收工商行政管理行政性收费等。

3. 资金信贷支持

中国人民银行、财政部、国家经贸委、劳动和社会保障部颁布的《关于下岗失业人员小额担保贷款的管理办法》, 明确规定:"下岗失业人员自谋职业、自主创业或合伙经营与组织起来就业, 资金不足的, 经当地贷款担保机构承诺担保, 可向商业银行或其分支机构申请小额担保贷款;从事微利项目的, 可享受中央财政据实全额贴息。"

北京市已于 2003 年 4 月颁布了《北京市下岗失业人员小额担保贷款管理办法》和《北京市下岗失业人员小额贷款担保基金和微利项目小额贷款财政贴息管理办法》, 这两个办法明确规定了贷款对象和条件、贷款程序与用途、贷款额度与期限、贷款利率与贴息办法、贷款担保基金、贷款担保机构、贷款管理与考核、贷款服务、担保基金的管理等, 为解决下岗失业人员自谋职业、自主创业过程中遇到的小额担保贷款问题提供了制度保障。

┃ 案　例

政府政策扶持下岗失业人员自主创业

2003 年 1 月 30 日, 北京市颁布了《关于下岗失业人员从事个体经营有关收费优惠政策的通知》, 对下岗失业人员在从事个体经营中的有关收费做出了优惠规定。在制定和落实工商管理优惠政策方面简化了小型企业和从事个体经营的各种登记注册手续, 降低了收费标准, 废除了不合理收费项目;在经营场所、注册资金、经营范围等方面降低了小型企业和个体经营的市场进入标准;同时加强了督促检查和咨询服务, 把已有的优惠政策落到实处。2003 年 4 月, 北京市又颁布了《北京市下岗失业人员小额担保贷款管理办法》和《北京市下岗失业人员小额贷款担保基金和微利项目小额贷款财政贴息管理办法》。

点评:在本案例中, 北京市对于进行自主创业、从事个体经营的下岗失业人员以及吸纳下岗失业人员的企业都给出了优惠政策, 这些政策都有法可依, 是国家大力提倡的。在对下岗失业人员的资金信贷支持方面, 从全国范围看, 北京市是走在前列的。社区服务工作者在社区再就业服务中, 应该向下岗失业人员大力宣传国家的这些优惠政策, 帮助更多的人再就业，让他们切实感受到这些帮扶政策带给他们的实惠。

5.2.3 社区再就业服务的发展方向

1．大力发展第三产业和非国有经济

从产业结构看，第三产业的发展将成为扩大就业和再就业的主要出路。今后，第三产业将成为吸纳劳动力的主导部门，要发展第三产业尤其传统服务业，增加再就业岗位。从各地劳动力市场的情况看，社区服务、商贸流通、餐饮、旅游及相关产业的用人需求都很大。政府要制定一系列优惠政策和措施，发展第三产业，发展中小企业和劳动服务企业，使社区服务成为社区下岗失业人员再就业的主要领域。

非国有经济也逐渐成为我国就业的重要渠道。我国的非国有经济在未来的发展空间很大。我国的非国有企业多半是中小企业，其劳动密集程度高，就业渠道多样，就业方式灵活，进入就业的门槛也比较低，对于大量吸纳一般劳动力来说，具有特殊的意义。因此，政府应该采取积极的政策措施，大力发展非国有经济，并为其发展创造一个良好的制度环境。社区也可以尽可能地引入这种非国有经济，为社区下岗失业人员再就业创造就业机会。

2．大力提倡弹性就业

弹性就业即在就业政策、用工制度、劳动关系和社会保障等方面均具有适度灵活性的就业。长期的计划经济使人们形成了一种普遍的认识，即只将国有企业和集体企业的长期固定工看做就业，而不把各种弹性就业当做真正的就业。但随着我国社会经济条件的变化，就业形式也在逐渐多元化，我们必须认识到，就业既包括传统的以长期固定工为主的正规就业，也包括弹性就业，各种弹性就业都属于就业，是就业的一个重要组成部分；而且把发展弹性就业作为一种普遍的国际趋势，它适应了当前我国经济结构调整和社会转型时期劳动就业的特点，也将是解决就业问题、完善市场化就业机制的长远发展方向。

社区内有一些原来在国有企业工作的下岗人员，他们中有不少人认为他们现在下岗只是一时的，等过一段时间，企业效益好了，他们就又可以回去工作了，因此他们不愿意"屈就"，自愿处于失业状态。还有一些人，虽然暂时愿意找一份工作干，但他们始终没有安全感，认为只有回到国企才有保障。社区服务工作者要打破他们的这种思想，大力提倡弹性就业制。

3．大力提倡灵活就业

灵活就业是指除已被用人单位招用、领取各类营业执照、在公益性岗位就业等之外，以非全日制就业、临时性就业等方式，通过为社会提供劳动获得一定的收入，没有稳定的工作时间和收入报酬的就业形式。目前，灵活就业作为就业形式越来越受到重视，被政府、企业和劳动者所接受。人们已经看到，它是新经济条件下对劳动力市场的客观要求，也是缓解就业压力的有效措施，在劳动力市场供过于求的中国急需这样的就业方式。

在知识经济条件下，企业用工形式出现新的需求，流水型生产线和全员 8 小时工作制已经不适应现代企业人力资源管理需求。很多岗位的工作地是不固定的，也不需要再用日 8 小时、周 40 或 48 小时的工作时间规则加以约束。社区服务工作者在再就业服务中，要转变失业人员的就业观念，大力提倡灵活就业。

5.3　社区再就业服务实务

5.3.1　社区再就业人员培训内容

1. 社区再就业培训者队伍建设

经济实力比较好的社区可能会选择组织失业人员去职业学校接受专业的再就业培训，但是经济实力一般的社区可能会选择自己创办社区培训学校，这样建立一支高素质的下岗职工培训队伍，便成为强化下岗职工培训的关键。为确保下岗职工再就业培训能够健康、稳步地发展下去，必须充分整合社区优质人力资源，建立一支高素质的培训者队伍。

│ 案　例

提高下岗失业人员技能，面向社会招募志愿者

长沙市水塘社区的工作人员为了提高社区内下岗失业人员的技能水平，打算为他们举办一期培训班，但是因为经费比较紧张，请不起有资历的培训师，于是他们打算面向社会招募志愿者。

事业有成、拥有 MBA 学历，也曾有过下岗经历的志愿者戴凯，他以过来人的身份为下岗失业青年上了一节生动精彩的培训课——项目投资咨询。戴凯说："当我们看到下岗失业人员用脆弱的身体支撑生活的压力，用仅能养家糊口的财力去不断地进行创业时，我们非常想尽自己的一点绵薄之力来帮助他们。我们这些志愿者并没有惊天动地的事迹，更没有富甲一方的财力，我们仅有一点成功的体会、失败的教训、掌握的技能，我们希望通过经验、技能、观念的传授，让每一个希望得到帮助的人多一点信心、少走一点弯路。"

从事电脑维修的何女士 40 岁时才去闯广州，她说："只要肯努力，一切都来得及。"她愿意把她在广州学到的最先进的维修技术无偿教给下岗青年，她也愿意带领大家一起创业。

中国人寿保险公司的张宁是前年下的岗："那时，我在人才市场找啊找啊，那种焦虑与痛苦真是说也说不出来。我想用我的经历告诉大家，出路出路，走出去才能有出路，要树立信心！"

点评：在本案例中，社区服务工作者是用招募志愿者的方式找到社区再就业培训的培训师的，有经济条件的社区，可以请专业的就业培训师现场给失业人员授课。请曾经失业

过的人做培训师，更加有利于拉近培训师和社区失业人员的距离，因为培训师更加了解失业人员的心态，会使培训的效果更好。

2. 社区再就业培训内容

社区再就业培训的内容，应该根据各社区的具体情况，以及失业人员的个人意愿来开发。一般包括开展职业指导、组织职业技能培训和进行创业能力培训。表 5-2 列举了一些社区再就业培训的内容，以供参考。

表 5-2　丰富多彩的社区再就业课程

下岗职工学习课程			
成功求职策略	焊工初培	经商办店指导	起重机司机复审
创业者指导	起重机司机	创造你的企业	厂内机驾复审
转岗指导	厂内机驾	"4050"再就业观念指导	物业管理
家政服务	电梯操作	插花技术	水电工
月子护理	保安	市场营销	美发
办公自动化	美容	电脑基础加考初级	秘书
股票投资技巧	按摩	会计电算化	插花
CAD	推销员	三维动画	家庭服务员指导
电工初培	营业员	电工复审	会计
养老护理	汽车修理电工	焊工复审	纸艺花卉
特殊失业人群学习课程			
法律法规	电脑	插花	哑语
认知能力培训	劳动能力培训	人际关系能力培训	心理健康培训
社会适应能力培训	手工制作	办公自动化	计算机领域

3. 注重社区再就业培训质量

再就业培训质量是社区服务工作者要格外关注的。为了保障培训质量，要选择专业培训机构接受培训的社区。在选择培训机构时，应尽量选择有办学经验、管理严格、教学质量好的机构。培训师应具有相应资质，在教学中，注重理论联系实际，重视实际动手能力培训，让培训学员真正做到学以致用，让下岗职工通过再就业培训终身受益。选择在社区内培训的，工作人员也要做好时间、场地等各方面的安排，保障培训的质量。

┃案　例

许多培训机构重"量"不重"质"

在政府的"再就业"工程中，培训的规模不小。例如，南京市去年再就业培训在 6 万人次，政府拨付给培训机构的补贴达 1 200 多万元。对这块大"蛋糕"，许多培训机构在争食中往往重"量"不重"质"。记者了解到，少数不规范的培训机构，利用政府关于下岗失业人员必须经过技能培训才能享受再就业优惠政策的规定，对一些下岗失业人员实施"快餐式"培训。例如，减少培训课时、教师名不副实等，往往具培训之名，少培训之实；有的下岗失业人员"学到用时方恨少"，觉得浪费了一次宝贵的培训机会。

点评：在本案例中，培训机构为了经济利润，实施"快餐式"培训，重"量"不重"质"，严重影响了培训的质量，这是对政府资金的一种浪费，与政府再就业培训的初衷相违背。在操作过程中，社区服务工作者要尽量避免类似的事情发生。

5.3.2　社区再就业培训方法及技巧

1．再就业培训要因人而异

再就业培训应以市场需求为导向，根据下岗职工的年龄、技能、文化程度和求职愿望，有针对性地对其实施分类、分层、免费培训。例如，对年龄较小，具有一定文化程度的青年下岗职工，可以开展电脑、推销员、文秘等培训；对大龄下岗女职工，可以组织她们参加第三产业如家政服务等培训；对"4050"人员，针对他们文化程度偏低、技能单一、年龄偏大的特点，可以与社区、医院联系，开办家政、护工、电梯等操作培训；对有创业意识和创业能力的下岗人员，可以开办创业意识和创办企业的培训。

2．再就业培训方式应该灵活多样

在培训方式上应灵活多样，可以实行全日制集中培训、半日制、夜校分散培训等形式。

┃案　例

公共服务平台公布再就业培训信息

为方便蓝山区下岗职工进行再就业培训信息的查询，蓝山区社区教育办公室把辖区内七个街道居民学习点和社区培训学院针对下岗职工所开展的培训课程在"96180"平台上公布。"96180"平台是一个生活服务求助热线，是蓝山区区委、区政府本着"以民为本，为民解困"，打造服务型政府的理念出资开办的公共服务平台。在这个平台上，社区教育公布了再就业培训的相关信息，如培训的内容、时间、地点和形式等。一个月内，相同的培训内容会在不同的时间段上重复进行，方便社区居民根据自己的时间选择。社区居民可以在需要了解接受再就业培训信息时，拨打"96180"免费声讯台，就可以得到需要的学习信息了。

点评：在本案例中，蓝山区利用"96180"平台为有需要的社区居民提供了灵活的培训时间和培训内容，一方面不会影响居民的正常工作，另一方面因为培训的内容和时间都是由本人选择的，更加符合本人的培训意愿，从而有利于提高培训的效果。

5.3.3 完善社区再就业服务的配套措施

社区再就业服务是一项社会系统工程，这项工程的启动和运行需要一系列配套措施，综合来说，主要表现在以下几个方面：建立和完善社区就业管理机构；加大和放宽资金支持力度；解决社区就业的场地问题；理顺就业管理与监督权限；多种方式组织社区就业；加强对社区弱势群体的培训等。

│ 案 例

×××××社区"四项措施"做好就业再就业工作

（1）细化目标，强化责任。将新增就业和下岗失业人员再就业等各项目标任务进一步细化，分解到人，做到数字真实。各社区切实加强领导，积极落实就业再就业目标责任制，把就业再就业工作列入考核范围。

（2）摸清底数，落实措施。通过深入调查，摸清就业困难对象的相关情况，做到底数清，情况明。通过社区就业服务平台，大力推行"一站式"就业服务，组织开展再就业培训，协调有关部门完善和落实各项再就业扶持政策。

（3）加强政策学习，提高业务经办能力。定期在工作人员中间开展业务培训，普及新的劳动保障政策、法规，规范服务态度，提高服务水平。

（4）积极宣传，丰富活动载体。通过现场咨询、板报、宣传栏、网站大力宣传就业再就业的各项政策，大力开展"就业援助月"等活动，提高居民自主创业和自谋职业的能力。

点评：在本案例中，×××社区通过细化目标、强化责任、一站式服务、宣传等措施，完善社区再就业平台，为本社区再就业服务奠定坚实基础。

讨论 5-4 谈谈你对本案例社区在再就业工作中所做工作的看法。

│ 案 例

《云南省地方税务局关于细化部分企业所得税减免审批条件的通知》

云南省地方税务局制定了《云南省地方税务局关于细化部分企业所得税减免审批条件

的通知》（云地税二字 [2006] 112 号），通知在"安置下岗失业人员企业所得税的审批管理"方面有如下规定。

（一）商贸、服务型企业的审批条件

根据《财政部、国家税务总局关于下岗失业人员再就业有关税收政策问题的通知》（财税 [2005] 186 号）规定：对商贸企业、服务型企业（除广告业、房屋中介、典当、桑拿、按摩、氧吧外）、劳动就业服务企业中的加工型企业和街道社区具有加工性质的小型企业实体，在新增加的岗位中，当年新招用持"再就业优惠证"人员，与其签订 1 年以上期限劳动合同并依法缴纳社会保险费的，按实际招用人数予以定额依次扣减营业税、城市维护建设税、教育费附加和企业所得税优惠。定额标准为每人每年 4 000 元（我省确定为每人每年 4 800 元）。

1．下岗失业人员的范围

下岗失业人员是指：① 国有企业下岗失业人员；② 国有企业关闭破产需要安置的人员；③ 国有企业所办集体企业（厂办大集体企业）下岗职工；④ 享受最低生活保障且失业一年以上的城镇其他登记失业人员。企业安置的下岗人员需持有劳动保障部门出具的"再就业优惠证"。

2．商贸企业的范围

商贸企业是指零售业（不包括烟草制品零售）、住宿和餐饮业（不包括旅游饭店）。商业零售企业是指设有商品营业场所、柜台并且不自产商品、直接面向最终消费者的商业零售企业，包括直接从事综合商品销售的百货商场、超级市场、零售商店等。

3．关于服务型企业的范围

服务型企业是指从事现行营业税"服务业"税目规定的经营活动的企业，不包括从事广告业、桑拿、按摩、网吧、氧吧的服务型企业。服务业税目的具体征收范围是：除广告业、房屋中介、典当、桑拿、按摩、氧吧外的代理业、旅店业、饮食业、旅游业、仓储业、租赁业、其他服务业。

4．安置下岗失业人员的认定、计算问题

企业年初招用下岗失业人员，年度中间人员变动，其税款的计算，可按以下两种办法计算：（1）按下岗失业人员年初人数＋年中人数＋年末人数加权平均数计算；（2）按下岗失业人员实有人数计算。

（二）商贸、服务型企业的审批程序

经县级税务机关按财税 [2005] 186 号文件规定条件审核无误的，按下列办法确定减免税：

1．营业税、城市维护建设税、教育费附加和企业所得税由地方税务局征管的，由主管税务机关在审批时按劳动保障部门认定的企业吸纳人数和签订的劳动合同时间预核定企业减免税总额，在预核定减免税总额内每月依次预减营业税、城市维护建设税、教育费附加。纳税人实际应缴纳的营业税、城市维护建设税、教育费附加小于预核定减免税总额的，以实际应缴纳的营业税、城市维护建设税、教育费附加为限；实际应缴纳的营业税、城市维护建设税、教育费附加大于预核定减免税总额的，以预核定减免税总额为限。

年度终了，如果实际减免的营业税、城市维护建设税、教育费附加小于预核定的减免税总额，在企业所得税汇算清缴时扣减企业所得税。当年扣减不足的，不再结转以后年度扣减。

主管税务机关应当按照财税〔2005〕186号文件第一条规定。预核定企业减免税总额，其计算公式为：企业预核定减免税总额＝Σ每名下岗失业人员本年度在本企业预定工作月份÷12×定额。企业自吸纳下岗失业人员的次月起享受税收优惠政策。

2. 营业税、城市维护建设税、教育费附加与企业所得税分属国家税务局和地方税务局征管的，统一由企业所在地主管地方税务局按前款规定的办法预核定企业减免税总额并将核定结果通报当地国家税务局。年度内先由主管地方税务局在核定的减免总额内每月依次预减营业税、城市维护建设税、教育费附加。如果企业实际减免的营业税、城市维护建设税、教育费附加小于核定的减免税总额的，县级地方税务局要在次年1月底之前将企业实际减免的营业税、城市维护建设税、教育费附加和剩余额度等信息交换给同级国家税务局，剩余额度由主管国家税务局在企业所得税汇算清缴时按企业所得税减免程序扣减企业所得税。当年扣减不足的，不再结转以后年度扣减。

（三）主辅分离兴办经济实体的审批条件

根据《财政部、国家税务总局关于下岗失业人员再就业有关税收政策问题的通知》（财税〔2005〕186号）规定：对国有大中型企业通过主辅分离和辅业改制分流安置本企业富余人员兴办的经济实体（从事金融保险业、邮电通信业、娱乐业及销售不动产、转让土地使用权，服务型企业中的广告业、桑拿、按摩、氧吧，建筑业中从事工程总承包的除外），凡符合以下条件的，经有关部门认定，税务机关审核，3年内免征企业所得税。

1. 经济实体必须符合下列条件：（1）利用原企业的非主业资产、闲置资产或政策性破产关闭企业的有效资产（简称"三类资产"）。（2）独立核算，产权清晰并逐步实现产权主体多元化。（3）吸纳原企业富余人员占职工总数达到30%以上（含30%）。（4）与安置的职工变更或签订新的劳动合同。

其中，地方企业"三类资产"的认定由财政部门或经财政部门同意的国有资产管理部门出具证明；主辅分离、辅业改制的认定及其产权多元化的认定由经贸部门出具证明；富余人员的认定、签订劳动合同以及安置比例由劳动保障部门出具证明。中央企业需出具国家经贸委、财政部、劳动和社会保障部联合批复意见和集团公司（总公司）的认定证明。

2. 国有大中型企业（简称企业）主辅分离、辅业改制的范围是国有及国有控股的大中型企业，其中国有控股是指国有绝对控股。国有绝对控股是指在企业的全部资本中，国家资本（股本）所占比例大于 50% 的企业。

3．国有大中型企业划分标准，按照原国家经贸委、原国家计委、财政部、家统计局联合下发的《关于印发中小企业标准暂行规定的通知》（国经贸中小企 [2003] 143 号）规定的企业划分标准执行。

4．关于企业辅业资产的界定范围。辅业资产主要是与主体企业主营业务关联不密切，有一定生存发展潜力的业务单位及相应资产，主要包括为主业服务的零部件加工、修理修配、运输、设计、咨询、科研院所等单位。

（四）主辅分离兴办经济实体的审批程序

符合主辅分离兴办经济实体的减免所得税条件的企业，由企业提出申请，报县（市、区）地方税务机关进行审批。审批后，由主管税务机关建立台账，按年度对有关条件进行核对、审核后，实行减免企业所得税。

> **讨论 5-5**　在本案例中，云南省地方税务局在下岗失业人员自主创业，创办小企业给予了哪些优惠政策？谈谈你对这些优惠政策的看法。

复习思考题

一、填空题

1．就业指在法定劳动年龄内（男_____岁，女_____岁），从事一定的社会经济活动，并取得合法劳动报酬或经营收入。

2．社区再就业服务的内容包括_____、_____、_____、_____和_____。

3．公益性岗位是指由_____出资扶持，社会筹集资金，以_____为主的公共管理和社会服务性质的就业岗位。

4．从素质状况来看，社区下岗失业人员普遍存在"三低"的现象，"三低"包括_____、_____和_____。

5．下岗再就业培训中，首先要注重下岗工人_____的转变。

二、选择题

1．下列_____不能领取"再就业优惠证"。

　　A．国企下岗失业人员　　　　　　　　B．集体企业下岗失业人员

　　C．国企关闭破产需要安置的人员　　　D．在城市打工暂时失业的农民工

2．从素质状况来看，社区下岗失业人员普遍存在"三低"的现象，"三低"是指_____。

　　A．文化低　　　B．思想水平低　　　C．竞争就业意识弱　　D．技能低

3．社区再就业服务的特点有_____。

    A．起步晚　　　　B．营利性　　　　C．社会性　　　　D．涉及部门多

4．对社区下岗失业人员情况进行摸底的途径有_____。

    A．上门入户调查　　　　　　　　B．网络调查

    C．自愿登记　　　　　　　　　　D．工作人员自己估计

5．从再就业培训的对象来看，下列_____不属于培训的对象。

    A．失业人员　　　　　　　　　　B．想调换工作人员

    C．就业处境不利者　　　　　　　D．面临失业威胁的人员

三、简答题

1．"4050"人员指的是什么类型的人？

2．实施社区再就业服务的途径有哪些？

3．社区再就业培训的内容有哪些？

4．什么样的人可以领取"再就业优惠证"？

5．如何办理"再就业优惠证"？

四、讨论题

1．为了提高社区再就业服务的效果，要注意些什么？

2．结合一个你熟悉的社区实际情况，和大家讨论帮助该社区失业人员再就业，有哪些可行的措施。

3．结合国外的社区再就业服务的做法，和大家讨论哪些是我国可以借鉴的。

4．请列举一个你了解的给予社区失业人员再就业优惠的政策，和其他同学分享并讨论其中的优点和不足。

5．讨论社区再就业服务的发展方向。

🔍 实训任务

任务描述：

1．5~6人一组，走访附近社区调查委员会，了解该大中专毕业生失业企情况。

2．争取在地社区支持，针对本社区大中专失业人员组织一次再就业培训。

3．将调查过程、培训组织实施过程和培训总结制作成PPT，以小组为单位，在课堂进行汇报展示。

第 6 章　社区社会保障服务

引言

　　随着我国经济体制改革的不断深入和社会主义市场经济体制的逐步确立，政府职能发生转变、城市管理的任务和重心下移，由企事业单位剥离的社会职能和政府转移的社会职能已经越来越多地回归社区。社区作为社会的基本构成单位和现代社会成员参与社会生活的基本场所，将逐步取代单位成为人们参与社会生活的媒介，社区发展在个人与社会发展中的作用日益突显。社区社会保障作为城市社区发展的重要组成部分，对于妥善解决城市社区居民的生活、就业、养老等问题，以及维护社会秩序，化解众多社会矛盾，实现社会稳定与发展，都将起到越来越重要的作用。如何通过挖掘和利用社区资源，进一步促进新型社区社会保障体系的建立和完善，以满足人们日益多样化的生活需要和全面发展，已经成为社保改革中的一项当务之急。

学习目标

1. 掌握社区社会保障服务的概念。
2. 掌握社区社会保障服务的特征、内容、意义。
3. 掌握城市居民最低生活保障的制定标准。
4. 掌握城市居民最低生活保障制度的管理体系及其办理程序。
5. 掌握社区社会保障服务的方法及技巧的运用。

学习导航

```
                                        ┌─── 社区社会保障的概念
                    ┌── 社区社会保障概述 ──┼─── 社区社会保障的特征
                    │                    └─── 社区社会保障的内容
                    │
                    │                           ┌─── 城市居民最低生活保障的标准
                    │                           ├─── 城市居民最低生活保障的管理体系
社区社会保障服务 ──┼── 城市居民最低生活保障制度 ─┤
                    │                           ├─── 城市居民最低生活保障的办理程序
                    │                           └─── 城市居民最低生活保障的管理与监督
                    │
                    │                     ┌─── 社区优抚对像服务的含义
                    ├── 社区优抚对像保障 ──┼─── 社区优抚对像服务的特点
                    │                     └─── 社区优抚对像服务的内容及方法
                    │
                    │                       ┌─── 社区社会保障工作方法的类型
                    └── 社区社会保障服务实务 ─┼─── 社区社会保障工作的直接方法及技巧
                                            └─── 社区社会保障工作的间接方法及技巧
```

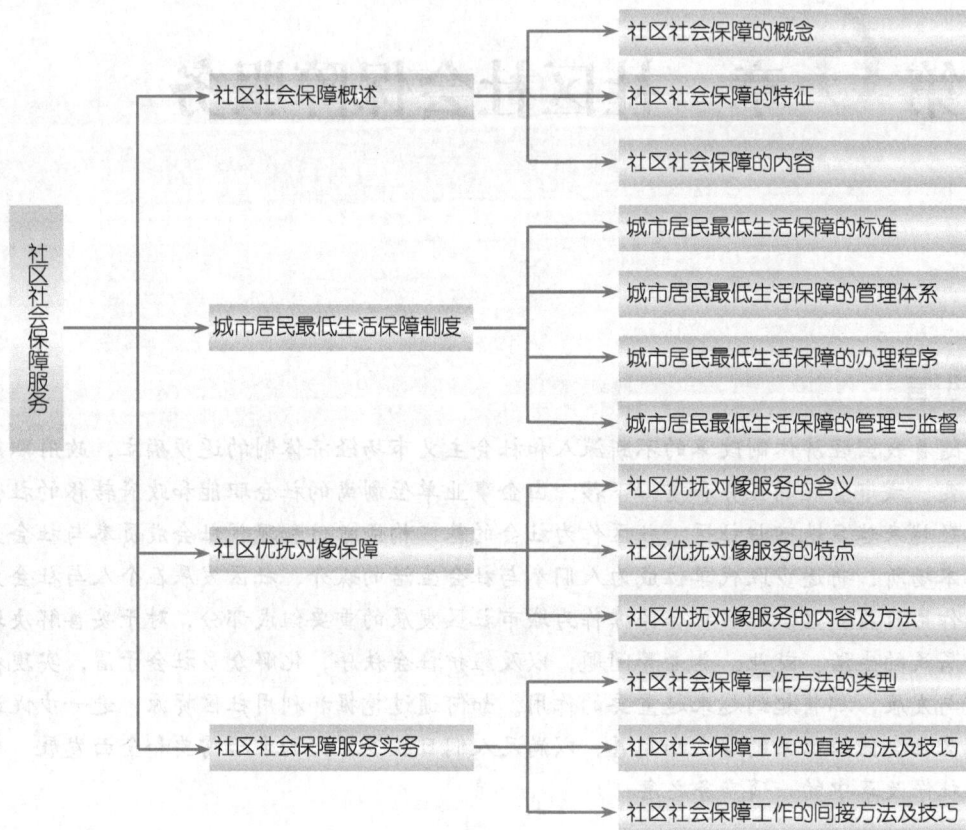

6.1 社区社会保障概述

案 例

七台河市兴岗街道景华社区社保服务实现零距离

七台河市兴岗街道景华社区在全面优化发展环境、发动全民创业的同时，将社会劳动保障工作重心下移，使广大社区居民和劳动者真正得到实惠。

今年，兴岗街道景华社区把城镇失业人员登记、"城镇失业人员失业证"发放、职业技能培训、企业退休人员资格审核等业务工作全部在社区社会劳动保障事务所办理，使社区可以零距离地为广大居民提供各种劳动保障服务。目前，已基本形成以街道劳动保障中心为补充、以社区劳动保障服务站为基点，服务到位、功能完善、特色突出的社区劳动保障平台。通过劳动保障平台可以有针对性地对下岗失业人员免费进行实用技能培训，提高他们的就业竞争能力，使他们掌握一技之长，从而尽快重新走上工作岗位。此举，得到了广大群众的赞誉。截至 5 月底，已有 80 名下岗失业人员通过社区的劳动保障机构实现再就业。

与此同时，兴岗街道景华社区为摸清社区城镇劳动力资源状况，全面开展了城镇劳动力资源调查，对社区的居民家庭就业状况、失业状况、技能状况、求职需求以及经济收入等情况进行调查。通过调查摸底，在社区劳动保障平台分类建立统一台账，实行动态管理，为不断开发辖区就业岗位创造了条件。

资料来源：节选自黑龙江人民政府网 2012 年 6 月 12 日刊登的文章"七台河市兴岗街道景华社区社保服务实现零距离"。

讨论 6-1　七台河市兴岗街道景华社区社保服务实现零距离的举措为何会得到广大群众的赞誉？

失业人员及下岗职工由于没有稳定的经济来源，收入减少，家庭生活及个人的身心都会受到影响，长期的劳动保障缺失还会引发治安与社会稳定问题。上述案例中，七台河市兴岗街道景华社区推动的劳动保障举措，为社区失业人员下岗职工提供了城镇失业人员登记、"城镇失业人员失业证"发放、职业技能培训、企业退休人员资格审核等服务，帮助 80 名失业人员实现再就业，解决了社区居民的实际困难。本章所要介绍的就是针对类似于社区内失业人员等生活困难的人群所提供的社区社会保障服务。

6.1.1　社区社会保障的概念

社区社会保障，又称社区保障，是伴随着社会保障制度的完善和社会保障事业的发展需要而产生的一种新型的保障方式，是我国社会保障体系的重要组成部分。其概念是指为了保障社区居民的基本生活权利和需求以及促进社区物质和文化生活质量不断改善，维护社会稳定和发展，以国家的社会保障制度为基础，以社区为主体和载体，对社区内成员因各种经济和社会风险事故而陷入困境的人群以及有物质和精神需求的社区居民提供的福利性的物质援助和专业服务的一系列有组织的措施、制度和事业的总称。

社区社会保障的上述界定，说明这一概念涵盖了以下一些基本含义。

（1）社区社会保障的目的是保障社区居民的基本生活权利和需求以及促进社区物质和文化生活质量不断改善，维护社会稳定和发展。社区社会保障的主要功能是为处于困境中的社区居民提供最基本的生活保障。但是，随着社会和经济的发展、社区建设的完善，以及人的价值的提升，社区社会保障的功能已不仅仅是为满足社区居民的基本生活需求，在更大程度上是为了开发人的潜能，创建和谐社区与和谐社会。

（2）社区社会保障的立法基础是国家的社会保障制度。目前，我国没有专门的社区社会保障制度的立法，国家的社会保障制度是社区社会保障制度的基础。依据国家强制性的社会保障制度，建立统一的社区社会保障体系，用法律的形式明确制度各方的权利和义务关系，才能保证制度的顺利运行。

（3）社区社会保障的对象是社区居民。社会保障的保障对象是全体公民，而社区社会保障则是具有地域性特征的，它只对本社区居民提供保障。

（4）社区社会保障的内容包括经济保障和服务保障。经济保障是指通过付给受保障者现金来满足社区居民的基本生活需求；服务保障是指提供就业、技术培训、医疗服务、信息咨询、心理慰藉等非现金、非物质型的帮助。

6.1.2　社区社会保障的特征

社区社会保障体系的建设，有利于打破福利事业由国家包办的传统模式，从而建立一种适应城市化发展的、开放型的、社会化的管理运行模式。为了更好地认识社区社会保障的地位和作用，需要进一步去研究和掌握社区社会保障的基本特征。

1．托底性

社区社会保障是在实施了法定的基本保障（包括单位的补充保障）后，社区部分成员因各种原因又遭受到了新的生理上、经济上、社会上的风险，使基本生存发生了严重的困难，而个人、家庭和亲属又无力解决的社区成员，以及部分社区成员因条件限制，难以实现市场就业而家庭生活又极其困难者，由社区通过多种途径和办法筹集资金，给予第二次补充性的托底保障。

2．管理性

法定的基本社会保障主体虽然是国家而不是社区，但是，国家的基本社会保障政策和制度要通过社区管理得到具体的、切实的实施和落实。因为享受法定基本社会保障的对象工作和居住在社区，国家要通过社区有关机构和组织对受保障对象发放保障钱物，并对其进行具体管理。例如，失业人员是否已经就业，对社会救助的申请者个人及家庭财产和收入状况的了解等，均需通过社区组织调查核实，并通过他们将救助款和实物发放到受助者的手中。

3．服务性

社区保障除了收入保障外，还要有服务保障。而社区是社会成员常住生活的地方，社区成员尤其是退休老人、重病患者、残疾人、孤寡老人、留守儿童等特殊群体迫切需要社区提供无偿和低偿的服务保障。

4．社会性

社区社会保障具有鲜明的社会化特征：

（1）社区社会保障的对象为社区所有成员。

（2）服务队伍多元化。在社区社会保障的组织管理上，强调在政府指导下，动员社区范围内的广大组织和个人广泛参与，既适应了社会生活的要求，又是在社会共同关心下健康发展。

（3）社区社会保障资金来源多元化，其渠道包括政府财政拨款、民间募集、企业捐助等。同时，还可以举办义卖义演，筹集社区社会保障基金。政府允许基金会、慈善机构、互助机构的设立和运行，并给予必要的资助、引导和监督。这也是社会福利事业实现社会管、社会办的重要途径。

5．福利性

社区社会保障的管理经营部门和结构是非营利性的，它们提供的或是直接的货币或物质性的援助，或是无偿、低偿性的服务。在保障实施过程中，被保障者的所得一定大于他的所费。社区在为受保障对象进行生活服务、医疗保健服务，以及其他服务方面发挥着极其重要的作用。

6.1.3　社区社会保障的内容

| 案　例

乌鲁木齐：到社区办社保 10 分钟搞定

"以前在社保中心办社保需要等一个月，现在在家门口 10 分钟就能搞定了，真方便啊！"9 月 10 日，乌鲁木齐市沙区红庙子街道办事处锦福苑社区居民王红在社区快速办理了个体、灵活就业人员社会保险业务，她非常高兴。

当日上午，《新疆都市报》记者在该社区劳动保障办公室看到，2 名劳动保障协管员正在电脑前为居民办理业务。社区党支部书记王娟向记者介绍，以前居民办理社保卡，需要自己去区社保中心排队；或者由社区代办，将其个人信息交到街道，由街道统一交往区社保中心等待审批，这样通常需要一个月的时间。自最近社保业务进社区以来，目前针对个体、灵活就业人员的新参保、转保、续保、停保等业务，在社区就能当场办理好。新参保的居民拿着社区出具的社保卡制卡单，当天就能到乌市社保中心制卡、取卡。

11 时 40 分，居民骆月萍拿着身份证和缴费银行卡，到社区办理城镇居民医疗保险转灵活就业人员保险。社区劳动保障协管员刘美琴教她填写申请表，另一位协管员田园在电脑上打开社会保障信息管理系统，查询她的缴费状况，并将其个人信息录入系统，再打印出一份申报信息，由骆月萍核对、签字。

11 时 52 分，几个简单的步骤后，田园告诉骆月萍："您的社保业务已经全部办理好，现在就生效了！"这让骆月萍笑开了花。她说："年初时就打算办理转保业务，但是嫌麻烦一直没有去办。现在在社区就能办了，可真是省事多了！"

"现在我们平均每天要接待 10～12 名来办理社保业务的居民。"社区书记王娟说，新参保的人员办理业务需要携带本人身份证原件和复印件，一寸免冠照片，缴费银行卡凭证。非本人办理，代办人还需持代办人身份证原件及复印件。

红庙子街道办事处劳动保障所副所长杨岚告诉记者，今年 8 月 1 日，沙区在乌市率先推出社保业务进社区新举措，红庙子街道办与和田街街道办作为试点。劳动保障协管员在进行统一培训后，在社区为居民办理社保业务。凡在沙区参保的个体、灵活就业人员，在社区社保业务服务点就可以享受到与社保中心一样的服务，既省时又省事。从 10 月 1 日起，这项延伸业务将在乌鲁木齐全市范围内开展。

资料来源：节选自天山网 2012 年 9 月 12 日刊登的文章"乌鲁木齐：到社区办社保　10 分钟搞定"。

讨论 6-2　乌鲁木齐社保业务进社区为社区居民带来了什么？

---

1. 社区基本保障管理

法定的基本社会保障资金的筹集、给付和管理虽然主要由政府社会保障机构负责，但其中社会救助基金的发放需要通过社区进行。而对受保对象特别是离开单位的退休人员、失业人员、无单位人员等进行管理，才能使法定的基本保障政策、制度和措施得以实现。把社区管理当做一种保障项目提出来，也是基于上述理由。其对象有社区内的退休人员、社区内基本社会救助享受人员、社区内的失业人员、无单位的自由职业者。

2. 社区举办补充保险

例如，有的城市的街道举办的非正规就业者、内部待退休者的补充养老保险，规定上述对象有稳定收入，又参加了基本养老保险后，可以参加社区的补充养老保险。又如，举办社区补充医疗保险有两种形式：一是由政府、社区、单位、个人几方出一点，举办医疗补助保险，给患重病、大病、生活困难者提供医疗费补助；二是社区成员自愿参加，缴一定的保险费，对参与者患大病、重病时提供互助。其对象包括参加社区补充养老保障的非正规就业者、自愿参加社区互助保险的社区成员、社区组织举办的补充医疗保险的参加者。

3. 社区就业托底保障

劳动者的就业保障和下岗职工的再就业保障主要是政府的职能，并通过提供就业培训、职业介绍，实现市场就业。因此，一般的再就业工程不是社区社会保障体系的内容。社区社会保障仅仅是对少部分市场就业有困难、家庭生活又有困难的"双困"对象，由社区提供就业托底保障。其对象包括失业人员中市场就业困难、家庭生活困难者，下岗待业人员就业困难、家庭生活困难者，非正规就业组织从业人员和自由职业者。

4．社区急困托底救助

整个社会救助由三个部分组成：首先是国家的社会救助。在国家的社会救助中，社区主要进行日常管理和服务，如接受申请，进行调查核实，以及批准、代为发放救助钱款和实务。其次是社团（单位）的社会救助。最后是社区的社会救助，是指社区内的居民在享受了国家和单位及社团的保障待遇后，因各种原因造成临时或长期的特殊困难，影响本人和家庭的基本生活，社区给予的第二次补充性的托底救助。其对象包括无劳动能力、无生活来源、无抚养人或抚养人无抚养能力的人，享受了基本社会救助后仍有困难者；家庭人均收入低于最低生活保障线者，享受了基本社会救助后仍有困难者；遭受突发事故或伤害影响基本生活的人，享受了基本社会救助后仍有困难者。

5．社区服务保障

社区服务保障与一般的社区服务是有区别的。社区服务保障是指社区服务中向社区成员无偿或低偿（保本微利）提供服务的部分。例如，有的城市街道建立了老年活动室、文化体育设施、养老助残、康复医疗等公益性的服务设施，提供了医疗保健、老年人婚姻、殡葬服务、家政服务等。

▌案　例

社区居委会为老人提供救助

常家新和罗安飞为社区孤寡老人，两位老人都无儿无女，无工作，身体虚弱多病。社区居委会知道了两位老人的这一情况后，根据国家政策，帮两位老人申请了城市居民最低生活保障。因为两位老人体弱多病，每个月光看病就要花不少钱，常常处于生活没有着落的状态。社区居委会针对这一情况，一是不定时地对他们的生活进行接济，以解决他们的燃眉之急；二是经常上门去看望老人，陪老人聊聊天，安慰老人；三是组织志愿者上门帮助两位老人，为老人提供各种服务；四是在节假日为老人送去慰问物资，让老人感受到社会的温暖和爱心。老人十分感激社区为他们提供的服务，见到社区服务工作者就不停地说感激的话。

讨论 6-3　上述案例中社区居委会为两位老人提供的救助属于社区社会保障的哪种形式？

6.2 城市居民最低生活保障制度

张立该怎么办

张立，男，现年 70 岁。家住某市某社区，老伴早年去世，儿子成家后做点小本生意，生活也还过得去。但天有不测风云，一场大火将儿子的小商店烧个精光，在店里守夜的儿子也被烧得皮肉模糊。经过医生的尽力抢救，总算保住了生命，但家中积蓄全部花光了。更糟糕的是，其儿媳妇看到家庭失去经济来源，竟然丢下 6 岁的儿子，跟着他人远走他乡。张立陷入了极度困境之中，基本生活难以维持。

> **讨论 6-4**　大家讨论一下，在这种情况下，张立该怎么办。

城市居民最低生活保障制度是指持有非农业户口的城市居民，凡共同生活的家庭成员人均收入低于当地城市居民最低社会保障标准的，均有权利从当地人民政府获得基本生活物质帮助，使其生活水平达到最低社会保障标准的社会救助制度。

6.2.1 城市居民最低生活保障的标准

1. 城市居民最低生活保障标准的概念

城市居民最低生活保障标准，又称城市居民最低生活保障线，是国家为救济社会成员中收入难以维持其基本生活需求的人口而制定的一种社会救济标准。最低生活保障标准是城市居民最低生活保障制度中最基本的内容，也是区别于传统社会救济制度的重要标志。

2. 城市居民最低生活保障标准的制定依据

制定城市居民最低生活保障标准，要按照当地维持城市居民基本生活所必需的衣、食、住费用，并适当考虑水电、燃煤、燃气费用及未成年人的义务教育费用确定。具体来说，制定依据主要包括：① 维持居民的最低生活需求所需要的物品的种类和数量；② 生活必需品所需要的费用；③ 市场综合物价指数，尤其是生活必需品的价格指数；④ 居民的平均实际收入和消费水平；⑤ 经济发展状况和财政收入状况；⑥ 其他社会保障标准。

3. 城市居民最低生活保障标准的特点

城市居民最低生活保障标准具有以下几个鲜明的特点。

（1）科学性。保障标准是由政府有关部门按照一定程序，经过广泛调查研究和严密方法测定的，具有一定的科学性，既能保障其基本生活，又不至于使其养成依赖思想的原则。

（2）统一性。《城市居民最低生活保障条例》规定："城市居民最低生活保障标准，按照当地维持城市居民基本生活所必需的衣、食、住费用，并适当考虑水电、燃煤（燃气）费用及未成年人的义务教育费用确定。"由于一个行政区域（市、县或区）只有一个保障标准，它适用于本区域内的全体居民，无论其就业与否、身份背景如何，在这个保障标准面前都一视同仁，这不仅较好地体现了社会救济的无歧视原则，也有效地克服了原来社会救济随意性大的弊病。

（3）权威性。最低生活保障标准是由政府组织制定和调整，并通过文件或法令形式向社会公布的一项政策规定，具有法规的效力和权威性，这使救济工作能够实行民主化管理，并易于接受社会和群众的监督。

4．制定城市居民最低生活保障标准的方法

（1）市场菜篮法。市场菜篮法的主要理念是制定出一系列的生活必需品和服务，再计算在生产上购买这些必需品和服务所要支付的金额。市场菜篮法是上海居民最低生活保障线的制定最初的方法之一。

（2）生活形态法。生活形态法的主要理念是以社会大多数人的观念来确立哪些生活形态是属于贫穷的，再以调查方式找出哪些人符合这些生活形态，然后找出这些个人或家庭的收入界限，即依次为该地区的贫穷线。

（3）恩格尔系数法。恩格尔系数法是以食物费支出作为整体生活消费额的百分比。例如，某人每月消费是 1 000 元，而食物支出是 400 元，那么该人的恩格尔系数法是 40%。

（4）国际贫穷标准线。国际贫穷标准线基本上是以家庭每月平均收入的一半作为该地区的贫穷线，并以此为救助的标准（见表 6-1）。

表 6-1　36 个中心城市低保标准一览表

城　　市	低保标准	城　　市	低保标准
北京	500	广州	480
天津	480	南宁	300
石家庄	400	海口	352
太原	330	重庆	305
呼和浩特	380	成都	330
沈阳	380	贵阳	340
长春	350	昆明	310
哈尔滨	360	拉萨	360
上海	505	西安	360
南京	500	兰州	306
杭州	525	西宁	238

续表

城　　市	低保标准	城　　市	低保标准
合肥	320	银川	265
福州	365	乌鲁木齐	271
南昌	300	大连	420
济南	360	青岛	420
郑州	340	宁波	440
武汉	450	深圳	510
长沙	350	厦门	325

注：民政部低保司城市处制表（2011年12月）。

6.2.2　城市居民最低生活保障的管理体系

1. 城市居民最低生活保障资金来源

《城市居民最低生活保障条例》对城市低保的资金来源做出了如下规定：① 城市低保所需资金，由地方人民政府列入财政预算，纳入社会救济专项资金支出项目，专项管理，专款专用；② 中央财政对中西部财政困难地区和老工业基地给予专项补助；③ 国家鼓励社会组织和个人为城市低保提供捐赠、资助，所提供的捐赠、资助，全部纳入当地城市低保资金。

2. 城市居民最低生活社会保障的管理体制

城市居民最低生活保障制度是一项政策性很强并且很讲究方法和技巧的工作，应该由专业人员去管理。中国的行政架构从中央到地方再到基层，其间共有5个层次：中央、省（市、区）、地（区、市）、县（区、市）、街道（镇）。按照《城市居民最低生活保障条例》的规定，城市低保实行地方各级人民政府负责制。

中央国务院民政部门负责全国城市居民最低生活保障的业务指导和监督、管理工作。

省（市、区）、地（区、市）县以上地方各级政府民政部门具体负责本行政区域内城市居民最低生活保障的管理工作；财政部门按照规定落实城市低保资金；统计、物价、审计、劳动保障和人事等部门分工负责，在各自的职责范围内负责城市低保的有关工作。

县（区、市）、街道（镇）县级政府民政部门以及街道办事处和镇人民政府（统称管理审批机关）负责城市居民最低生活保障的具体管理审批工作。

居民委员会根据管理审批机关的委托，可以承担城市低保的日常管理、服务工作。

各级政府民政部门中最低生活保障的具体管理机构如表6-2所示。

表 6-2　各级政府民政部门中最低生活保障的具体管理机构

部　门	处　室	具体分工	人员的配备
民政部	救灾救济司下属社会救济处	具体分工负责管理全国城市居民最低生活保障工作	专职人员 6 人
省级民政部门	社会救济处	具体负责本行政区域内城市居民最低生活保障的管理工作	专职人员 35 人
地级民政部门	社会（救济）处（科）	具体负责本行政区域内城市居民最低生活保障的管理工作	地级专职人员 12 人
县级民政部门	社会救济科（股）	负责城市居民最低生活保障的具体管理审批工作	县级专职人员 1 人或 1 人兼管
街道办事处镇政府	民政科	负责城市居民最低生活保障的具体管理审批工作	民政助理员 12 人兼管

资料来源：由民政部救灾救济司提供。

3．城市居民最低社会保障的管理体制改革

近年来，经过地方民政部门不断争取，在部分地区城市居民最低生活保障管理机构的设置有所改观。辽宁、吉林、黑龙江、云南、湖南、陕西等省，在省、市、县三级民政部门都分别设立了相应的低保管理机构。有 16 个省（市、区）在部分区（县）、街道或社区建立了社会救助中心或社会救助站，全国共建立社会救助中心 846 个，社会救助站 4 302 个。

如表 6-3 所示，在街道、乡镇一级，相当一部分省（市、区）在办事处或政府中配置了专人（多为 1～2 人）负责最低生活保障工作。也有许多地方设立了专门机构，称为"社会救助（或社会保障）事务所"、"社会救助（或社会保障）管理站"或"社会救助（或社会保障）服务中心"。在编制问题上，大多为事业编制（专人或专门机构），设专人的也有少数地方为行政编制，设专门机构的还有相当一部分采取了"聘用"的办法，绕开增加正式编制的难题。

表 6-3　各地城市居民最低生活保障工作机构设置情况

	省、区、市		地、市		区、县		街道、乡镇	
	名　称	编制	名　称	编制	名　称	编制	名　称	编制
辽宁	低保处	8 人	低保处、科	4～6 人	低保股	2～4 人	社区救助中心	3～5 人
吉林	低保处、低保中心	13 人	低保机构（2）		低保机构（9）			

续表

	省、区、市		地、市		区、县		街道、乡镇	
	名　称	编制	名　称	编制	名　称	编制	名　称	编制
黑龙江	低保中心	5 人	低保处（科）	2～4人				
湖南	低保处	2 人	低保中心		低保局（1）	6 人		
云南	低保处	6 人	低保科		低保办或低保股			
四川	低保处	3 人						
湖北	低保中心	5 人						
青海	低保处	3 人						
陕西	低保处	3 人						
新疆	低保处	5 人						
北京	低保中心	8 人					社会保障事务所	6～13人
浙江	低保处	5 人						
宁夏	低保处	4 人						
江西	低保处	3 人						

　　资料来源：由民政部救灾救济司提供。

6.2.3　城市居民最低生活保障的办理程序

　　《城市居民最低生活保障条例》规定，城市居民最低生活保障的办理程序包括申请、审批、发放、保障金变更等程序。

1．申请

　　申请享受城市居民最低生活保障待遇，由共同生活的家庭成员向户籍所在地的乡镇人民政府、街道办事处提出书面申请；家庭成员申请有困难的，可以委托村民委员会、居民委员会代为提出申请，并出具有关证明材料，填写"城市居民最低生活保障待遇审批表"。申请人填写的"城市居民最低生活保障待遇审批表"主要包括家庭成员、居住地、身份、工资收入、其他各类收入、家庭人均收入及社区居委会意见、街道办事处意见、民政局意见等内容。

　　（1）提供材料：① 申请书、居民身份证、户口簿原件及复印件；② 所在单位劳资部门出具的有关收入证明及下岗协议、离岗挂编协议、协保协议；③ 待业证、离退休证；④ 定补证、定抚证、残疾证、重病病情诊断书；⑤ 离婚协议书等有关法律文书副本；⑥ 出具有效的家庭成员收入及赡养、抚养、扶养义务人收入证明；⑦ 有赡养关系的申请人，应提供子女所在街道（乡、镇）或单位出具的证明（证明子女家庭人口情况和月收入情况）；⑧ 其他相关证明。

（2）申请步骤：① 申请人向社区居委会提出书面申请；② 社区居委会负责进行全面调查，对符合条件的，发给申请人填写申请表，并将所需资料报街道办事处社计科审核；③ 街道办事处社计科将审核通过后的申请表，报上级民政部门审批。

2. 审批

乡镇人民政府、街道办事处应当通过入户调查、邻里访问、信函索证、群众评议、信息核查等方式，对申请人的家庭收入状况、财产状况进行调查核实，提出初审意见，在申请人所在村、社区公示后报县级人民政府民政部门审批。县级人民政府民政部门经审查，对符合条件的申请予以批准，并在申请人所在村、社区公布；对不符合条件的申请不予批准，并书面向申请人说明理由。

3. 发放

城市居民最低生活保障待遇由管理审批机关以货币形式按月发放；必要时，也可以给付实物。发放低保金，应尽量通过金融系统实现社会化发放，确保低保对象按月、及时、足额领取低保金。县级人民政府民政部门经审查，对符合享受城市居民最低生活保障待遇条件的家庭，应当区分下列不同情况批准其享受城市居民最低生活保障待遇。

（1）全额享受。对无生活来源、无劳动能力、又无法定赡养人、扶养人或者抚养人的城市居民，批准其按照当地城市居民最低生活保障标准全额享受。

（2）差额享受。对尚有一定收入的城市居民，批准其按照家庭人均收入低于当地城市居民最低生活保障标准的差额享受。例如，长沙市某居民一家三口人，按照每人每月 220 元的最低生活标准，共计就是 660 元，扣除这家人月总收入 300 元后，他们能领到的差额补助就是 360 元。

（3）县级人民政府民政部门经审查，对不符合享受城市居民最低生活保障待遇条件的，应当书面通知申请人，并说明理由。

4. 保障金变更和保障资格变更手续办理

为了使真正困难的群众得到最低生活保障，城市居民最低生活保障制度实行动态管理。县（市、区）民政局、街道办事处、镇政府或社区居委会要定期对领取保障金家庭的收入变动情况和实际生活水平进行调查和审核。在下列情况下需办理变更手续。

（1）享受城市居民最低生活保障待遇的城市居民家庭人均收入情况发生变化的，应当及时通过居民委员会告知管理审批机关，办理停发、减发或者增发城市居民最低生活保障待遇的手续。管理审批机关应当对享受城市居民最低生活保障待遇的城市居民的家庭收入情况定期进行核查。

（2）保障对象的户籍因迁移或行政区域变更发生变动的，应及时到迁出和迁入地申领机关办理最低生活保障的有关变更手续。一般转移范围在本县（市、区）民政局备案，跨区、县的，由区、县民政局办理转移手续。同时，保障对象还要凭迁出地的证明到迁入地办理有关手续。

讨论 6-5 怎样为一低文化水平的贫困家庭撰写城市居民最低生活保障申请书？

6.2.4 城市居民最低生活保障的管理与监督

1．城市居民最低生活保障的监督复核机制

《城市居民最低生活保障条例》提出了如下城市低保的监督复核机制。

（1）管理审批机关为审批城市低保待遇的需要，可以通过入户调查、邻里访问以及信函索证等方式对申请人的家庭经济状况和实际生活水平进行调查核实。申请人及有关单位、组织或者个人应当接受调查，如实提供有关情况。

（2）对经批准享受城市低保待遇的城市居民，由管理审批机关采取适当形式以户为单位予以公布，接受群众监督。任何人对不符合法定条件而享受城市低保待遇的，都有权向管理审批机关提出意见；管理审批机关经核查，对情况属实的，应当予以纠正。

（3）享受城市低保待遇的城市居民家庭人均收入情况发生变化的，应当及时告知管理审批机关，办理停发、减发或者增发城市低保金的手续。决定停发最低生活保障金的，应当书面说明理由。

（4）县级人民政府民政部门以及乡镇人民政府、街道办事处应当对获得最低生活保障家庭的人口状况、收入状况、财产状况定期检查。

（5）财政部门、审计部门依法监督城市低保资金的使用情况。

2．对违反规定者的处罚

除对城市低保的监督复核机制明确规定外，《城市居民最低生活保障条例》还规定了对违反规定者的处罚措施。

（1）从事城市居民最低生活保障管理审批工作的人员有下列行为之一的，给予批评教育，依法给予行政处分；构成犯罪的，依法追究刑事责任。

第一，对符合享受城市居民最低生活保障待遇条件的家庭拒不签署同意享受城市居民最低生活保障待遇意见的，或者对不符合享受城市居民最低生活保障待遇条件的家庭故意签署同意享受城市居民最低生活保障待遇意见的；

第二，玩忽职守、徇私舞弊，或者贪污、挪用、扣压、拖欠城市居民最低生活保障款物的。

（2）享受城市居民最低生活保障待遇的城市居民有下列行为之一的，由县级人民政府民政部门给予批评教育或者警告，追回其冒领的城市居民最低生活保障款物；情节恶劣的，处冒领金额 1 倍以上 3 倍以下的罚款。

第一，采取虚报、隐瞒、伪造等手段，骗取享受城市居民最低生活保障待遇的；

第二，在享受城市居民最低生活保障待遇期间家庭收入情况好转，不按规定告知管理审批机关，继续享受城市居民最低生活保障待遇的。

案　例

低梅园庄街道东风社区严把低保"入口关"规范低保办理程序

为确保低保政策落实到位，做到该保的对象不漏一户、不漏一人，杜绝"关系保"、"人情保"，安阳市殷都区梅园庄街道东风社区在实际工作中严把低保"入口关"，实行"阳光救助"规范低保审批程序。

该社区对新增低保户实行入户调查，主动到申请户家中实际调查、走访，摸清家庭人数、实际生活状况等基本信息。在入户调查的基础上，对低保申请户进行民主评议，由社区居民小组长、群众代表组成低保评议小组，对申报享受低保人员进行审查评议。规范填写"城市居民最低生活保障申请表"，做到不缺项、不涂改。在调查、评议、审批的全过程，摸清准备申报的低保人员家庭基本情况、收入情况、困难情况、审批享受的人数和标准等所有情况，新申请人员分两榜进行公示，并公开举报电话，接受社会和群众的监督，不断提高低保工作的透明度。

上述案例中，梅园庄街道东风社区采取了一些措施维护了城市居民最低生活保障制度的权威性和公平性。

资料来源：节选自搜狐网 2012 年 12 月 19 日刊登的文章"梅园庄街道东风社区严把低保'入口关'规范低保办理程序"。

6.3　社区优抚对象保障

6.3.1　社区优抚对象服务的含义

1. 优抚

"优抚"是优待和抚恤的简称，含抚慰、抚养之义。这一概念伴随军队的产生而产生，随着经济和社会的发展而发展。优抚是我国军民在长期的革命和建设实践中逐步形成并发展起来的一项传统工作。不同的历史时期其含义有变化。我国现阶段的优抚是国家和社会通过对以军人及其家属为主体的优抚对象实行抚恤优待及其他物质照顾和精神抚慰的总称。

2．优抚对象

优抚对象是指被优抚的个人，包括中国人民解放军现役军人（含中国人民武装警察部队现役指战员）、服现役或者退出现役的残疾军人以及复员军人、退伍军人、烈士遗属、因公牺牲军人遗属、病故军人遗属、现役军人家属和军队离退休干部。

优抚对象是一个比较特殊的群体，他们存在特有的困难和需求。例如，军属由于送子参军，家庭经济收入照顾减少，有经济补偿和物质优待的要求；军队基层干部现在以城市配偶为主，这给两地分居的军属生活带来住房、孩子入托、入学等一系列困难；军队现代化、正规化和地方经济建设要求军人具有相当的文化程度和掌握一定专业技术，即既有打仗本领，又有建设才能，这就要求社会为军人创造学习的机会和条件。

3．社区优抚对象服务

社区优抚对象服务是指社区发动和依靠社会力量，以灵活多样的形式，为优抚对象排忧解难，尽可能满足他们的各种合理需求。

6.3.2 社区优抚对象服务的特点

1．优抚工作实行"国家、社会、群众"三结合的优抚制度

在国家抚恤的基础上，发挥社会和群众力量，依靠全社会共同做好优抚工作，保障优抚对象的抚恤优待与国民经济的发展相适应，使抚恤优待标准与人民的生活水平同步提高，直接服务于军队和国防建设，是我国社会保障体系的重要组成部分。社区优抚服务从一个方面体现国家、社会、群众对优抚对象的关心、照顾，因而社区优抚服务是我国三结合优抚制度的有机组成部分。

2．优抚对象服务是一种特殊的服务保障

（1）优抚对象是一种特殊的服务对象，他们在建立新中国和保卫、建设社会主义祖国的事业中做出了特殊的贡献，他们有权利在物质和精神上获得国家和社会提供的良好的待遇和保障，享有较高的社会地位，受到人们的尊敬。国家和社会对其生活和工作实行保障是应尽的责任。

（2）优抚对象服务的目的，不同于社区其他服务。它不仅是为了使那些对国家和社会做出牺牲和特殊贡献的军人、烈士及其遗属受到社会应有的优待、保障和崇敬，使他们的物质生活水平相当或略高于当地群众平均生活水平，使他们的生活和工作得到妥善安置，更重要的在于通过为他们排忧解难，通过在精神上的褒扬和抚慰，激发他们的卫国之情，达到稳定军心、巩固国防的目的。

（3）优抚服务双方体现一种权利与义务的关系。优抚对象为祖国的独立、富强尽了义务，奉献了自己的青春、生命和身躯，做出了巨大的牺牲。社区为他们排忧解难，是对他们的一种物质补偿和精神慰藉，这是社会和群众义不容辞的责任，是法律规定每个公民应

尽的义务。

3．直接为部队服务，支持军队现代化建设

军队是国家政权的主要成分，一支强大的军队是维护国家独立、尊严和强盛的支柱。中国革命的胜利，依靠了党领导的人民军队。建设时期，建设一支现代化、正规化的军队仍是必不可少的。它要随着准备抵抗可能发生的外来侵略，保卫祖国领土的完整与安全，要投入大量人力物力参加国家经济建设和抢险救灾。

4．有利调动优抚对象的积极性

社区为优抚对象服务，提高他们的社会地位和政治、物质待遇，也是对他们的一种教育。他们在受到服务的同时，感受到人民对军队的尊敬和爱戴，国家、社会和群体的关怀、照顾，促使他们自尊、自重、自强、自立，在国家经济建设中发挥骨干作用。

5．密切军政、军民关系

军政军民团结是夺取革命和建设胜利的保证，这种团结是建立在军政军民鱼水关系基础上的。社区优抚服务的发展，成为新时期下密切军民关系的一个纽带。例如，军民共建、共育加强了军队与社区的联系，增强了人民群众对战士的理解，提高了为部队服务的自觉性。部队也增进了对社区的理解，感受地方党政领导和群众对军队的关心和照顾。双方通过相互支持、互相帮助，交流思想，融通感情，密切了关系。

6．有利增强国防关系

在和平环境里，国家一直以经济建设为中心，人们的主要精力集中于经济建设，容易对人民军队的重要地位和作用认识不足，淡化国防观念。

6.3.3　社区优抚对象服务的内容及方法

1．社区优抚对象服务的内容

目前，优抚服务已从单一的救济型发展到综合服务型，服务内容从少到多，从基层到高层。服务形式灵活多样，并不断属于完善和开拓之中。

社区优抚对象服务的内容主要包括以下几个方面：

（1）切实加强对优抚工作的领导，实行社区"一把手"负责制。

（2）落实优抚政策。申报、代发抚恤金、优待金和定期定量补助费。

（3）协助做好征兵和退伍安置工作。社区在征兵工作中，广泛开展国防教育，动员适龄青年积极报名参军。在军人退伍回乡时做好欢迎接待工作，召开欢迎会、座谈会，向退伍军人介绍社区和国家政治、经济形势及存在的困难，教育他们发扬人民解放军光荣传统，愉快地服从分配。

（4）解决优抚对象生活中的困难。例如，调整和解决住房，调换工种、班次，优先解

决子女入托入学，分担军人家庭重体力劳动，拆洗缝补，优惠供应商品，送煤送粮，请医送药，护理病人，修理家电，维修住房，安排就业等。

（5）满足优抚对象的精神需求。例如，举行文艺演出，组织游览、参观等。

（6）帮助部队解决实际困难。例如，从人、财、物方面帮助部队发展生产经营等。

（7）帮助部队培养两用人才。例如，捐资金、送技术、供设备、出师资，为部队举办培训班等。

2. 社区优抚对象服务的方法

（1）构建社区优抚网络。在社区，通过不同渠道建立在各自范围发挥作用的优抚服务组织，形成纵横交叉的社区优抚服务网络，以发挥整体功能。目前，全国80%以上的县市区建立了群众性优抚服务组织，数量达几百万个。

社区优抚服务网络一般分四个层次。

第一层次，包户服务。所谓包户服务，是对生活不能自理的优抚采取包干的方法，实行重点服务。包户服务的具体对象是孤老烈士军属、伤残军人等。包户服务的组织形式是由居委会和驻地单位的干部、工人、学生等组成的包户组。包户服务包揽包户对象从吃到穿、从养老到送终的全部生活问题。为了保障包户对象的生活，街道一般包户单位签订协议，并建立检查制度加以保证，实行定服务对象、定服务人员、定服务内容、定服务时间的"四定"一条龙服务。

第二层次，本位服务。所谓本位服务，是指驻社区各企事业单位在街道或街道优抚服务组织的协调、指导下，各自建立优抚服务组织，着重为本单位优抚对象服务。

第三层次，联合服务。所谓联合服务，是指社区统一组织社会力量，联合为优抚对象服务。发挥社会团体和基层组织在拥军优属中的积极作用。通过社区服务、志愿者服务等多种形式，为优抚对象提供帮助，形成人人关心优抚对象的良好社会氛围，体现社会和群众对优抚对象的特殊关怀和照顾。

联合服务的对象是社区全体优抚对象，因此，联合服务是一种普遍服务。参加联合服务的主体是社区各企事业单位，特别是商业、服务行业的菜场、副食品店、肉店、药店、医院、粮站、燃料店、棉布店等，包括国有、集体单位和个体户。联合服务的内容主要是优惠供应紧俏和廉价商品，提供免费服务。例如，供应各种棉布、滋补品、肉食蔬菜、海鲜，免费裁剪衣服、修理家用电器、理发、诊治疾病等。联合服务有集中服务、分散服务、中心服务三种形式。其中，集中服务一般每逢春节、"八一"节、国庆节或社区确定的每月、每季的某一日举行，优抚对象凭街道办事处发的优惠供应券或证、卡享受优惠供应和免费服务，具有大型、社会反响强烈等特点；分散服务一般在集中服务的同时或平时进行，由一家或几家单位，为行动不便或居住集中的优抚对象（如军队离休干部休养所的干部），送货上门，服务上门，具有小型、灵活、上门等特点；中心服务建立社区烈军属服务中心，凡优抚对象生活中需要解决的困难，经服务中心介绍，到社区设立的各生活服务点享受优先、无偿或低偿服务，具有长期性特点。

第四层次，军民双向服务。所谓军民双向服务，是军民双方在互助基础上的以社会主义精神文明为核心内容的互为服务，包括军民共建和军民共育两种形式。军民共建是军民共建社会主义精神文明活动的简称。

（2）运用社会工作方法为优抚对象提供服务。对那些不能面对伤残、难以适应分居两地的人员进行个案辅导，或者组织起来开展小组工作及社区工作，通过沟通、互动和调动资源，和他们一起面对困难，帮助他们分析问题，共同探讨解决问题的办法，为他们提供支持，使他们最终变得勇敢坚强起来。

▍案　例

军社情——罗湖社区服务中心优抚对象社工慰问活动

7 月 31 日下午，安澜社工服务社驻罗湖社区服务中心社工到社区优抚对象、解放战争退伍伤残老军人王老先生家开展慰问活动。此次活动采取"社工+义工"互动模式。

社工及社区小义工们受到老军人王老先生和军属史阿姨的热情接待并与二老进行了热情洋溢的交谈。交谈中，了解到王老先生是解放战争时期的老战士，因战七级伤残，至今身体上还留有当年炮火纷飞的创痕。王老先生在谈及当年的参军事迹时，脸上充满了自豪与喜悦之情。在进一步交谈中，王老先生对社工的服务有了更深层次的了解，感受到了来自社工的真诚、关爱、尊重，并当场向经常服务他的罗湖社区工作站负责民政事务的工作人员打起了电话，其间不时透露出对安澜社工来访慰问的感谢。社工们询问了王老先生的家庭及经济情况，因国家每月都发放优抚金，儿女都在市区有稳定职业，家庭经济情况尚可，医疗有保障，二老身体也挺健康。

王老先生和史阿姨都表示想不到有民间组织的人员来关心他们，让他们感到很意外也很开心，希望社工们常来家做客。

此次慰问活动让退伍老军人及家属感受到来自社区的关怀，增强其作为军人或家属的荣誉感和自尊感，体会到军民一家亲、社区大家庭的氛围。

资料来源：http://www.szlh.gov.cn/main/a/2012/h07/a211016_745091.shtml.

6.4　社区社会保障服务实务

6.4.1　社区社会保障工作方法的类型

按照社会工作专业的特点，可以把社区社会保障工作的方法分为直接方法和间接方法两大类型。其中，直接方法是指针对保障对象本人或其家庭而采用的方法，一般有个案工作方法和小组工作方法。间接方法是指针对保障对象周围环境所采用的方法，一般有社区工作方法和社会工作行政等。

6.4.2 社区社会保障工作的直接方法及技巧

1．个案工作方法在社区社会保障中的运用

个案工作方法可以为贫困者提供差异化的、面对面的、有针对性的个人服务，能有效地帮助保障对象缓解贫困所带来的精神和心理问题，增强他们摆脱贫困的信心和能力。个案工作一对一的个人化原则、注重对服务对象潜能开发的原则、强调理解服务对象个人和家庭环境以及自身特点的原则、充分利用服务对象"自然资源"的原则、专业化原则等，可以达到具体问题具体分析，帮助服务对象真正摆脱贫困的境况。

在个案工作的过程中，社区服务工作者要尽力营造彼此信任和和谐的专业关系，充分调动其自身的潜能和积极性、主动性，通过共同探讨，分析其自身的问题及其家庭和社会环境，提高救助对象对自身处境的认识和理解，改善其精神和心理状态，并运用自身和外部资源，增强自己解决问题的能力。运用个案工作方法时要注意以下问题。

（1）社区服务工作者要尽可能主动接触贫穷者，并对其说明何以要接受专业人员的帮助，说明这种帮助的性质与程序如何。贫穷者由于贫穷而变得敏感，社区服务工作者任何居高临下的工作方法都会使他们觉得尊严的丧失。另外，任何人也不会标榜自己的贫穷，所以社区服务工作者应该主动地去接触这一群体，发现他们的问题，评估他们的需求。

（2）社区服务工作者要注重对服务对象的引导，从与贫穷者接触开始，就要向他们说明他们的问题、所处的情况以及努力的方向。

（3）要正视救助对象实质需要的满足，也就是说，对救助对象的一些生理、物质以及精神方面的实质需求，要及时提供。例如，对于正处于饥饿中的贫民，要给予充饥的物品；对于身上有病痛的贫民，要帮助他获得应有的治疗，然后才谈其感受和态度方面的改善。

（4）要注重资源的协调。社区服务工作者在发挥个人或家庭能力的同时要充分发掘和运用周围的环境资源。

2．小组工作方法在社区社会保障中的运用

小组工作方法借助团体的动力和过程，强调相互支持的原则、分享的原则、协作的原则、共同成长的原则，可以帮助贫困者改善自身的工作和生活环境，并通过教育、娱乐和经验分享提高贫困者对自身状况的认识和对社会生活的适应能力。

对于服务对象来讲，小组工作可以使其通过小组过程分享他人的相关感受和经验，纠正自己的认识、情感和行为方面的偏差，发展出新的人生价值观、态度和行为模式，恢复自信并积极参与正常的社会生活，承担家庭和社会中负责的积极角色；在小组中通过学习

和不同经验的分享，可以丰富和扩大经验见识，学习与人交往和沟通的技巧，发展自身面对问题和解决问题的能力，增加摆脱贫困的可能性。在社区社会保障中，针对服务对象面临的共同问题而开展的小组层面的活动主题设计包括以下几种。

（1）由服务对象子女参加的成长小组。要能够帮助他们互相接纳、彼此支持，并培养他们积极的生活态度、健全的人生价值观和良好的人际关系。

（2）由贫困单亲母亲组成的女性小组。可以通过讨论，了解自身的问题和需求，学习各种应对困难的技巧，同时也有助于缓解心理压力，提升生活信念。

（3）由下岗失业人员组成的支持小组。宣泄心情，激发主体性意识和自立创业的能力。

6.4.3　社区社会保障工作的间接方法及技巧

1．社区工作方法在社区社会保障中的运用

社区工作是以社区和社区居民为服务对象的工作介入手法。它通过发动和组织社区居民参与，确定社区问题和社区需要，争取外力协助，有计划、有步骤地解决和预防社区问题，改善生活环境及生活质量；在参与的过程中，让社区成员建立对社区的归属感，培养自助、互助与自觉的精神，培养新的行为方式和社会互动关系，动员和整合社区资源致力于社区发展以消除贫困，为贫困者摆脱贫困提供良好的社会环境。在社区社会保障领域，运用社区工作方法，应该努力做到以下几点。

（1）动员社区居民参与，整合社区资源。社区社会保障既要由专业的机构和人员进行管理，又要依靠群众。特别是在社区内，要动员广大群众自觉地参与到社区社会保障工作当中。社区内的群众来自五湖四海，背景各异，人才济济，如果能动员起来，发掘其能力，善用其才能，一定能集思广益，有效地解决社区问题。

动员社区居民参与的作用：① 充分依靠社区居民，可以筹集社区社会保障资金，开展广泛的群众性管理工作，减轻政府的社会保障资金负担；② 发动社区居民参与，可以使社区社会保障的管理更接近群众，更切合实际，提高管理的科学性、准确性，减少管理成本，避免社会保障资源的浪费；③ 能整合社区的人力资源，充分发挥群众民主参与社区工作的主人翁精神，发扬我为人人、人人为我，我保人人、人人保我的社会主义道德风尚，营造关心人、同情人、帮助人、友爱互助、扶贫济困的社会风气，进一步促进社区的精神文明建设。

动员社区居民参与的方式有两种：① 动员社区居民参与社区服务活动，如发动居民社区大扫除活动；发动社区单位组织志愿者，通过党日活动、3 月 5 日学雷锋活动、团员民兵为民服务活动、拥军优属活动等形式，为社区贫困家庭提供各类服务。② 动员社区居民参与一些持续性的或较长久性的计划，如加入一个社区组织成为会员，持久地为社区贫困家庭服务，或者在社区开展"睦邻运动"时，社区服务工作者动员一些活跃分子，成为核

心成员，进行策划运动，开展一系列计划。

（2）开展社区教育，培养居民自助互助的美德。社区教育是社区组织或社会工作者在社区范围内，依托社区力量，利用社区资源，针对社区全体居民进行的以增进公民素质、提高生活质量、促进社区发展与进步，建立平等、正义、互相关怀的社区为宗旨的社会教育。社区社会保障工作中常用的社区教育技巧主要包括以下几个方面。

（1）宣传相关的社区社会保障的知识和资料。社区服务工作者要经常性地对社区内的失业人员和贫困者介绍我国的失业保险制度和最低生活保障制度，为社区内的老人和残疾者提供有关养老机构及康复机构的资料等。其宣传的形式有发放宣传单、召开座谈会、研讨会以及开办通信、社区网站等方式，向居民传递有关的信息。此外，顺口溜儿及流畅的口号或歌曲也可以成为传播媒介。

（2）开展互助活动。利用社区教育的方式培养社区居民意识，营造良好社会风气，传授家庭照顾技巧，动员社区志愿者。例如，利用调查研究、家庭访问了解贫困家庭的生活状况，通过开展社区活动、展览、演讲、记者招待会、讲座等方式，提升这些家庭对自己权益的认识，建立表达自己困难的自信心，并使他们能够团结起来，彼此信任，互相帮助。此外，也可以通过新闻媒介报道其生活状况。为了鼓励社区居民参与互助行动，社会工作者要掌握一些成功互助的典型，以便向有服务意向的居民说明互助的目标、可行性、方式和成效。

（3）开展就业辅导。社区社会保障的原则是，在救助困境人群的基础上，重视劳动资源的挖掘，社会工作者应运用专业的方法对具有劳动能力的居民提供就业辅导、能力培训和信息咨询。帮助有劳动能力的居民探索自己的人格特征、职业潜力和职业价值倾向，并组织适当的职业培训，对居民进行能力建设，提供就业信息，鼓励其自食其力。

▍案　例

居委会为受助对象搭建桥梁

居民张兰一家三口挤在一间8平方米、没有窗户的屋子里，终日见不到阳光。张兰是一位靠轮椅行动的残疾妇女，她的丈夫是比她大二十多岁的农民，儿子刘刚在读高一。夫妻二人没有固定的收入，靠最低生活保障金维持生活。最近，张兰很烦恼，虽然儿子是她最大的骄傲，但也最令她焦虑。她为儿子的懂事、孝顺而欣慰："儿子送我的生日礼物是给我洗了一天的衣服！"但她也担心儿子的学习，她对儿子寄予了很大的期望，可繁多的家务活影响了儿子的学习，儿子的数学和英语成绩一直不好，想请家教，又负担不起费用。更让她担心的是，最近发现儿子有早恋的苗头。居委会主任了解情况后，向来居委会实习的社会工作专业的学生黄立求助。黄立通过个案工作的方法帮助刘刚解决了个人感情方面的困扰之后，又联络本校的大学生志愿者，每周两次为刘刚辅导英语和数学。看着儿子的变化，张兰的脸上又露出了笑容。

（3）联结社会资源，为受助对象搭建社会支持网络。最低生活保障金只能解决处于困境中的居民最基本的衣食住需要。在社区社会保障中，可以运用的方法不仅限于救济金和物质的提供，更重要的是帮助受助对象建立社会支持网络，以满足多方面的需求。社会支持网络反映的是个人与其生态环境中其他系统之间的关系状态。一个人所拥有的社会支持网络越强大，就能够越好地应对各种来自环境的挑战。在为受助对象搭建社会支持网络时，社区服务工作者首先要对他们现有的社会支持网络做出必要的评估，确定原有的社会支持网络能够在多大程度上为受助者提供支持；其次社区服务工作者要能帮助受助者建立新的社会支持网络。在上述案例中，黄立和妈妈互为支持网络，除此之外，居委会主任还帮助黄立与社区中其他成员建立联结，帮助其逐渐扩大在社区中的支持网络，与社区成员建立更广泛的交往。

2．社会工作行政在社区社会保障中的运用

社会工作行政，又称社会行政，是将社会政策变为社会服务的活动。在社区社会保障领域，可以从宏观和微观两个角度发挥社会工作行政的作用。

（1）从宏观上讲，社会工作行政表现为政府的职能行为，是政府官员在一定范围内推行社会政策，指导、帮助、监督、检查、评估政策的落实情况的活动。例如，民政部、省民政厅、县（市）民政局通过行政措施去推进城市居民最低生活保障制度。

（2）从微观上讲，社会工作行政是将社会政策化为具体的社会服务环节上的行政活动。它常常表现为社区服务机构内部的管理活动，即通过对机构（组织）资源的有效发掘和配置，更有效地提供服务。在社区实施社会保障的情况下，社会工作行政表现为社区负责福利服务如何落实分配，将服务传递到服务对象手中。再者，完善电脑网络也有利于提高社会工作行政的效率。一个较为完善的计算机网络对最低生活保障制度来说是不可或缺的，因此，加大投入、普及电脑、完善软件、实现联网，是今后最低生活保障管理体系建设的一个重要任务。

┃案 例

王主任该怎么办

小强今年 12 岁，刚刚读完小学，将要升入到一所中学。小强的父母在同一个国有企业上班，原先的收入不算少，一家人的生活还不错，小强的学习成绩也在班上名列前茅。但在最近的企业改制中，小强的父母相继被裁员，双职工家庭变成了零就业家庭，只能靠领取城市最低社会保障金勉强维持生活。家庭发生变故后，原先性格开朗的小强变得越来越沉默寡言，整天待在家中不出门。眼看暑期就要结束，小强突然向父母提出不想再去上学的想法，这让本来就十分焦虑的父母更加坐卧不安。社区居委会王主任知道后，决定向社会工作者求助。

讨论 6-6 如果你是这个社区的社会工作者，请根据本章社区社会保障的内容，为案例中案主设计合理的介入方案。

📁 复习思考题

一、填空题

1. 社区社会保障的内容包括＿＿＿＿、＿＿＿＿、＿＿＿＿、＿＿＿＿。
2. 城市居民最低生活保障的办理程序包括＿＿＿＿、＿＿＿＿、＿＿＿＿、＿＿＿＿等程序。
3. 制定城市居民最低生活保障标准的方法包括＿＿＿＿、＿＿＿＿、＿＿＿＿、＿＿＿＿。

二、选择题

1. 管理城市低保待遇的审批机关应当自接到申请人提出申请之日起的＿＿＿＿日内办结审批手续。
   - A. 20
   - B. 30
   - C. 40
   - D. 50
2. 《城市居民最低生活保障条例》规定，城市低保实行＿＿＿＿。
   - A. 中央政府负责制
   - B. 居委会或镇政府负责制
   - C. 省级政府负责制
   - D. 地方各级人民政府负责制
3. 社区优抚服务网络一般分为＿＿＿＿层次。
   - A. 包户服务
   - B. 本位服务
   - C. 联合服务
   - D. 军民双向服务
4. 社区社会保障工作的直接方法及技巧包括＿＿＿＿。
   - A. 个案工作
   - B. 小组工作
   - C. 社区工作
   - D. 社会工作行政
5. 在社区社会保障领域，可以从＿＿＿＿两个角度发挥社会工作行政的作用。
   - A. 直接
   - B. 间接
   - C. 宏观
   - D. 微观

三、简答题

1．简述社区社会保障服务的特征。

2．简述社区优抚对象服务的含义。

四、讨论题

1．社会工作在优化与完善社区社会保服务方面有哪些作用？

2．怎样为接受社区社会保障服务的对象搭建社会支持网络？在市居民最低生活保障制度的实施过程中怎样才能做到既能解决困难者的生活问题又能很好地维护受保者的尊严？

🔍 实训任务

任务描述：社区社会保障调研——以某某社区为例。

任务引导：

1．为了方便、全面地了解某一社区社会保障，应尽量选择学校附近的社区。

2．与社区居委会相关负责人建立良好的关系，在居委会的支持下开展相关调研工作。

3．调查对象为社区居委会与部分居民。

4．调研内容包括：社区居民对社区社会保障的认知情况，社区社会保障包括的内容及涵盖的群体，社区社会保障中存在的问题及表现。

第7章　社区基础人群服务

通常，社区人群服务，又称社区弱势群体服务，是指因主客观原因导致政治势力小、经济条件差、社会地位低、心理高度敏感、在社会竞争中处于不利地位的人群，如残疾人、老年人、未成年人等。弱势群体的问题关系到国家的政治、经济、社会、文化等方面的协调发展。我们必须关心弱势群体，爱护弱势群体，在社区中向弱势群体提供各种服务。因此，弱势群体是社区服务中最主要的服务对象。本章我们主要学习关于社区弱势群体的基本服务知识。

学习目标

1. 了解社区老年人服务的内容。
2. 理解社区残疾人服务的内容。
3. 了解社区青少年服务的内容。
4. 掌握社区弱势群体服务的方式、技巧。

学习导航

```
                              ┌─→ 社区老年人服务的含义
              ┌─→ 社区老年人服务 ┼─→ 老年人的特点
              │                └─→ 社区老年人服务的目标和内容
              │
              │                ┌─→ 社区残疾人服务的含义
              ├─→ 社区残疾人服务 ┼─→ 残疾人的分类和特点
社              │                └─→ 社区残疾人服务的内容
区
基            │                ┌─→ 社区青少年儿童服务的含义
础 ──┤        ├─→ 社区青少年儿童服务 ┼─→ 社区青少年儿童的特点
人              │                └─→ 社区青少年儿童服务的内容
群
服            │                ┌─→ 社区弱势群体服务的方法
务            └─→ 社区弱势群体服务实务 ┤
                               └─→ 社区弱势群体服务的技巧
```

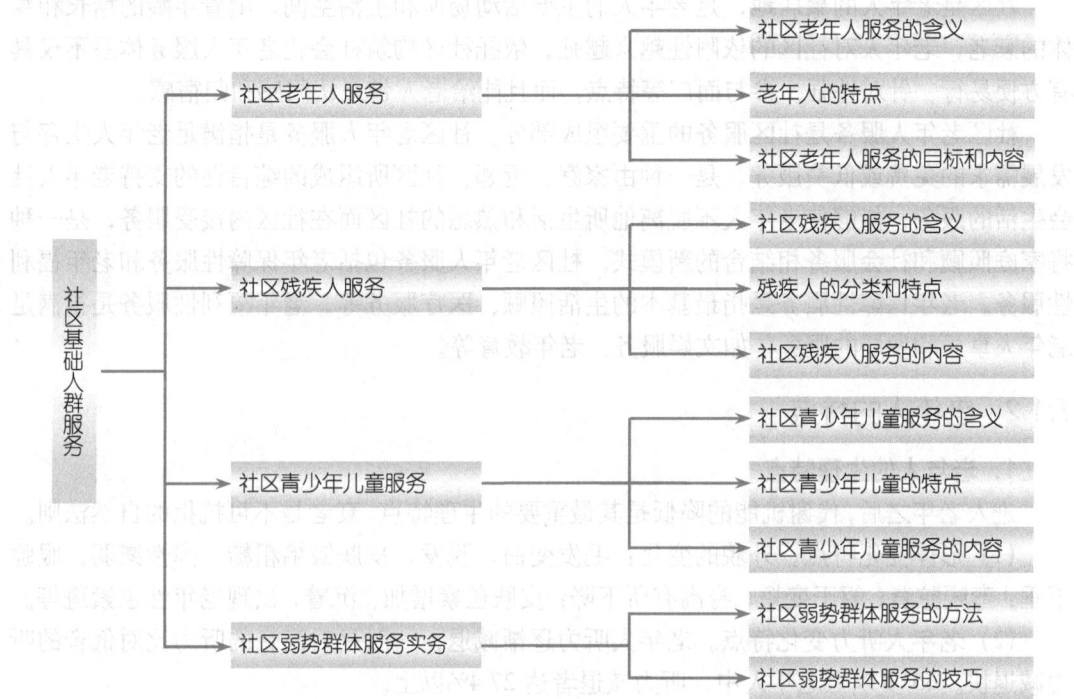

7.1 社区老年人服务

7.1.1 社区老年人服务的含义

1. 老年人

世界卫生组织把 60 岁作为老年的起始年龄,一般来说,年满 60 岁的人被称为老年人。国际上通用的衡量一个国家或地区是否进入老龄化社会的标准是以 60 (65) 岁以上老年人口占总人口比重的 10% (7%) 作为衡量指标。我国的退休年龄也以此为标准,依据性别差异而有所增减。

目前,全世界 60 岁以上老年人口总数已达 6.05 亿,有 60 多个国家的老年人口达到或超过人口总数的 10%,进入了人口老龄化社会行列。2013 年,我国 60 岁以上老年人口约 2 亿,2033 年前后将翻番到 4 亿,平均每年增加 1 000 万,最高年份将增加 1 400 多万。21 世纪中叶,我国 60 岁以上人口将达到峰值 4.87 亿,占总人口的比重由目前的 13.7%上升到

2053 年的 34.8%。

2．社区老年人服务的含义

社区是老年人的聚居地，是老年人的主要活动场所和生活空间。随着年龄的增长和身体的衰老，老年人对社区的依附性越来越强。依托社区构筑社会化老年人服务体系不仅具有方便易行、针对性强、参与面广等特点，而且能给老人带来认同感和归宿感。

社区老年人服务是社区服务的重要组成部分。社区老年人服务是指满足老年人生存与发展需求的免费或低费服务，是一种由家庭、近邻、社区所组成的综合性的支持老年人社会生活的服务，能够使老年人不脱离他所生活和熟悉的社区而在社区内接受服务，是一种将家庭照顾和社会服务相结合的新模式。社区老年人服务包括老年保障性服务和老年福利性服务。老年保障性服务是指最基本的生活照顾、医疗服务等。老年福利性服务是指满足老年人享乐和发展的服务，如文娱服务、老年教育等。

7.1.2　老年人的特点

1．老年人的生理特点

进入老年之后，代谢机能的降低是其最重要的生理特点，衰老是不可抗拒的自然法则。

（1）形体变化特点。外貌的变化：毛发变白，脱发，皮肤皱褶粗糙，弹性减弱，眼睑下垂；弯腰驼背，躯干变短，身高有所下降；皮肤色素增加、沉着，出现老年性色素斑等。

（2）老年人听力变化特点。老年人听力逐渐减退，一般是对高音的听力比对低音的听力减退快。65 岁以上老年人中，听力减退者达 27.4%以上。

（3）老年人视力变化特点。老年人眼球内晶体由无色透明逐渐变为淡黄色或混浊、半透明以至于不透明；角膜周围出现灰白色的老年环；眼底常出现视网膜动脉硬化。因此，老年人的视力是随着年龄的增长而逐渐减退至老花的。

（4）循环系统的变化特点。随着年龄的增长，冠状动脉逐渐硬化，出现心肌纤维化，心肌代偿功能不全；心脏收缩功能下降；心律失常；动脉硬化。

（5）呼吸系统的变化特点。老年人支气管排除异物功能减退。肺泡数量减少，弹性减退。随着年龄增加，呼吸肌群的肌力也减退，胸廓顺应性降低。因此，老年人容易患上慢性支气管疾病、肺气肿、肺炎等呼吸系统疾病。

（6）消化系统的变化特点。老年人各种消化液分泌减少，胃肠蠕动功能减退较明显，故容易发生消化不良、营养不良。同时，由于肠蠕动减退及肠液分泌减少，容易出现便秘。

（7）泌尿系统的变化特点。肾脏萎缩变小，肾重量减轻，滤过率降低，导致老年人肾功能减退。膀胱容量缩小，膀胱括约肌硬化，而致残余尿增加，容易发生膀胱炎。故在老年男性中，出现夜尿增多，排尿困难的症状。

（8）中枢神经系统的变化特点。老年人随着年龄的逐渐增长，大脑的重量减轻，脑细胞数量明显减少。脑动脉硬化在老年人中极为普遍，容易发生脑卒中。

（9）运动系统的变化特点。老年人骨骼的弹性和韧性减弱，脆性增加，容易发生骨折。同时，因肌纤维变细，肌力减弱，甚至肌肉萎缩，使运动动作变得迟缓。

2．老年人的心理特点

老年人的心理变化，主要表现在感觉、知觉、记忆、抽象思维的改变及情感、性格、人格变化等生理性变化，以及老年精神障碍的病理性改变等。

（1）记忆力减退。随着年龄增加，老年人的记忆力有不同程度的下降。不能自如地从以前的记忆中提取信息，如记不起某个熟人的姓名、日常用的电话号码、某些字的写法等。老年人记忆力减退的另一特点为近事记忆力下降，常常忘了刚决定要做的事情、刚刚放置的物品等。但老年人的记忆力具有相当的可塑性，经过训练、锻炼可得到改善。

（2）性格和情绪的改变。

1）小心、谨慎。这是老年人心理变化的特征之一。人到老年，在做事和处理问题时，一般小心谨慎，不愿冒险，为追求准确性使做事速度明显放慢。

2）自私、多疑。老年人常常变得十分自私、多疑、好猜忌，对周围的人不信任，总觉得周围的人及自己的家人在议论、算计自己。有时对自己的健康状况过分关注，总是怀疑自己得了某种严重的身心疾病。

3）消极、悲观。进入老年期后，常感觉到自己已经衰老，身体状况及各种能力明显减退，容易产生消极悲观情绪，从而变得沉闷、少言、少动、忧郁，严重者形成病理性老年性抑郁症。

4）自卑、自责。进入老年期后，常常注意回忆自己的过去，当发现一系列目标尚未达到或计划未能实现时，常常归罪于自己的能力不足，从而自怨自责，显出沮丧和心灰意懒的心情。

5）死亡恐惧。死是老年人不可避免要考虑和面对的问题，尤其是在配偶、朋友、同事去世后，在老年人的心中经常会想到死亡的问题，有时可产生明显的恐惧心理。

案 例

老小孩现象

有一些人到了老年，某些行为会变得像小孩子一样，是一种心理退化的表现。这是自然规律。如果了解了这一点，我们就会善待他们。

易伤感：一点小事都会引起焦虑、回忆、痛哭流涕以致抑郁。

易动怒：没有耐心，自控能力下降，特别在意别人对自己的态度。

自顾自：行为幼稚，只要别人为自己负责，很少为他人着想。

无反省：侵犯了别人的利益，自己浑然不觉。

怕医院：以不见大夫来躲避对疾病的检查，掩盖对死亡的恐惧。

捂钱袋：把钱看得比命还重，斤斤计较到不近人情的地步。

讨论 7-1 结合上述材料，谈谈日常生活中遇到的老年人心理现象。

7.1.3 社区老年人服务的目标和内容

我国社区老年人服务的目标是帮助老年人实现成功老化，具体来讲是实现"五个老有"，即老有所养、老有所医、老有所乐、老有所学、老有所为。

1．养老服务

现在，我国主要存在三种养老方式：传统家庭养老、集中养老、居家养老。

（1）传统家庭养老。家庭养老是我国的特色。老年人基本上是同子孙后辈们一起生活，由子女们赡养、照料，在精神上受到儿孙们的敬重、爱戴，享受天伦之乐。

（2）集中养老。老年人集中在敬老院、福利院、托老所、干休所等养老机构居住养老。主要是满足以下几类老年人的需要：① 个人生活基本不能自理，又无直系亲属供养的老人；② 个人生活基本不能自理，子女不便照料或不能照料的老人；③ 身患重病需要长期疗养的老人；④ 丧失劳动能力，自愿到养老机构过集体生活的老人等。

（3）居家养老。"床位不离家，服务送到家"，也就是老人居住在自己家中，由社区上门提供服务。对身体健康、有经济支付能力的老人，实行优惠补偿的市场化服务；对低保老人、80岁以上的高龄老人和行动不便的老人，则由政府补贴服务费用。

┃案　例

北京市第一社会福利院

北京市第一社会福利院是由市政府投资兴建的老年福利事业单位，现有建筑面积20 000多平方米，主要接收国家优抚、需要照料的离、退休老人，归国华侨及老年病患者。

目前，该院设有颐养区、生活照料区、养护区和医疗区。其中，颐养区接收身体基本健康、生活自理、行为自由的老人；生活照料区接收生活半自理老人，为老人提供生活照料服务；养护区接收的是全卧床及需要提供医疗、护理、康复的老人，为他们提供生活照料、临床医疗护理及临终关怀等方面的服务；医疗区接收患有各种老年性疾病的老人，为他们提供医疗、抢救、康复、护理和疾病观察等方面的服务。房间类型有单人间、双人间、四人间和豪华套间，床位共510张。上述各区备有中央空调系统、24小时生活用水、吸氧系统、紧急呼叫设施、消防报警系统等国内较先进的设施设备；该院还设有供老人使用和活动的阅览室、书画室、棋牌室、健身房、聊天室、网吧、茶社、多功能厅等，在充分体现首都养老机构水平的同时也能满足不同老人的需求。

资料来源：节选自优老网 2010 年 2 月 11 日刊登的文章"北京市第一社会福利院"。

2．医疗保健服务

为了让老年人保持身体、心理和社会适应的良好状态而提供的服务。老年人要想减少疾病的折磨，应当有病及时看、及时治，使其早日康复。这也是老年人生活中普遍关心的热点问题。

现在，我国各地社区主要采取以下方法为老年人提供医疗保健服务：一是举办老年健康讲座，普及老年保健知识，开展老年保健活动，增强老年人的保健能力；二是有条件的地方，对老年人定期进行体检，为孤老义务体检，建立老年人健康档案，使广大老年人能够及时发现疾病，能够及时得到治疗；三是有计划地改善老年人的医疗服务，有条件的社区可以建设老年人康复、保健咨询机构，为老年人日常生活中的保健、康复问题提供解答和辅导；四是与社区内医院机构合作改进对老年人的医疗条件，组织医疗巡回服务队，为老年人送医送药上门，设立家庭病床，为老年人就医提供方便。

3．文娱服务

随着我国人民物质生活水平的提高，城市老年人的精神服务需求也越来越高。特别是近年来，离休、退休老人越来越多，他们离开原来的单位回到社区，往往会产生一种失落感、孤独感和空虚感，所以迫切需要在社区内建立新的社会关系，结交新的朋友，继续参与社会生活，以便在新的社区生活环境中重新塑造自我，实现心理平衡，保持精神健康。为了满足老年人的上述需要，社区内建设文化站、图书馆、阅览室、游戏室、舞厅、录像厅、活动中心等场所，方便老年人参加有益的文娱活动；成立老年秧歌队、老年锣鼓队、老年健身队、老年合唱队等团体，请专业人士担当教学和活动指导工作；举办各种游艺活动，提供报刊阅读，说书演唱服务，还举办交谊舞会等有益老年人身心健康的活动，使老年人在学习娱乐的同时也锻炼了身体，愉悦了心情。

4．教育服务

社区可以开展灵活多样的学习方式以满足老年人学习新的知识技能、兴趣爱好的需要。老年学校是社区中老年人和谐相处和学习文化的乐园。老年人在老年学校里学习书法、绘画、园艺、中医按摩、计算机等文化技能，使老年人的素质水平、知识能力得到再一次的提高。另外，老年人之间互相交流也有助于精神愉快、活跃思想，有助于老年人的艺术熏陶、创作。

5．再就业服务

在离退休老年人中，不乏专业技术和一技之长者，而且这些老年人才大多身体健康，也有着工作的愿望，完全可以为社会发挥余热。有效地发挥老年人才的作用，既可弥补社会人才的不足，也可使老年人的晚年生活丰富多彩。老年人才的优势，不仅在于他们的技术与经验，更受社会欢迎的是老年人才具有一定的稳定性与奉献精神。可以利用社区的就业信息为老年人寻求合适的发挥余热的岗位，也可以号召老年人参与到社区服务中，服务身边的人，提倡低龄老人为高龄老人服务，健康老人向有病的老人提供服务，以建设和谐社区。

此外，社区应该为老年人提供以下一些服务：老年人婚姻介绍服务，主要是为那些失去老伴后愿意再找一个老伴的单身老人，提供婚姻介绍服务，为他们牵线搭桥，并提供婚姻咨询和辅导，以帮助他们解决晚年婚姻中的一些麻烦和问题。老年人权益保障服务，从某种意义上说，老年人是社会中的一个弱势群体，他们的合法权益必须予以保护。1994 年，《中华人民共和国老年人权益保障法》颁布，老年人的权益保护有了法律依据。此后，城市的一些社区还设立了老年人法律服务站，为有需要的老年人提供法律服务，维护他们的经济、社会、健康等方面的合法权益。

▎案　例

海淀养老服务打科技牌　老人可在社区远程测健康

从海淀区十五届人大三次会议上获悉，今年海淀将利用科技优势完善居家养老服务，在社区中完成"养老服务超市"和"生命体征监测仪"建设，使老人在一半以上的社区通过物联网享受到购物、护理、健康指导等服务。

据介绍，海淀区利用资源优势，基于物联网技术开发了"居家养老服务超市"。该系统将分散的社区服务资源整合到一个平台上，为社区老年人服务。通过该系统平台的统计功能，各街道、社区、居委会还能随时掌握社区居民的服务需求，并能有效对服务商服务质量进行考评和监督。

"养老服务超市"与各社区数十家服务商相连接，包括超市、菜农、餐馆，以及各种老年护理服务。在配置"养老超市"的社区中，老人在社区服务中心轻轻触点屏幕，可以发出各种"购买申请"，这个申请会即时发送至商家手机，十多分钟过后，商品就能送货和服务上门。同时，只要将系统安装在家中的计算机上，老人就可以足不出户享受各种服务。

目前，海淀区正在为 150 个社区免费配备"养老服务超市"。今年年内，海淀还将在170 个社区推广，使海淀一半以上的社区用上"养老服务超市"。

为让老年人不出社区完成慢病监测和健康指导，海淀区为社区配备智能化卫生保健、咨询、指导服务系统，建立拥有多参数生命体征监测仪和远程视频系统的助老健康服务站。

据介绍，多参数生命体征监测仪是一台类似于"立拍得体检机"的设备，老人站在上面，只需要 2～3 分钟就可以准确检测血压、血氧、血糖等 10 多项指标。数据将会被同步传入 301 医院，医生会根据每个老人的检测结果提供医疗保健、用药、慢病诊治的指导。

　　资料来源：节选自新华网 2013 年 1 月 13 日刊登的文章"海淀养老服务打科技牌，老人可在社区远程测健康"。

7.2　社区残疾人服务

7.2.1　社区残疾人服务的含义

1．残疾人

残疾人是指在心理、生理、人体结构上，某种组织、功能丧失或者不正常，全部或者部分丧失以正常方式从事某种活动能力的人。

残疾人包括视力残疾、听力残疾、言语残疾、肢体残疾、智力残疾、精神残疾、多重残疾和其他残疾的人。

根据 2013 年 9 月邓朴方在中国残联第六次全国代表大会闭幕式上的讲话内容"推动残疾人事业全面发展，帮助 8 500 万残疾人和全国人民同步小康、共同富裕、过上更加幸福美好的新生活"，推算出当前我国残疾人总数约 8 500 万。

2．社区残疾人服务的含义

社区残疾人服务是指依托社区充分利用社区资源为残疾人解决生活、教育、就业、婚姻等困难，增强残疾人的社会功能，促进残疾人平等参与社会生活的一项工作。

从我国残疾人事业的发展过程来看，我国残疾人服务的层面主要集中在民政部门和残疾人所在的单位。我国真正开始实行残疾人服务社区化是最近十多年的事情，开展残疾人社区服务与我国城市社区建设几科是同步的。我国有 2 125 万残疾人生活在城市社区，与正常人相比，他们在生活、教育、就业等社会竞争中均处于劣势，需要得到社会的扶持和帮助。社区是为残疾人提供服务最直接的层面，承担着做好基层残疾人社会工作的任务，直接为残疾人提供具体服务，做好残疾人社会工作始终是社区工作的重点，这对建立和谐社区、弘扬人道主义、促进社会团结有着重要的作用。截至 2012 年，我国 4 万多个乡镇（街道）和 56.8 万个社区（村）中，共选聘残疾人专职委员 50.4 万余名。

7.2.2　残疾人的分类和特点

1．残疾人的分类

（1）视力残疾。由于各种原因导致双眼视力障碍或视野缩小，以致不能进行一般人所能从事的工作、学习或其他活动。

（2）听力残疾。由于各种原因导致双耳不同程度的听力丧失，听不到或听不清周围环境及语言声音。听力残疾包括听力完全丧失及有残留听力但辨音不清，不能进行听说及交往。

（3）言语残疾。由于各种原因导致言语障碍，不能进行正常的言语交往活动。

（4）智力残疾。智力明显低于一般人的水平，并显示适应行为障碍。智力残疾包括：在智力发育期间，由于各种原因导致的智力低下；智力发育成熟以后，由于各种原因引起的智力损伤和老年期的智力明显衰退导致的痴呆。

（5）肢体残疾。四肢残缺或者四肢躯干畸形、麻痹导致人体运动功能丧失或障碍。

（6）精神残疾。精神病人患病持续一年以上未痊愈，导致对家庭、社会应尽职能出现一定程度的障碍。

2．残疾人的特点

因心理、生理或组织结构及功能方面的丧失和异常，不同类型的残疾人具有独特的心理特点。

（1）认知特点。盲人由于视觉丧失，缺乏甚至根本没有空间概念，没有视觉形象，没有周围事物的完整图景认识。因此，盲人的形象思维很不发达。不过盲人的抽象思维和逻辑思维比较发达，言语听觉能力也较发达，记忆力比较好，词汇丰富，也促成了他们言语能力强的特点。所以许多盲人都给人一种健谈、说话有条理、语言生动、说理充分的印象。

聋哑人丧失了听力，靠手势语言和别人进行交往，靠视觉器官的直观形式获得信息，并进行交流，因此视觉敏感，形象思维非常发达，而逻辑思维和抽象思维就相对地差些。

（2）情感特点。

1）孤独感。这是残疾人普遍存在的一种情感体验。残疾人在生理上或心理上有某种缺陷，在社会上常常受到歧视，不得不经常待在家里，久而久之，孤独感就会产生，随着年龄的增长，孤独感的体验将会日益增强。

2）自卑感。残疾人在生理上或心理上的缺陷使他们在学习、生活、就业、婚恋、家庭等问题上遇到的困难比普通人多得多，因此，易加重自卑的情感体验。

3）敏感、自尊心强。残疾人对别人的态度和评论都特别敏感，尤其是容易计较别人对他们不恰当的称呼。例如，盲人反对别人称其为"瞎子"。如果别人做出有损于他们自尊心的事情，他们往往难以忍受，甚至会立即产生愤怒情绪，或者采取自卫的手段加以报复。

4）情绪反应强且不稳定。聋哑人情绪反应强烈，而且多表现于外，容易与别人发生冲突；盲人情绪反应则多隐藏于内，虽然情感体验很激烈，但情绪表现却不十分明显，而且爆发性情感较少。

（3）性格特点。盲人性格比较内向，温文尔雅，在他们的内心世界有着丰富的情感，情感体验比较深沉而含蓄，很少爆发式地对外表达。他们喜欢思考问题，探索问题，对问题的思考和探索比较深刻。

聋哑人则与盲人相反，他们的性格比较外向，情感反应方式比较强烈，频度高但持续时间短。聋哑人性格豪爽、耿直，好就是好，坏就是坏，很少拐弯抹角。

肢体残疾者的性格特点主要表现为倔犟和自我克制，在他们的内心深处可以把一切不平和怨恨忍受下来，只是到了难以忍受的时候才会爆发。

7.2.3　社区残疾人服务的内容

1. 残疾人帮扶服务

社区居委会和服务机构要针对残疾人的实际需求解决生活中的困难。

（1）残疾人保障基金落实最低生活保障在内的各种残疾人保障基金，保障残疾人的基本生活。

（2）残疾儿童日托站、伤残儿童幼儿园。将残疾儿童放在一个专门设置的处所教养，使其受到更多的照顾与特别的教育。

（3）建立残疾人工疗站。对不能到福利工厂工作的残疾人，收进工疗站。以治疗为主，做些简单的、力所能及的劳动，这种劳动有利于提高他们的智能，也增加一些经济收入，并能使家人放心。

（4）残疾人活动中心、残疾人文化活动室。组织残疾人参加文艺、体育、游乐活动，举行文艺演出、残疾人运动会，有益其身心健康，更能激发他们的进取精神。

▌案　例

光明村社区：开展社区残疾人定向行走服务

通过区残联对社区残协工作者关于盲人定向行走的培训，文峰街道光明村社区服务工作者充分掌握了残疾人定向行走的各项技巧。11 月 29 日，就社区视力残疾的任伯伯开展了定向行走培训服务。

"手握住柄，线圈套在手腕上，左右点地，感受障碍物……"社区服务工作者耐心地向任伯伯讲解使用盲杖的技巧，教导他如何使用盲杖前行，绕过障碍物，上楼下楼。学习完后，社区服务工作者陪同任伯伯进行了实地训练，任伯伯利用盲杖顺利地从社区走回家中。

日后，社区服务工作者还会陆续对辖区视力残疾的居民开展一对一的定向行走服务，以增强残疾人的生活自信，鼓励他们走出家门，更好地融入社会，感受社会大爱。

资料来源：节选自江苏文明网 2012 年 11 月 30 日刊登的文章"光明村社区：开展社区残疾人定向行走服务"。

2. 残疾人维权服务

残疾人是人数众多、特性突出又特别困难的社会弱势群体，其权益容易受到忽视和侵害，与其他社会群体相比更需要特别的关心和扶助，需要以法律、政策等手段予以保障。

社区应建立健全残疾人法律援助与法律服务网络。各级法援中心都应将残疾人列为援助对象，社区自办的残疾人法律救助中心或社区与司法部门合办的残疾人法援服务中心应首先为残疾人普及法律知识，让他们了解应享有的社会福利权、社会救助权、社会保险权、社会优抚权、机会平等权、身份平等权等权益。其次提供法律咨询、援助服务。当残疾人权益受到损害时，及时帮助他们申请法律援助，帮助残疾人掌握法律武器，维护自身的合法权益。

3. 无障碍社区建设服务

20世纪初，由于人道主义的呼唤，建筑学界产生了一种新的建筑设计方法——无障碍设计。它运用现代技术建设和改造环境，为广大残疾人提供行动方便和安全空间，创造一个"平等、参与"的环境。1986年7月，我国建设部、民政部、中国残疾人福利基金会共同编制了我国第一部《方便残疾人使用的城市道路和建筑物设计规范（试行）》。1990年12月，全国人大常委会颁布的《中华人民共和国残疾人保障法》规定："国家和社会逐步实行方便残疾人的城市道路和建筑物设计规范，采取无障碍措施。"2012年6月，国务院第208次常务会议通过了《无障碍环境建设条例》规定："社区公共服务设施应当逐步完善无障碍服务功能，为残疾人等社会成员参与社区生活提供便利。"

无障碍环境包括设施建设、信息交流、社区服务的无障碍。其中，设施建设无障碍主要是要求城镇新建、改建、扩建道路、公共建筑、公共交通设施、居住建筑、居住区应方便残疾人通行和使用。例如，在城市道路中，为方便盲人行走修建了盲道，为方便乘轮椅残疾人修建了缘石坡道。信息交流的无障碍主要是要求公共传媒应使听力、言语和视力残疾者能够无障碍地获得信息并进行交流。例如，影视作品、电视节目的字幕和解说，电视手语，盲人有声读物等。社区服务无障碍主要是要求社区公共服务设施应当逐步完善无障碍服务功能为残疾人等社会成员参与社区生活提供便利。例如，选举的部门为残疾人参加选举提供便利，为视力残疾人提供盲文选票。

| 案　例

北京市打造"一刻钟无障碍社区服务圈"

从北京市残联获悉，北京市将对100个居住小区及其周边配套公共服务设施试点进行无障碍改造，以打造"一刻钟无障碍社区服务圈"，残疾人在社区周边完全实现无障碍。此外，还将在"十二五"期间增加500辆无障碍出租车，残疾人乘车费用减免政策目前也正在研究中。

无障碍的具体改造内容：为增加楼门口和小区内公共活动区域的坡道和扶手，增加小区周边商店、超市等配套设施内部的无障碍设施，以此打造"一刻钟无障碍社区服务圈"，方便残疾人社区生活。

北京市残联正在和市交通委协商有关无障碍出租车的补贴政策，该政策一方面涉及无障碍出租车经营公司和司机的补贴，即驾驶无障碍出租车的司机有望少交"份儿钱"，另一方面涉及残疾人乘车费用的减免，今后残疾人搭乘无障碍出租车有望能花更少的钱。

资料来源：节选自内蒙古自治区人民政府驻北京办事处网站 2012 年 1 月 5 日刊登的文章"北京市打造'一刻钟无障碍社区服务圈'"。

7.3　社区青少年儿童服务

7.3.1　社区青少年儿童服务的含义

1. 儿童的界定

"儿童系指 18 岁以下的任何人，除非对其适用之法律规定成年年龄低于 18 岁。"这是依据国际《儿童权利公约》界定的。中国的《未成年人保护法》等法律的规定是 0～18 岁，中国的儿童组织少先队的队员年龄则在 14 岁以下。

2. 青少年的界定

与儿童的界定相似，青少年也是相对较模糊的概念。青少年是介乎儿童和成年人的年轻人，在十几岁至二十几岁之间。我国最高人民法院公布的刑事案件中，青少年的年龄规定在 25 岁以下，而共青团规定团员年龄为 14～28 周岁。

3. 社区青少年儿童服务的含义

社区是儿童和青少年除学校和家庭外接触最多的社会场所。社区承担着诸如青少年思想道德教育、文化建设、青年再就业、法律援助、心理咨询、婚姻介绍等大量的社会功能。社区青少年儿童服务日渐引起人们的关注。因此，依靠自身优势，依托社区资源，努力拓宽为青少年服务的各项功能，积极为社区青少年的健康成长提供服务，是现在城市社区服务领域的一个重要组成部分。

社区青少年服务是指依托社区、充分利用社区资源，以满足青少年的需求为目标开展的以青少年为服务对象的服务。社区青少年服务的整体目标是协助培育青少年，使他们成为思想成熟、富有责任感和对社会有贡献的好公民。

我国将 6～28 岁的青少年群体作为社区青少年服务的主要对象，包括在社区学习、工作和生活的青少年、下岗待业青年、进城务工青年群体、进城务工人员子女等群体。

7.3.2　社区青少年儿童的特点

青少年儿童是人生生命循环最多变化的时期，其生理、心理方面不断成长，个人的心态和社会关系不断产生变化，在自我探索的同时，也在逐渐适应人际关系、家庭及社会角色。

1. 生理特点

青少年儿童在生理上属于发展时期，经历青春发育期。其特点表现为体形迅速发生变化，身体内部机能迅速健全，大脑和神经系统高度发达，性成熟。

2. 心理发展变化特点

青少年发展是在社会生活环境和自身社会实践活动中完成的，因此青少年的智力、情绪和情感、自我意识、性格、性意识等方面呈现出的主要特点为动荡与稳定的结合、突变与渐变的统一等。

（1）身心发展快速而不平衡。在青春期到来时，青少年在躯体和心理方面呈现快速发展。然而，由于身心方面的成长不一定能平衡发展，因此，会产生不稳定的现象，在"幼稚"与"成熟"的尺度上会有大幅度的徘徊。

（2）道德意识和价值观念的发展。青少年早期的价值和道德标准主要来自父母，当进入中学这个较广阔的世界以后，同伴群体的价值观，以及老师和成年人的评价日益重要。他们需要把这些价值和评价综合起来形成一个稳定的体系。

（3）独立意识的增强。随着年龄的增长，青少年与社会的交往越来越广泛。他们渴望独立的愿望日益变得强烈，与家庭的联系逐渐疏远，对父母的权威产生怀疑。同龄人、伙伴是青少年在社会交往中非常重要的社会关系。伙伴之间的言行、爱好、衣着打扮相互影响。信任伙伴胜过信任家长和老师。

7.3.3 社区青少年儿童服务的内容

1. 社区青少年儿童教育服务

青少年儿童教育历来就是学校教育、家庭教育和社区教育三者的有机组合。社区青少年教育可以对学校教育给予补充，可以对家庭教育给予指导，可以丰富中小学生的课外生活，可以弥补独生子女在同龄人之间的交往欠缺，可以指导和辅助青少年就业。

社区青少年儿童教育服务是社区青少年服务的最重要的方面，包括思想道德教育、纪律法治教育、科学知识教育、技能技术教育、社会实践教育、心理健康教育六大类。

（1）思想道德教育。对社区中的青少年儿童进行爱国主义、集体主义、社会主义教育，帮助他们形成正确的世界观、人生观和价值观。对青少年儿童进行社会公德、职业道德、家庭美德教育，以期形成艰苦朴素、热爱劳动、尊老爱幼、诚实守信的良好品质和个人道德观念。

（2）纪律法治教育。在青少年儿童中大力开展普法教育，增强青少年儿童的法治观念，使他们懂得遵纪守法，能够依靠法律武器保护自身的合法权益。

（3）科学知识教育。社区可以开展丰富多彩的科普活动，有计划地请专家为青少年开设各种生动的科学讲座，组织社区青少年儿童参观社区内的青少年宫、图书馆、科学教育基地，倡导崇尚科学的良好风尚，培养科学精神。

（4）技能技术教育。加强社区青少年技能、技术培训。学校的素质教育要向社区延伸，要面向社区青少年开展外语、计算机网络知识、科普知识、实用技能等培训活动；根据青少年的就业需求，社区要联合劳动、教育、工商等部门开展职业培训、职业介绍、信息咨询等服务。

（5）社会实践教育。以实践性活动为载体提高青少年教育的实效。活动是社区青少年教育的生命。开展各种各样、富有特色的活动，不仅能陶冶青少年的思想情操，而且能提高青少年的实践动手能力，增长知识，增长才干。社区可以开展社会实践型活动，使青少年在参与中接受生动具体的教育。这些内容深刻、形式丰富多彩的社区实践活动，在丰富青少年业余生活的同时，可以使青少年体验社会，认识自我。

（6）心理健康教育。聘请青少年心理教育专家，为社区青少年举办心理健康教育讲座，对存在心理障碍的青少年提供有针对性的心理辅导和心理矫治服务。引导青少年认识自我心理发展，关注心理健康，树立积极向上的生活心态，不断提高心理素质。

2．社区儿童生活服务

儿童生活服务是指为学龄前儿童以及小学生提供的食、宿、看护、保健等服务。例如，儿童餐桌，为孩子开办"小餐桌"，解决孩子午餐问题。"小餐桌"可由居委会、驻地单位个人办，向孩子提供廉价而有一定营养的午餐。儿童保健、营养、家教，可由街道或居委会定期请专家、学者进行咨询，父母带着孩子一起，询问一些疑难问题。

3．社区青少年就业服务

青少年就业形势总体比较严峻，面临的就业压力已经成为青少年的最大问题相当部分社区青少年缺乏就业经历。

社区应对失业、下岗青少年进行就业引导，为他们提供教育培训机会和就业信息，推动实施青年自主创业工程，树立兴业带头人，积极扶持和帮助失业、下岗青少年就业和自主创业。

4．社区青少年儿童维权服务

社区建立青少年维权网络和社区维权热线，推行青少年维权工作例会制度，形成维权合力，及时有效地保障青少年的合法权益；继续深入开展创建优秀"青少年维权岗"活动，动员与青少年事务有关的基层单位，为社区青少年办实事、办好事；依托驻区青少年维权单位的资源优势，通过举办社区自护培训班、训练营、自护学校，帮助社区青少年掌握正当防卫、紧急避险、法律援助等必要的自护知识和技能。对于有越轨行为的、劳改劳教过的青少年，由社区、学校、政法机关与家庭联合组成帮教小组，给予他们热情而又严格的帮助教育，组织他们学习法律知识，教给他们为人处世的道理，鼓励上进。

5．社区青少年心理咨询服务

青少年普遍存在就业压力、人际关系困惑、社会适应困难等问题。有不少青少年脾气暴躁，不信任别人，以自我为中心，自卑自恋倾向严重，难以适应这个社会，甚至有相当一部分青少年迷恋网络，通过网络来发泄不满情绪，满足虚拟的成就感而难以自拔，在现实和虚幻中失去人生目标和方向，甚至涉嫌违法犯罪。在社区中成立青少年心理咨询服务中心，架设心理咨询热线，可以解决青少年实际的心理问题，让青少年能够正确合理地调整认知，及时舒缓压力，正确面对人生，面对就业，面对婚恋。

6．社区青少年儿童文化娱乐服务

在社区中建立青少年读书亭、阅报栏、宣传橱窗，动员广大青少年儿童开展读书活动，营造文化氛围，建立各种类型的活动基地、教育基地、文化基地，如青少年宫、图书馆、文化宫、体育场馆、博物馆、爱国主义教育基地等，要资源共享向青少年开放。社区应开展多种如文艺专场晚会、文化体育节等文化娱乐活动，激发青少年儿童的兴趣，开阔青少年儿童的视野。

案　例

儿童友好社区——留守儿童快乐的家

2013 年 1 月 16 日，中山边防官兵与驻地留守儿童在裕安村儿童友好社区玩互动游戏、画画，共同度过了一个愉快的节日。前不久，裕安村儿童友好社区才被中山市妇联评为儿童友好示范社区，成为中山市第一批"儿童友好示范社区"。

据了解，"儿童友好社区"是以社区为依托，以保护儿童权利和促进儿童发展为宗旨，向儿童提供游戏、娱乐、教育、卫生和社会心理支持等一体化服务的体系。目前，中山约有儿童友好社区 40 个，服务对象为 0~18 岁的青少年儿童及其家长、亲属及其他社区成员。

资料来源：节选自光明图片网 2013 年 1 月 16 日刊登的文章"儿童友好社区——留守儿童快乐的家"。

讨论 7-2　在儿童友好社区里，小朋友们能够获得哪些方面的锻炼和提高？

7.4　社区弱势群体服务实务

7.4.1　社区弱势群体服务的方法

1．社区老年人服务方法

社区养老能够充分发挥社区和家庭两方面的优势，能够较好地满足老年人的心理——社会需求。社区老年人服务应当坚持实用性、整体性、普遍性原则，形成以社区照顾为主、社区活动为辅、以社会参与为补充的新型社区养老模式。

（1）老年社区照顾。老年社区照顾是指由社区各类人士合作为老年人提供照顾，并努力在社区环境中改善他们的生活质量。其包含两个基本含义：一是使老年人不脱离他所生活和熟悉的社区，在本社区内接受服务；二是动员社区资源，运用社会人际关系资源开展服务。

老年社区照顾作为一种运动起始于 20 世纪 50 年代，是英国在福利国家政策变化下倡导的一种社会工作模式。20 世纪 80 年代后期，我国政府借鉴发达国家和地区开展"社区照顾"的理念和经验，并结合我国的实际，依靠基层社区组织和社会力量，大力提倡和推广城市老年社区照顾。

目前，老年社区照顾有以下方式：方式一，成立社区老年活动中心。这是由地方政府出资兴办的具有综合性功能的社区服务机构。它按照社区居民的一定数量规模设置，工作人员为政府雇员。社区活动中心为本社区内居住的老年人提供一个娱乐、社交的场所，那些行走不便的老人则由中心定期用车接送到中心参加活动。方式二，成立老人综合性社区服务中心。这是由政府和社会共同兴办的具有多样化的辅助服务功能，能够提供家务护理服务，包括替老人送饭、料理家务、个人清洁及护送看病等；老人外展服务，包括社工人员与一些老弱、独居及有困难到中心参加活动的老人会面，协助他们申请所需的服务，并为他们提供探访、社交、康乐活动及辅导服务；推广老人社区教育，包括出版老人刊物、调查研究老人问题，举办老人退休讲座，设立护老者组织及义工小组等；老年义工计划，包括招募和训练老年义工，使他们成为对社会有用、有贡献的一分子。

（2）社区活动。老年人参加社区活动能够排遣孤独寂寞，去病强身健体，缓解心理压力、增长知识与见识。社区活动的开展应该从老有所学和老有所乐两个方面着手，符合本社区经济条件和老年人的实际需求，定期不定期地开展先进的文化科学知识、先进的理论教育活动，举办老年保健知识、书法、绘画、文学、写作、太极拳、舞剑、跑步等系列活动，还可以结合重大节假日开展一些文艺比赛及运动会。

（3）社会参与。社会参与是老人实现自身价值、寻求精神寄托、获得心理满足的需求。对于绝大多数老人来说，社区是他们参与社会的重要窗口和桥梁。社区应当也有可能为老人提供参与社会的途径和舞台。可以从以下几个方面着手：设立老年人才开发机构，设在政府人事部门，职能是落实和实施老年人才开发政策、法规，制定老年人才开发计划，管理和指导老年人才开发的管理服务工作；成立老年人人才市场，及时向社会推荐老年人才；开展老年人才预测与规划，建立和完善老年人才开发服务管理体系，在有条件的社区应着手建立老年人才供信息库并收集老年人才信息。

2．社区残疾人服务方法——社区康复

社区康复（Community-Based Rehabilitation，CBR）自 1976 年由 WHO 倡导，相继在

百余个国家开展，受到了热烈响应。社区康复是社区发展计划中的一项康复策略，其目的是使所有残疾人享有康复服务，实现机会均等、充分参与的目标。社区康复的实施要依靠残疾人、残疾人亲友、残疾人所在的社区以及卫生、教育、劳动就业、社会保障等相关部门的共同努力。我国在1987年开始引入并推行了CBR工作。

在社区康复工作中，包括以下几种服务内容。

（1）医疗康复服务。

1）康复训练指导服务。立足残疾人家庭，充分利用社区康复设施，指导各类残疾人开展康复训练，制定计划，传授方法，制作训练器具，矫形器使用，评估效果等。

2）心理支持服务。通过了解、分析、鼓励和指导等方法，帮助他们树立康复信心，正确面对自身的残疾，鼓励亲友理解关心残疾人，支持配合康复训练。

3）知识普及服务。为残疾人及家属、亲友举办健康等知识讲座，开展康复咨询活动，发放康复知识小册子、普及读物等，传授残疾预防知识和康复训练方法。

4）用品用具服务。根据残疾人的状况和需求，提供用品用具的信息，提出选用用品用具的意见，实施转介服务等。

5）咨询转介服务。根据残疾人在康复医疗、康复训练、心理支持及用品用具等方面不同的康复需求，联系有关机构和人员，对本社区暂时无法进行康复服务的残疾人，提供有针对性的转介，并做好登记和跟踪服务。

（2）教育康复服务。应用文化教育与技能教育等对残疾人进行康复服务工作，称为教育康复。残疾人教育包括学前教育、基础教育、高等教育、职业技术教育、成人教育和特殊教育。

1）普及残疾儿童少年义务教育，尽可能让所有的适龄残疾儿童少年入学，接受完整的九年义务教育，从根本上提高残疾人的文化素质。

2）大力发展残疾人职业教育和培训，最大限度地满足广大残疾青少年学习职业技术的需求，为他们走向社会、求职就业创造条件。这是绝大多数残疾人的渴望和迫切要求。

3）根据残疾人的残疾类别和接受能力，采取普通教育方式或特殊教育方式对其实施教育。肢体残疾人、精神残疾人和视力残疾人中的低视力者，听力言语残疾人中的重听者，一般都可以采取普通教育方式；视力残疾人中的失明者，听力语言残疾人中的失聪者，智力残疾人中的中度、重度者，一般都采取特殊教育方式。

（3）职业康复服务。职业康复服务是指残疾人的就业服务，社区应依据我国相关的政策法规，针对残疾人的特点和实际情况，采取多种途径开展就业服务。

1）社区内相关单位应依据残疾人保障法的规定，按一定比例安排残疾人就业。按比例安排残疾人就业，是解决残疾人就业的战略性举措，要依法全面推行。

2）大力扶持残疾人个体就业和自主创业。残疾人就业服务机构要认真做好扶持残疾人个体就业和自主创业的工作，积极协调有关部门，落实残疾人就业、创业的相关优惠政策。

3）大力开展职业培训，提高残疾人职业技能。社区所办的职业培训机构，应将残疾人纳入培训计划随班培训，也可根据市场需要和残疾人的具体情况单独开设培训班，各类职业培训机构对生活困难的残疾人，应酌情减免培训费。

3．社区青少年儿童服务方法

（1）加强宣传。要深刻理解社区青少年儿童服务的重要性。紧密结合社区实际和青少年的实际生活，把宣传教育和服务结合起来，使全社会都了解、关心、支持社区青少年儿童服务工作。

（2）加强社区青少年儿童事务管理。建立社区青少年儿童管理档案，实现管理服务的网络化。社区青少年工作人员要经常性地开展调查，掌握社区内青少年儿童的状况，建立详细档案，完善社区青少年儿童评价体系。通过社区青少年儿童活动记录档案等多种方式，不断完善青少年儿童参与社区活动的激励机制，调动社区青少年儿童参与社会服务的积极性、主动性和创造性；通过社区、学校联系卡等方式，及时地掌握青少年儿童的综合表现，把社区评价和学校、单位的评价统一起来。

（3）加强社区内各类青少年儿童活动阵地、教育基地的建设。要充分利用当地的自然条件、地域优势和社会环境，建立各种类型的活动基地、教育基地、文化基地、实践基地。例如，老少乐园、青少年教育活动室、校外德育基地、少年法律学校、少年军校、家长学校、青少年帮教协会等多项社区教育服务设施，以丰富青少年教育活动的内容，拓宽青少年社区教育的领域。社区青少年服务中心、学校、青少年宫、图书馆、文化宫、体育场馆、博物馆、爱国主义教育基地等，要向青少年开放，形成资源共享、设施共建的社区青少年教育局面。要充分利用现有的青少年活动阵地，做好社区青少年教育资源的开发与使用。

案 例

石家庄市社区青少年服务中心呵护重点青少年幸福成长

"重点青少年服务管理项目"是石家庄市社会管理创新工作试点项目之一。去年以来，在社会闲散少年、留守流动儿童、服刑在教人员子女等重点青少年集中的社区，石家庄市探索建立了社区青少年服务中心，并根据社区特点开展特色服务，为这些游走在社会边缘的青少年送去阳光和温暖。目前，社区青少年服务中心已经覆盖市内五区。这是石家庄市创新社会管理的又一新举措。

走进社区青少年服务中心，立即会被黄绿相间的主色调和墙上彩色的宣传图片感染。这是全市社区青少年服务中心的统一形象，中心内还有电脑、书架、洽谈椅等必备设施。暑期来临，这个黄绿相间的温馨小屋已经吸引了众多青少年前来接受法制和心理教育。

据石家庄团市委有关负责人介绍，社区青少年服务中心不仅有统一形象，有固定场所，还有专职人员，有组织形态，有工作项目，可以为辖区重点青少年提供法律服务、心理疏导、爱心助学、就业辅导、创业支持、志愿报名、受理募捐、交友联谊、困难帮扶等服务。

一把钥匙开一把锁。针对每个社区重点青少年人员特点，团市委与社区合作，一社区一方案，开展了心理疏导型、法制教育型、课外教育型、就业创业型、志愿服务型等各具特色的服务。尖岭社区青少年服务中心针对社区单亲家庭子女、流动人员子女多的特点，联络专家、教师对重点青少年进行心理疏导干预，并邀请25人师大硕士团与社区留守儿童一对一结对帮扶。果新社区青少年服务中心针对社区低年级学生面临的近2小时的看管"真空期"，开办了"四点半课堂"；谈后社区青少年服务中心以维护青年权益为特点，开展了"起航2012"系列青少年大讲堂主题活动；联盟社区青少年服务中心则重点为社区内青年提供企业管理、技能培训、创业指导等创业就业服务；缔景社区青少年服务中心组建了文艺志愿服务队、青年志愿服务队、医生志愿服务队三支志愿服务队，吸引青少年志愿者加入到服务重点青少年的队伍中……

据了解，2012年石家庄团市委还将在市区内每区至少建立10家社区青少年服务中心，并统一组织开展"心理健康大讲堂"、"法制安全大讲堂"、"我自护我安全"青春教育系列活动等，为社区重点青少年群体提供更有针对性，更具特色的服务。

资料来源：节选自石家庄新闻网2012年7月9日刊登的文章"石家庄市社区青少年服务中心呵护重点青少年幸福成长"。

7.4.2 社区弱势群体服务的技巧

在对社区弱势群体的服务过程中，每个社区的服务人员都应尊重服务对象的价值和尊严，采用各种服务沟通技巧接纳服务对象，注重服务对象的个别需求，以保证服务工作得以顺利开展。

常用的工作技巧有以下几种。

1．沟通

沟通是社会工作中最基本的技巧。沟通可使两个人互相了解，通过传达及接收资料信息，给予及接受对方的指示，互相教导，互相学习，是一个双向的过程。沟通不局限于利用语言，还有手势、动作，来表达出事实、感觉和意念。沟通时要注意以下细节：① 用坦诚的态度与对方交往，使他们感受到一种真挚的关心；② 给予服务对象尊重、支持，增强其自爱和自尊心，提升其自我形象；③ 要积极主动去接触服务对象，使他们感受到关心；④ 服务对象多有一些不愉快的生活经验，需要耐心地聆听和处理。

2．支持

支持是社区照顾中最常用的技巧，包括鼓励、聆听、陪伴、讨论和指引。

案 例

社区服务工作者帮助老年人解决问题

赵先生 78 岁，最近他常常有孤独无助的感觉，而且做起事来总觉得力不从心，容易疲劳。社区服务工作者接手赵先生的案例后通过家访了解到：赵先生原来的生活需要老伴照顾，但老伴去年开始呈现早老性痴呆，非但不能继续照顾他，还需要赵先生去照顾老伴。这事对赵先生的影响很大，至今仍不能接受老伴患病的事实。社区服务工作者分析，赵先生所承受的压力和身体上的付出正在加重他原有的关节炎。社区服务工作者一边通过面谈的方式帮助赵先生了解老年疾病的发生规律，以及早老性痴呆的相关知识，引导赵先生逐渐接受老伴患病的事实，并明白家庭变迁后自己应承担的责任。另外，鉴于赵先生的身体情况，建议并帮助他向社区服务中心求助，联系了有相关照顾经验的志愿者，每周上门两次，为赵先生提供居家照顾服务。一个月后，赵先生感觉好了许多，他感觉尽管志愿者每周只来家里服务 6 小时，但却减轻了他的负担，他有空做自己想做的事情了，也不再觉得孤单及不再觉得跟社会失去联系了。

此案例中，社区服务工作者主要使用了支持的技巧。本案中社区服务工作者引导赵先生逐渐接受老伴患病的事实，并明白家庭变迁后自己应承担的责任，帮助他完成了心理上的过渡。此外，在问题暂时无法改善的时候，适当的支持能够帮助当事人顶着困难过活，以争取时间选择最佳的解决办法。

3．保护

保护可以说是一种强化的支持，对于防止有人受到伤害尤为适用。最极端的保护是强制的"隔离"。例如，把有暴力行为倾向的精神病人经法院裁判送入医院接受治疗。在出现危险情况或问题恶化时，如虐待儿童，可向法庭申请颁布"禁制令"。当老、弱、残、疾、精神病人有不稳定情况时，应采取"安全措施"，预防情况恶化。例如，独居老人情绪低落时会不理家务、不出门、不吃饭、自暴自弃、慢性自杀。这种情况可以约定亲友或邻居定期探望老人，过两天不见老人外出时便主动去问候或打电话给他。

4．训练

与有特殊问题人士接触。邻居、义务工作人员、专业人员、受助者士及其家人等，均需要接受不同的训练。

（1）邻居的训练。主要是令他们克服对各类伤残人士的恐惧，教导他们日常与工作对象交往的方法，在必要时主动提供协助。例如，发觉邻舍独居老人整日没有出门，应主动去探望，看看老人是否生病或出了意外。

（2）义务工作人员及家人的训练。包括了解受助者的困难、情绪及身体情况发展；学习简单的护理技巧及方法，向他们提供长期的在职训练及咨询服务；系统地协助他们解决实际与受助者相处及护理上的技术问题。

（3）全职工作人员及专业人员的在职培训。随着知识及技术的更新，全职工作人员必须跟上服务的发展并能掌握新技术。

（4）社区照顾对象本人的积极参与和合作对整个康复过程有着决定性的影响。训练系统及课程设计必须符合当事人的水平。

（5）服务机构应出版简单手册及指引，以便向不同对象推广有关常识和技巧。

案 例

海曙区的社会化养老模式

2007年年底在北京召开的社区服务交流大会上，宁波市海曙区被有关机构评为全国唯一的"居家养老示范区"。其社会化养老模式得到专家的一致肯定。"海曙模式"把机构养老与家庭养老结合起来，引入专业化服务，符合传统伦理道德，满足了老年人对精神慰藉的需求，同时又经济可行，开辟了社区就业的新空间。

海曙区是宁波中心城区，现有60岁以上老年人5.3万，占总人口的17%，且每年以1～2个百分点的速度递增。其中，孤寡老人、独居老人、"空巢"家庭占老人总数的42%。而海曙区主要养老机构仅9家，设计床位1 000余张，养老机构和老人需求的比例严重失调。政府曾算过一笔账：如果建敬老院，全区70岁以上的困难老人都进去，财政需投入9 000万元。

政府财力杯水车薪，但又要必须解决"未富先老"的现实困难。海曙区区长陈奕君告诉记者，"居家养老"的实现方式就是"走进去、走出来"。

"走进去"是指政府为那些达到80岁以上高龄、独居的困难老人，按每人每年2 000元的标准购买服务。服务人员以下岗失业人员为主，每天上门服务至少1小时。"走出来"是指让大部分行动方便的老年人，走出"小家"，融入"大家"——每个社区建立的带有日托服务功能的"居家养老服务中心"。中心一般建有一个400平方米左右的老年之家，供老人在此老有所乐。

两年来，海曙区已建起17个"日托夜归"式的"居家养老服务中心"，开设了包括文化学习、心理咨询、保健治疗、慈善救助等6大类50多项免费或低偿服务项目，为千余名老人提供送饭、洗澡、洗衣、巡视、陪送看病、清洁卫生、康复锻炼等个性化"一条龙"服务。

为更好地监护1 000多名患病的独居老人，海曙区借助81890服务平台，设计出"一键通"电话机。事先将高危老人的姓名、住址、病史及子女、所在社区居委会的电话等资料输入信息系统，高危用户拿起话机后，如果连拨键或诉说都有困难时，8 秒钟后，信息系统会自动接通并显示用户信息，有关人员在第一时间即可实施救助。

"居家养老"催生出"义工银行"。在海曙区，凡 70 岁以上独居生活但又未达到政府购买服务条件的老人，从去年开始，由区敬老协会发放"居家养老义工服务卡"，享受包括管道维修、代充煤气、代购物品、换洗衣裤、修剪指甲、就医陪护等免费服务项目。义工与他们相邻而居，上门解难非常方便。

| 讨论 7-3 | 海曙区居家养老模式的成功之处在哪里？ |

复习思考题

一、填空题

1．我国社区老年服务的目标就是帮助老年人实现成功老化，具体来讲是实现"五个老有"，即_____、_____、_____、_____、_____。

2．我国社区青少年服务的主要对象，包括在社区学习、工作和生活的青少年、_____、_____、_____等群体。

3．无障碍环境包括_____、_____的无障碍。

二、选择题

1．帮助社区中青少年儿童形成正确的世界观、人生观和价值观的社区教育是_____。

    A．思想道德教育　　　　　　B．纪律法制教育

    C．社会实践教育　　　　　　D．心理健康教育

2．我国社区老年服务的目标就是帮助老年人实现成功老化,具体来讲实现"五个老有",下面不属于"五个老有"是_____。

    A．老有所学　　　　　　　　B．老有所医

    C．老有所为　　　　　　　　D．老有所教

3．社区老年人服务的新型养老模式包括_____。

    A．社区照顾　　　　　　　　B．社区活动

    C．社会参与　　　　　　　　D．社区康复

4．社区弱势群体服务的技巧，包括_____。

    A．沟通　　　　　　　　　　B．训练

    C．支持　　　　　　　　　　D．保护

5．不属于社区康复的是_____。

    A．医疗康复　　　　　　　　B．教育康复

    C．社会康复   D．职业康复

三、简答题

1．简述社区残疾人服务的含义。

2．简述社区儿童青少年服务的方法。

四、讨论题

1．现阶段，我国养老方式有哪些？

2．针对残疾人的特点，可以开展哪些服务项目？

🔍 实训任务

任务描述：设计一份社区残疾人服务项目方案。

任务引导：

1．调查了解需求并设立服务目标。

2．设计具体的服务活动内容，满足新居民的需要。

3．完成后评估的方法与措施。

4．服务方案的内容应包括项目背景、项目目的、项目内容、项目时间进度、项目产出、项目经费安排、项目评估。

第 8 章 社区特殊人群服务

引言

社区特殊人群包括社区中有特殊困难的人群和有特殊贡献的人群。有特殊困难的人群是指因为各种原因在经济、社会竞争中处于不利地位，因此存在各种生活困难的人群，有时也称弱势人群。有特殊贡献的人群是指优抚对象，包括革命烈士家属（含因公牺牲、病故军人家属）、现役军人家属、革命伤残军人（含伤残国家机关工作人员、伤残人民警察、伤残民兵民工）、复员和带病回乡退伍军人（含在乡退伍红军老战士、在乡西路军红军老战士和在乡红军失散人员）、现役军人。本章所讲述的社区特殊人群的福利服务主要是指社区针对妇女、流动人口和优抚对象的各种困难而提供的无偿或低偿服务。

学习目标

1. 重点理解并掌握社区妇女服务的含义、特点及需要。
2. 理解社区流动人口服务的含义、特点及需要。
3. 较好掌握社区流动人口服务的内容及目标。
4. 理解社区优抚对象服务的含义、特点及需要。

学习导航

```
                                          ┌──── 社区妇女服务的含义和特点
                              社区妇女服务 ├──── 社区妇女的特点和需要
                                          └──── 社区妇女服务的内容和目标

社区特                                     ┌──── 社区流动人口服务的含义
殊人群 ──── 社区流动人口服务 ├──── 社区流动人口的特点和需要
服务                                       └──── 社区流动人口服务的内容和目标

                                          ┌──── 社区优抚对象服务的含义
                           社区优抚对象服务 ├──── 优抚对象的特点和需要
                                          └──── 社区优抚对象服务的内容、方法和目标
```

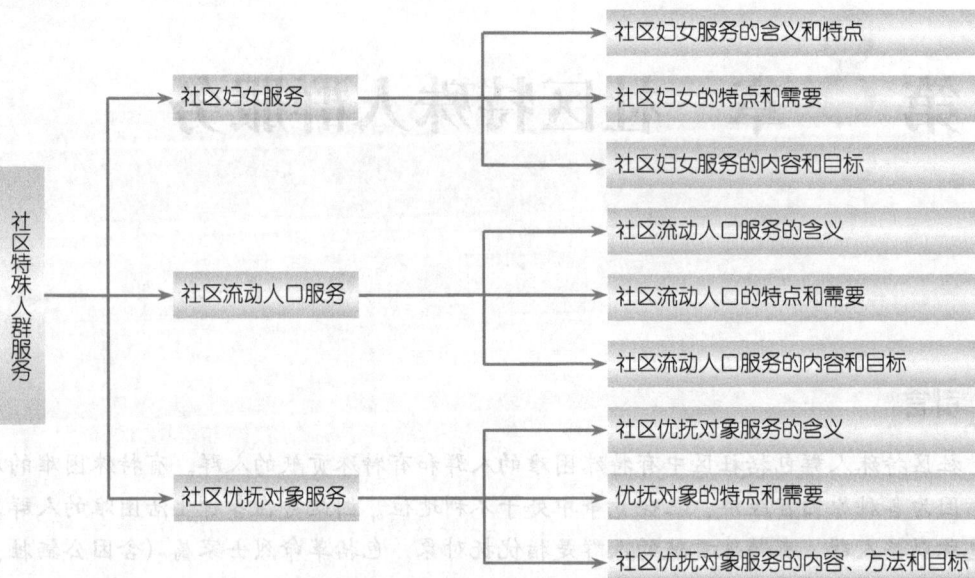

8.1　社区妇女服务

案　例

居委会应为社区妇女服务

桂花一大早就跨进居委会大门，这已经是她第三次到居委会来了。王主任说："怎么了？又打你了？这个人呀……"桂花低着头，胳膊和手腕上都是红肿的拧伤，一侧的脸颊和眼眶乌青。"我已经尽力做好自己的事了。昨天他回家我早就做好饭了，但是他吃了一口就摔掉筷子说菜太咸了。我只说了一句'不咸啊'，他就……"桂花眼泪刷刷地流下来。王主任叹了一口气："你家的这位，看着是个挺懂事理的人啊！你看，每次他打你以后不都是很后悔吗？……年轻人火气大，过些年成熟了会好些。……建立个家不容易，有话还得好好说……"

讨论 8-1　1. 你认为案例中的王主任解决了桂花面对的问题吗？
　　　　　　　2. 假如你是居委会主任，该如何去处理这个问题呢？

8.1.1　社区妇女服务的含义和特点

1．社区妇女服务的含义

妇女半边天，因此，妇女服务是社区服务的重要组成部分。不过，目前还没有关于妇女服务的统一定义，与之相关的概念有"妇女工作"、"妇女社会工作"等。根据现在妇女服务的理念、工作手法和具体的内容来看，我们认为社区妇女服务是在社区范围内提供的妇女社会工作，即以社区中的妇女为服务对象，针对她们在参与社会、经济、政治、文化和婚姻家庭生活过程中遇到的各种问题而开展的社会服务性工作，可以分为针对社区特殊困难妇女人群的妇女服务和针对社区所有妇女人群的妇女服务。

2．社区妇女服务的特点

（1）服务对象是全体妇女。帮助妇女在自我成长的过程中，获得能力的提高和意识的提升。

（2）服务的目标建立在家庭和社区为本位的层次。帮助妇女善用闲暇时间，促进妇女在家庭中扮演更有效的角色，使妇女成为社会服务的主要媒介和资源，促进妇女协助预防和解决家庭及社区问题。

（3）服务的内容和主题以强化妇女的适应能力、提升价值观为主，使妇女在参与政治、经济、社会、文化和家庭生活过程中更好地发挥其应有的作用。

（4）服务方式：个案、小组、社区三大工作方法相结合，有的放矢地为妇女解决实际问题。除此之外，还可以在社区开展心理咨询、讲座及参与式培训等服务，实实在在地为妇女解决问题，排解后顾之忧。

8.1.2　社区妇女的特点和需要

1．社区妇女的特点

（1）社区妇女构成较为复杂，呈现多年龄段、多文化层次的特点。主要包括辍学女童、老年女性、进城打工妹、失业女性、离异女性和残疾女性等。她们因来自社会、经济和自身因素的制约，阻滞了自身发展的步伐，表现为生活困难，生活质量下降，改善困难状况有一定的难度，缺乏一定的社会支持网络等。她们受到周围人们的歧视，内心充满痛苦与焦灼，自尊心受到了打击，缺乏自信和依法维护自身合法权益的意识，而解决这些问题需要我们全社会的积极参与和配合。

（2）社区妇女问题往往与婚姻、家庭问题密切相关。在现代社会，女性往往是婚姻、家庭变故的利益受损者。例如，在家庭暴力事件中，受害者往往是女性；在婚姻已经破碎的家庭中，单亲母亲往往承担了抚养子女的主要责任等。而女工下岗失业后其夫妻感情、子女态度、家庭经济支配权等方面也都有所滑坡，甚至导致家庭解体。因此，除了对妇女本身提供服务外，还要对其家庭提供相应的服务。

2．社区妇女的需要

（1）女性和男性享有同等的社会发展环境和条件的需要。虽然我国妇女和男子在法律上已经取得了平等，妇女也在政治、经济、教育、文化等各个领域取得了成绩，做出了贡献，但是在现实生活中还存在不利于妇女发展的情况。社会上存在重男轻女、歧视妇女的观念，在各个领域存在不少男女不平等的现象，使妇女在发展过程中还没有完全取得与男子同等的社会发展环境和条件，如就业中的性别歧视，妇女在国家机构重要领导岗位上的重要职务中所占的比例低，农村失地、失业妇女增多等。因此，维护妇女权益，改善妇女生存与发展的社会环境，在法律和现实等层面真正实现男女社会性别平等，是妇女发展最迫切的需要。

（2）特殊妇女保护的需要。由于妇女特殊的生理状况，妇女担负着人类再生产的使命，使妇女在发展过程中需要一些特殊的帮助，如妇女特有的五期（经期、孕期、产期、哺乳期、更年期）保护等问题。另外，由于妇女长期处于不平等的社会环境中，也使得在现阶段妇女需要一些特殊的保护和帮助，如制定并实施妇女发展纲要，完善维护妇女权益的法律体系，努力促进社会性别平等和妇女发展。

8.1.3 社区妇女服务的内容和目标

> **案 例**

长沙芙蓉区创建反家暴社区工程

2013年10月27日上午，在中国妇女第十一次全国代表大会即将召开之际，长沙市芙蓉区妇联主办的"反家暴"主题宣传活动在湘湖街道西湖社区举行，中央电视台社会与法频道《天网》栏目组全程拍摄。

活动中，长沙市芙蓉区妇联组织各社区文艺骨干，用通俗易懂的长沙方言表演了一场又一场"反家暴"的节目，包括韵白剧——沉重的警示、独幕剧——家庭不要暴力、三句半——男子参与反家暴等，用诙谐的语言、形象生动的表演向居民朋友传递着家庭暴力的危害及预防和制止家庭暴力的方法。活动最后，全体人员伸出自己的右手，一起喊出反家暴口号："家暴，我不要！"

长沙市芙蓉区妇联主席易淑珍表示，自启动"零家庭暴力社区"工程以来，芙蓉区已形成政府主导、部门联动、社会积极参与的反家暴工作格局，建立健全了打击、保护网络、司法维权网络，政府职能维权网络等七大维权网络；构建了反家暴常态宣传机制，定期开展节目巡演、维权知识竞答等活动；创新推出男性参与反家暴模式，成立反家暴男性参与行动小组，首批20名男性志愿者既有来自司法行政机关干部、基层社区干部，也有律师、高校师生、自由职业者，为反对家庭暴力宣传工作方面做出了积极贡献。目前，芙蓉区家暴投诉受理率、依法制止处理率均达 100%，全区 79 个社区（村）中 49 个社区（村）被评为"零家庭暴力社区（村）"，24 个社区（村）被授予"零家庭暴力示范社区（村）"。

资料来源：节选自新浪新闻中心 2013 年 10 月 30 日刊登的文章"中央电视台社会与法频道'反家暴'拍摄组走进芙蓉区"。

> **讨论 8-2**　根据资料，谈谈被虐妇女可以从哪些方面获得援助。

1. 社区妇女服务的内容

（1）针对社区所有妇女人群的妇女服务的内容。

1）妇女价值认知服务主要体现在两个方面。① 鼓励妇女为社会做贡献。在社区中，开展妇女"巾帼建功"活动。例如，在不同行业争做"三八红旗手"、"劳动模范"、"学习标兵"等，让妇女深刻认识到自己的价值，时时刻刻做一个有理想、有道德、有专长、有纪律的自尊、自信、自立、自强的女性。树立正确的思想观念，增强历史使命感和社会责任感，为国家为民族做出应有的贡献。② 不断完善、提升自己。根据社区妇女的实际情况，开展各种形式和不同层次的教育培训和技术咨询工作，帮助妇女克服学习上的为难情绪，合理安排家务，有效地学好科学知识、实用技术，积极参加各种比成绩、比贡献的竞赛活动。不断完善、提升自己，充分发挥妇女在社会主义建设事业中的生力军作用。

2）维护妇女合法权益体现在两个方面。① 提高妇女的法律意识。积极在妇女群众中开展普及法律知识的活动，宣传贯彻《中华人民共和国妇女权益保障法》，帮助妇女群众提高法律意识，知法守法，并学会运用法律武器维护自己的合法权益。在全社会进行宣传教育，倡导文明、进步的妇女观，逐步破除重男轻女、歧视妇女的错误思想和陈规陋习。② 维护妇女合法权益。在工作中，要注意加强与有关部门的密切联系，协调沟通，调运社会各方力量为妇女排忧解难，伸张正义，维护权益。对那些可以通过司法诉讼解决的问题，尽量帮助妇女诉诸法律来解决；对那些有关劳动、家庭、计划生育等方面的案件，要帮助妇女通过政府有关职能部门加以解决；对那些基层处理不公、上告无门的案件，通过人大、政法委等有关监督部门依法行使监督权，督促问题的解决。妇联组织可积极创造条件，与有关部门协作，如建立妇女法律援助中心、妇女热线电话、妇女维权合议庭等机构，为妇女提供法律帮助。

3）健康保健、优生优育服务。通过举办有关讲座、学校开课等形式向妇女群众进行妇女儿童生理心理健康、卫生保健、防病健体、优生优育优教、科学育儿等知识的宣传、咨询，提供相关服务。

4）婚姻家庭咨询服务。不断在社区开展婚姻家庭教育和咨询服务，提高人们婚前选择配偶、在不同的婚姻期调整夫妻关系和其他家庭关系、管理家庭、妥善处理婚姻危机的能力，有效地帮助婚姻家庭方面的求助者冷静而理智地解决婚姻家庭矛盾和婚姻家庭问题，为促进家庭和睦、社会安定打下坚实的基础。

5) 文娱体育活动。利用社区资源建立妇女儿童活动中心，为妇女群众在工作、劳动之余进行文化、娱乐、体育、健美等活动提供方便；及时组织一些文娱体育活动，不断丰富妇女群众的生活，提高她们的素质，加强她们之间的沟通与交流，认同与接纳，为她们以后在遇到困难与问题时，成功地组织起来，互助互爱，建立一个支持网络打下基础。

(2) 针对社区特殊困难妇女人群的妇女服务的内容。

1) 为被虐妇女提供的服务。家庭暴力是一个全球性问题，在我国还出现继续扩展和攀升的趋势，而在家庭暴力事件中多数受害者是女性。在许多国家或地区，反对家庭暴力，以及对被虐妇女实施救助，是社区工作中一项制度化的工作内容。在具体的操作层面，重要的工作有以下几个方面：① 倾听被虐妇女的经验，理解其行为反应，一起探讨解决问题的方向和方法。② 为被虐妇女提供相应的社会资源，如申请法律援助、入住家庭暴力庇护所、去家庭暴力致伤鉴定中心鉴定伤情等。理解被虐妇女的反应，与之讨论解决问题的方向和方法，并记录相关的情况。③ 对家庭暴力事件当事人（包括施暴者和被虐者）进行辅导，尽量消除施暴者心里的暴力因素，使被虐妇女发展正向的自我概念，树立起对掌握自己命运能力的信心。④ 教导被虐妇女个人权利的观念，以及应对家庭暴力的技巧。例如，教导被虐妇女"有要求被尊重、被保护的权利"、"有反抗的权利"等观念，而不要一味委曲求全、忍辱负重。⑤ 协助发生家暴的家庭解决实际问题，根除产生家暴的根源。例如，有些是因为经济困难而发生冲突的，就要帮助解决家庭经济的紧张。

2) 为单亲母亲提供服务。在现代社会中，家庭变迁趋于剧烈，离婚率逐步攀升，单亲家庭数量越来越多。而在单亲家庭中，单亲母亲家庭的比例远远高于单亲父亲家庭，女性成为离婚现象攀升所造成后果的最直接承担者。单亲母亲家庭往往存在经济收入偏低、生活困难增多、心理压力加剧、子女教育及社会化等问题，需要社区提供支持和服务。其服务内容包括：① 协助单亲母亲面对现实，努力调整自己的情绪和心理状态，顺利度过婚姻变迁初期的心理适应阶段，树立自强、自立的信心，对今后的家庭生活有一个长远规划。② 寻找社会支持系统的帮助，包括获得家人的理解和支持，扩大自己的社会交往网络，融入社会中，到相关的机构申请救助等，从而获得经济援助和精神支持，以提高她们的生活质量。③ 协助调整好单亲家庭中的亲子关系，寻找社会资源帮助单亲母亲解决诸如子女学习适应、家庭变迁后心理适应和情感适应等问题。

案 例

社区的单亲俱乐部

长春市二道区远达八里堡街道泰和社区位于二道区的西北部，属于棚户区，单亲家庭相对较多。为了帮助社区单亲家庭中的儿童能够健康成长，2009 年社区建立了单亲家庭俱乐部，现有成员 50 余名。俱乐部设在社区特意腾出的一间办公室内，房间宽敞明亮，整齐的书桌上放着孩子们看过的书，墙角的书架上是各种书籍和可爱的玩具。据社区服务工作者介绍，社区会不定期邀请大学生志愿者为这些孩子义务辅导，建立了 4 点钟课堂。俱乐部依托辖区内的律师事务所建立了儿童法律学校，帮孩子树立正确的人生观和价值观；还建立了单亲家长学校，解决单亲家庭父母在教育子女上遇到的问题。一位母亲说，在单亲家庭俱乐部的帮助下，她和她的孩子不再孤独，孩子放学之后有处可去，学习也天天在进步，自己少了后顾之忧，可以安心工作。

资料来源：节选自《长春日报》2009 年 4 月 24 日刊登的文章"社区的单亲俱乐部"。

讨论 8-3　单亲俱乐部对单亲母亲提供了什么样的服务？

3）为失业女性提供的服务。失业女性面临家庭婚姻、子女供养、再就业等一系列困难和问题，是最需要社会工作予以关注和提供服务的人群。面向失业女性提供的服务主要包括：① 通过个案或小组工作方法，帮助失业女性顺利度过失业初期的心理调适阶段，协助失业女性调整自己的情绪和心理状态，树立信心，对今后生涯发展有一个长远规划；② 通过社区工作方法，帮助失业女性建立更广泛的社会交往网络，整合各种资源解决经济困难；③ 引导失业女性调整就业观念，组织失业女性参加职业培训，帮助失业女性再就业；④ 帮助失业女性解决因事业而引起的家庭、婚姻、子女教育等方面的问题。

案 例

切实解决妇女问题

（1）某社工机构为了帮助妇女脱贫致富，根据当地妇女会编织民族特色服装的特点，为她们投资购买了一批编织机，为了便于销售，还联系了县城里的商场。妇女在家里进行来料加工，编织特色服装，同时照顾家务，男人把织好的服装运到 18 里外县的商场，销路很好。为了多挣钱，妇女们天天加班加点，减少了串门聊天的时间。

（2）西北某地某村严重缺水。村里的习惯是妇女负责家里的吃水，因此妇女每天要花三四小时到十几里外的河里挑水。某社工机构寻找基金会赞助该村打一口井，条件是要求村委会办一个扫盲班，原来挑水的妇女要无条件地参加扫盲班的学习。村委会同意了，并和社会工作者一起做了很多工作。结果，村里有了一口井，妇女扫盲班也办起来了。解决了就近吃水的问题，妇女减轻了劳动强度，还参加了文化学习。

资料来源：节选自史柏年主编的《社会工作实务（中级）》。

讨论 8-4　上述两个案例有何不同？

2．社区妇女服务的目标

社区妇女服务的总目标是为妇女的全面发展创造有利的社会条件和社会环境。具体目标包括：①帮助妇女解决遇到的各种现实问题，如经济问题、子女上学难问题等；② 帮助妇女预防出现新的问题；③ 促使社会性别主流化，进一步建立健全有利于妇女发展、保障男女社会性别平等的法律、法规和政策；④ 建立有利于妇女发展、促进男女社会性别平等的社会环境，如提高社会所有成员的社会性别意识，反对歧视妇女的各种现象等。

8.2　社区流动人口服务

8.2.1　社区流动人口服务的含义

所谓流动人口服务，就是以流动人口为服务对象的社区服务。也就是针对流动人口的生活现状、心理状态、家庭背景以及文化特点等实际情况，通过个别或集体辅导的方式，调动可利用的资源，从而使流动人口的生活处境得以改善，迅速融入新的社区，同时促进整个社区的发展。

从实际流动人口服务的项目来看，可以分成三大块。

（1）协助流动人口办证服务。包括协助办理暂住证、计生证、就业证等证件，目前很多社区服务中心主要就是做这项服务工作。

（2）针对流动人口的生产生活安置的服务。帮助流动人口处理诸如治安管理、计生保健、医疗卫生、法律咨询、民事调解、房屋租赁、就业务工、儿童免疫、子女入学等问题，提供必要的咨询援助，使其尽快找到居住场所和工作岗位，在社区中安顿下来。

（3）流动人口融入社区服务。由于文化差异等各种因素的影响，流动人口往往在社会互动中比本地居民有更多的障碍，如何帮助流动人口适应新的社区的生活，成为社区服务机构和社区服务工作者的一项重要工作。需要社会工作者进行各种活动，以使流动人口能够了解本社区，与社区其他居民互动，克服交流障碍，尽快适应新社区的生活，协助他们解决文化、语言、交流上的隔膜。

8.2.2　社区流动人口的特点和需要

1．社区流动人口的特点

（1）从生存发展条件上看，以弱势群体为主，包括小部分强势群体。根据各地对外来务工人员的调查结果显示，外来务工人员在整体上处于社会弱势地位，工作生活大多较为艰苦。大部分外来务工人员的文化素质较低，从事的工种（职业）以体力型或技术含量低的工作为主，收入相对较少。由于在整体处于社会弱势地位，因此，外来务工人员容易受到忽视、歧视及不平等对待。

（2）从社会交往上看，社交相对封闭，相对脱离于务工地的社会组织和服务，比较注重内部的相互帮助。由于背井离乡、人生地不熟及所从事的行业、工种等原因，相当一部分外来务工人员的交往对象主要是工友、老乡，与本地居民接触不多。社交相对封闭加深了外界对外来务工人员的不理解、误解和歧视。

（3）从思想状况上看，以赚钱和学习技能为主要务工目的，创业意识十分强烈。外来务工人员主要是由经济落后地区流向发达地区，他们外出务工前家庭年收入比较低。赚钱是外来务工人员的主要目的。同时，他们在工作过程中，也感受到社会对人才的渴求，自身危机感不断增强，他们觉得必须有一技傍身才能在社会上有生存的空间，特别是外来青年务工人员。2006 年广州市白云区对外来务工人员的调查结果显示，55.7%的外来青年员工对"没有一技之长"感到比较苦恼，29.2%的外来青年员工认为目前急需解决的是劳动技能培训。在谈到个人最关心的问题时，35.8%的外来青年员工选择"事业有成"，17%的外来青年员工希望"学技术回家创业"，16%想"挣钱回去自己当老板"，8.4%想"在本地创业"。这也表明外来青年员工的创业意识正在日益加强。

2．社区流动人口的需要

（1）就业的需要。希望有相对稳定的就业岗位，而不希望随时失业或长期找不到工作。

（2）受教育的需要。希望参加有针对性的文化技能培训，能在工作的同时多学本领，练好技术。

（3）尊重的需要。希望得到社会尊重，承认其应有的社会地位，保护其合法的劳动权益。

8.2.3　社区流动人口服务的内容和目标

▎案　例

上海杨浦区丰富社区外来流动人口教育内容

（1）构建生活服务网络。杨浦区定海街道关心外来妇女，开展计划生育、家庭教育和心理健康等讲座。关注外来儿童，与社区中、小学合作，加强安全教育，减少意外伤害事故的发生。

（2）加强从业服务管理。在企业、工地举办以专业技术技能为主要内容的教育培训，提高外来流动人口的从业能力；鼓励企业参与"创学习型企业，争当知识型员工"活动，为职工建立职业活动室、开辟学习园地，丰富学习内容。

（3）提供法律服务保障。在每个居民区指定教学点，建立外来流动人口法制教育基地，定期与警署合作，宣传各项法律法规，加强法制意识。

（4）丰富文化服务内容。向外来流动人口开放各类文化场馆，丰富其业余生活；图书馆定期开展"外来流动人口读书会"活动，为其提供学习交流平台；邀请外来人员参加戏迷俱乐部、社区运动会、社区文艺演出等活动，感受社区和谐文化。

讨论 8-5　结合案例分析社区流动人口服务应该包含哪些方面的内容。

---

1. 社区流动人口服务的内容

（1）协助流动人口办证服务。为了便于管理，流动人口需要办理一些证件，如暂住证、计生证、就业证等。这些证件是流动人口在城市社区生活的合法依据，社区会就此为外来人口提供相关服务。

1）办理暂住证。办理暂住证是流动人口进入社区后的第一件大事。它是流动人口留居城市的暂住证明，由所暂住城市的公安机关签发。根据各地方法规的规定，暂住证到当地公安派出所或其他代办机构办理。

目前我国各省（自治区、直辖市）为加强暂住人口管理，保障公民合法权益，维护社会治安秩序，都出台有本区域"暂住人口管理条例"，规定在暂住地拟暂住 30 天以上、年满 16 周岁的人员，除因探亲、访友、旅游、就医、就学等原因外，都应当在到达暂住地 10 日（或 7 日）内申领暂住证。

申领暂住证时，除必须出示的个人身份证或其他有效证件，以及近期正面一寸免冠大头照片外，通常还需要提供有关的证明材料，如计划生育查验证明（该证明一般由流出地提供）、工作单位证明或合法居住场所证明（如房屋租赁证明）。

关于暂住证的申报，各地差不多：单位招用暂住人员并提供住宿的，由招用单位申报办理；个人招用暂住人员并提供住宿的，由雇主申报办理；暂住人员租房居住的，由房屋出租人申报办理；暂住人员留住在居（村）民家中的，由户主申报办理；其他暂住人员，由本人申报办理。

暂住证的时间限制因地而异，通常为两年至三个月不等，其使用空间范围都是以市为单位。由于办理暂住证的目的所在，因此在人口流动性较大的城市中，可能有时会检查暂住证持有情况。

社区服务组织虽然不是暂住证的办理机关，但仍旧可以为流动人口提供诸多的服务和帮助。并不是所有的流动人口都完全清楚暂住证办理的有关规定，如果能够对本社区内的流动人口提供办证方面的咨询援助，就可以避免流动人口因材料不全或其他原因而带来的麻烦。

《广东省流动人口管理规定》规定"各市和流动人口较多的县、乡镇政府、街道办事处均应成立流动人口管理机构，配备一定数量的专职工作人员"，"流动人口较多的居（村）民委员会应按辖区内流动人口数2‰～3‰的比例配备专职管理人员，流动人口较少的居(村)民委员会应配备兼职管理人员。雇用流动人口的单位、业主，应根据情况安排专职或兼职人员加强管理"。

因此，社区服务机构可以在宣传暂住人口管理和服务政策，告知暂住证申领办法，提醒暂住证妥善保管和使用等方面向流动人口提供各种援助。这种良好的援助支持关系的建立，也就等于让流动人口在刚进入社区之初就感受到了本社区的关怀，稳定了流动人口的人心，对未来流动人口融入社区和本社区的发展显然都是有利的。

2）办理计生证。为了加强流动人口计划生育管理工作，维护流动人口的合法权益，有效地控制人口增长，国家计划生育委员会 1998 年 9 月 22 日发布了新的《流动人口计划生育工作管理办法》。

该办法规定流动人口的计划生育工作由其户籍所在地和现居住地的地方人民政府共同管理，以现居住地管理为主，现居住地负责对流动人口计划生育工作的日常管理，并纳入当地计划生育管理。

成年流动人口在离开户籍所在地前，应当凭合法的婚姻、身份证件，到当地县级人民政府计划生育行政管理部门或者乡（镇）人民政府、街道办事处办理婚育证明。到现居住地后，应当向现居住地的乡（镇）人民政府或者街道办事处交验婚育证明。成年流动人口办理暂住证，申请营业执照或务工许可证等证件时，都需要出示查验过的婚育证明。

流动人口现居住地的乡（镇）人民政府或者街道办事处应当向其中的已婚育龄流动人口进行人口与计划生育宣传，并组织有关单位向育龄夫妻提供避孕节育措施服务。

已婚育龄流动人口申请在现居住地生育子女的，应当在其户籍所在地的县级人民政府计划生育行政管理部门或者乡（镇）人民政府、街道办事处按照当地有关规定办理生育证明材料，并凭该证明材料，在现居住地生育子女。

已婚育龄流动人口现居住地的乡（镇）人民政府或者街道办事处应当与其户籍所在地的乡（镇）人民政府或者街道办事处建立联系，互相通报信息。

3）办理就业证。1994 年 11 月 17 日，劳动部发布《农村劳动力跨省流动就业管理暂行规定》，其目的是引导农村劳动力跨地区有序流动，规范用人单位跨省招用农村劳动力和农村劳动力跨省流动就业的行为，保障双方的合法权益。

该规定要求用人单位或其委托代理人从应招对象户口所在地招收农村劳动力，须向该地劳动就业服务机构提交必要的文件，经核准后在劳动就业服务机构的协助下招收，并接受该地劳动行政部门的监督。用人单位一般不得在本地直接招收外省的农村劳动力。

该规定同时要求被用人单位跨省招收的农村劳动者，在外出之前，须持身份证和其他必要的证明，在本人户口所在地的劳动就业服务机构进行登记并领取外出人员就业登记卡；到达用人单位后，须凭出省就业登记卡领取当地劳动部门颁发的外来人员就业证；证、卡合一生效，简称流动就业证，作为流动就业的有效证件。跨省流动就业的农村劳动者，可凭流动就业证享受劳动就业服务机构提供的就业服务以及其他社会服务。

除了以上所提三证以外，有些证件在有的时候也可能影响流动人口的就业和生活。在有的机构，找工作时可能会要求出示身体健康的证明，这一来是工厂为了保障它们自己的利益，减少职业病的发生，同时也是工人们在万一患上疾病时有据可依。有的工作机构可能还对求职者的文化层次有要求，因此携带自己的毕业证和学习或培训证明就成为必需。另外，在进入深圳、珠海特区时，还必须申领一年有效的边防证，凭身份证即可在各检查站立等可取，但尤其是在出入境高峰期时可尽量到驻地公安机关办理，以避开可能出现的排队拥挤现象。

长期以来，流动人口必须同时办理以上三证。各地也是根据上述规定，为流动人口进行服务。不过 2005 年年初，福建省厦门市、北京市和浙江省相继宣布停止执行针对外来劳动力的就业证卡管理制度，使流动人口在就业条件、就业机会、就业服务方面和城里人享受相同的待遇。

（2）针对流动人口的生产生活安置的服务。社区服务组织能够为流动人口提供的生产或生活安置的服务可谓种类繁多，不可能完全枚举，下面仅开列一些主要的服务项目。

1）个体或家庭咨询转介服务。初入社区的流动人口，社区的一切对他们都可能是新的，新住户们可能对社区的服务网点分布不是很了解。这个时候，如果社区服务组织可以为他们提供这样的咨询的话，对流动人口来说是非常有意义的。

2）房屋居住服务。目前很多地方，为了管理与服务的方便，纷纷提出建设"流动人口公寓"，推进流动人口集中居住。原来挤在临时工棚内的流动人口，现在也可以住进明亮宽敞的公寓住宅。这种流动人口公寓通常带有很大的福利性质，其租金要低于市场上的其他出租房，水、电、热、气、通信、有线电视等使用的价格也给予倾斜和优待，为流动人口所能承受。

3）劳动和就业服务。除了亲戚朋友介绍，越来越多的流动人口通过职业介绍服务机构走上了工作岗位。社区服务组织还需要对流动人口进行就业前的辅导工作。提供职业辅导的主要任务：提供职业咨询，引导调整就业观念，指导设计职业生涯，提高求职技巧。

完整的求职辅导包括：① 能力评估。根据求职者的个人情况及其职业倾向，对其职业能力进行分析和评估。② 职业分析。结合对求职者的能力评估和社会上的职业分布情况进行职业预测，帮助求职者调整就业观念和求职意愿，确定职业目标，提出职业培训建议。③ 就业计划。在此基础上，服务机构与求职者协商制定一定时间的就业计划，确定机构可提供的服务和求职者的求职活动安排。④ 计划执行。在此过程中，要定期约见求职者，检查计划执行情况，并根据实际情况对服务内容和求职活动进行相应的调整。⑤ 再指导。如果一次辅导没有实现求职，要帮助其研究求职过程，并修改或重新制定就业计划。

4）劳动纠纷和法律援助。针对流动人口的法律援助，有 1/3 集中在他们与用工单位之间发生的劳动争议方面。在上海等地，流动人口与本地居民一样，只要符合法律援助条件，就可以申请法律援助，获得法律咨询、代书法律文书、诉讼代理等多种形式的免费法律服务。

受理的流动人口有关劳动争议的法律援助案件主要集中在以下几个方面：① 企业不签订劳动合同；② 发生工伤事故后企业不肯依法给予伤残赔偿；③ 企业随意拖欠、克扣工资，不缴纳社会保险；④ 企业对事实劳动关系不予认可。

还有的情况是企业本身没有在工商部门注册，是非法经营的。在这种情况下发生劳动纠纷时，因为不存在规范的劳动关系，劳动部门可能无法协助流动人口，这个时候可能需要公安介入，揭露对方诈骗行为。

5）政策宣教。加强外来流动人口管理的关键之一是提高流动人口的素质。目前，可从以下四个环节加强教育：① 在流动人口进城办理暂住证、就业证和计划生育证明时，可以将教育资料及时地发给他们，并要求他们进行学习。② 流动人口与用人单位建立起比较固定的劳动关系以后，用人单位有义务对流动人口进行基本知识和技能培训及法律知识教育。③ 在流动人口有了比较稳定的居住条件以后，其居住地居民委员会应把流动人口纳入社区教育范畴，通过开办民工学校、社区教育活动中心、法制学校，开展上岗培训、职业培训、专题性讲座，举办各种活动对他们进行思想品德和法制教育。④ 充分利用各类传媒，尤其是对流动人口影响力极大的电视传媒，对流动人口开展思想教育和法制宣传教育，增强他们的法律意识，提高遵纪守法的自觉性。

6）计划生育和卫生保健服务。由于生育习惯、经济条件等种种原因，流动人口在健康与保健方面的情况一直有待改善。在 2003 年宁波市进行的一项调查中，发现在被调查的外来妇女中，在健康知识方面空白的比率为 20.58%，52.26% 的妇女有孕产妇保健册，60.58% 的妇女做过产前检查。外来妇女主要从计生干部那里获得避孕节育和生殖健康的知识，其次从广播电视、书报杂志、医生等渠道获得。有 15.52% 的妇女有病不看，45.25% 的妇女近两年来没做过健康体检。

因此，可以通过举办健康展览会及健康讲座等活动，尤其是在疾病防治、孕产妇保健、节育等方面加强宣传。有条件的可以与当地医疗机构协作，帮助流动人口定期进行检查。

7）流动儿童教育服务。目前，全国有近 2 000 万名流动儿童，他们失学严重，失学率高达 9.3%，上学超龄现象也很普遍，还有一些流动儿童从事童工。为了解决严峻的流动儿童受教育问题，1998 年 3 月 2 日，国家教委、公安部联合发文《流动儿童少年就学暂行办法》规定："流动儿童少年就学，以在流入地全日制公办中小学借读为主，也可入民办学校、全日制公办中小学附属教学班(组)以及专门招收流动儿童少年的简易学校接受义务教育。""经流入地县级以上人民政府教育行政部门审批，企业事业组织、社会团体、其他社会组织及公民个人，可依法举办专门招收流动儿童少年的学校或简易学校。办学经费由办学者负责筹措，流入地人民政府和教育行政部门应予以积极扶持。简易学校的设立条件可酌情放宽，允许其租赁坚固、适用的房屋为校舍。"

（3）流动人口融入社区的服务。

1）让流动人口了解社区。"偏见来自无知"，长期以来，流动人口和社区居民之间的隔膜，在很大程度上便是源自互相不清楚对方。所以，首先的工作是使流动人口了解所处的新社区的情况。

组织针对流动人口的讲习班，是一个不错的方法。通过专题性讲座，可使流动人口很快熟悉社区的基本情况和社区文化，培养他们对本社区的亲近感和归属感，协助这些初到本地的"新移民"认识社区内的资源，了解本地的社会服务体制，当他们有需要援助时，可以通过哪些渠道来获取。

另外，还可以将市民手册向流动人口发放，组织市民与流动人口交流等方式，加强沟通，促进双方互相认识和理解。

2）提供语言服务。在目前吸收跨省流动人口最多的前六个省市中，除北京外，广东、浙江、上海、江苏、福建五个省市分别通行汉语粤、吴、闽等方言，很多流动人口因为不会说这些地方的方言，而自己的普通话又带着浓重的口音，所以普遍存在语言障碍。尤其是在他们刚刚迁入新社区之初，办暂住证，找工作，都必须克服这个障碍。

有条件的社区服务机构可以对流动人口的当地语言和标准普通话进行辅导，或者介绍相关的辅导学校。一般来说，即使只能简单地使用当地语言，也可以大大增强流动人口对社区的认同感。同时，社区服务机构还可以承担"翻译"的角色。

3）建立流动人口自助组织。流动人口是城市中易受害群体，成立自己的支持体系，可以提升他们的自尊心和维权的能力。

在很多地方，目前已经成立"社区外来人员协会"等组织，当地志愿者和协会一起共同为流动人口开展服务，使他们真正融入社区生活之中。2002年4月1日，浙江省瑞安市塘下镇陈宅旺村成立了全国第一个社区级的非营利性、非政治性的"外来人口协会"，全面增强了外来人口对居住地的归属感和责任感，有助于最终实现"同一天空下，不分你我他"的良好局面。

2．社区流动人口服务的目标

社区流动人口服务的总目标是为流动人口创造一个安定和良好的生活与工作环境。具体目标是：① 帮助流动人口解决遇到的各种现实问题，如经济问题、子女上学难问题等；② 帮助流动人口预防出现新的问题；③ 维护流动人口的权益，使流动人口能享有与常住人口一样的权益；④ 增强流动人口的社区归属感，促进社区融合；⑤ 消除对流动人口的社会歧视，创造一个对流动人口公平合理的社会环境等。

8.3　社区优抚对象服务

8.3.1　社区优抚对象服务的含义

1．优抚的含义

优抚是优待和抚恤的简称，含抚慰、抚养之意。这一概念伴随军队的产生而产生，而内容、形式因国、因时而异。这里的优待是指国家、社会和群众对烈士遗属、因公牺牲军人遗属、病故军人遗属、革命伤残军人、现役军人及其家属、带病回乡复退军人、退伍红军老战士等优抚对象，在政治上、经济上给予适当的高于普通社会成员待遇的制度。这里的抚恤是指对残疾军人、烈士遗属、因公牺牲军人遗属，按照国家规定的标准给予的抚恤金待遇，分死亡抚恤和残疾抚恤两类。

2．优抚对象的构成

我国优抚体制中的重点保障对象包括："三属"（烈士遗属、因公牺牲军人遗属、病故军人遗属）、"三红"（在乡退伍红军老战士、西路红军老战士和红军失散人员）、残疾军人、复员军人（1954 年 10 月 31 日之前入伍，后经批准从部队复员的人员）和带病回乡退伍军人（在服现役期间患病，尚未达到评定残疾等级条件并有军队医院证明，从部队退伍的人员）。据统计，目前全国共有享受国家抚恤补助的烈属、残疾军人、在乡退伍红军老战士、在乡复员军人、带病回乡退伍军人等重点优抚对象 468 万人。

3．社区优抚对象服务

社区优抚对象服务是指社区发动和依靠社会力量，以一定的形式，为社区内的优抚对象排忧解难，尽可能满足他们的各种合理需求而提供的各种服务。

8.3.2　优抚对象的特点和需要

1．优抚对象的特点

（1）可利用的资源不足。优抚对象具有分布广、人口结构复杂的特点。随着城乡经济社会发展差距的拉大，居住在广大农村地区的优抚对象所能利用的资源在不断萎缩，部分资源甚至逐渐消失。随着我国进入老龄社会，优抚对象中老年病、慢性病多的特点日益突出，而相应的服务资源却严重不足。

（2）积极与消极情绪并存。优抚对象是为国家的解放和建设事业做出过特殊贡献的社会群体，富有社会责任感和荣誉感，一旦得到精神抚慰和激励，便可以焕发出主动进取的精神。与此同时，面对伤病的困扰和生活中的困难，部分优抚对象在忧郁、焦虑、敌对、恐怖与偏执等负面心理因素方面，表现得比普通群众显著。

2．优抚对象的需要

（1）维持基本生活的需要。国家相关政策的调整滞后于经济社会的发展，导致优抚对象的抚恤补助标准明显偏低，部分优抚对象出现了生活困难的问题。他们在基本生活、住房、教育等诸多方面的需求都期待得到满足。

（2）医疗康复的需要。优抚对象对于医疗康复的需求普遍要多些，如伤残军人的医疗消费与医疗费用负担更高、更重；老年优抚对象在医疗康复方面的需求则更为集中。

（3）尊重的需要。在和平环境中，居民容易对军队的重要地位和作用认识不足，国防观念淡化。优抚对象享有的社会尊重不如从前，自感社会地位下降，相对剥夺感增强。

8.3.3　社区优抚对象服务的内容、方法和目标

| 案　例

军属抚恤金怎打白条

唯一的儿子在部队当兵期间病故，国家每月发放的部分抚恤金却被拖欠，这是乾县阳洪镇东村二组的石秀芳老人遇到的烦心事。两年多来，她一直拿着镇上民政部门给她打的近3 400多元的两张抚恤金白条发愁。

据老人讲，开始到阳洪镇民政办公室领抚恤金还可以，后来就不能及时按固定数目拿到钱了。老人多次询问，有关人员总说没钱。2002年，抚恤金不再经过镇上发放，而是给他们家属开了一个银行户头，由县民政局直接将抚恤金按时发放到个人存折上。因此，阳洪镇政府民政办公室给老人结算了从1989年到2002年6月拖欠的抚恤金数额，但由于没钱，所以给老人开了两张欠条。石秀芳向记者出示了盖有当时的阳洪镇民政办公室章的白条，总额达3 400多元。

就此问题，记者采访了阳洪镇政府民政干事。他表示，镇上确实拖欠了石秀芳的抚恤金，而且在阳洪镇，像石秀芳这样没能及时拿到抚恤金的还有几十户，但镇上现在没有钱，镇里的干部工资都很难发出来，最多的拖欠了30个月。如果有钱，他们还是会考虑先给这些人发还抚恤金的。

资料来源：节选自《华商报》2004年4月23日刊登的文章"乾县民政部门拖欠3 400元军属抚恤金怎打白条"。

讨论8-6　针对案例中存在的问题，探讨解决的方法。

1．社区优抚对象服务的内容

目前，优抚服务以从单一的救济型发展到综合服务型，服务内容从少到多，从低层次到高层次。服务形式灵活多样，并处于不断完善和开拓中。

(1) 落实优抚政策。社会优抚政策主要有以下几项。① 抚恤补助。国家对烈属家属、因公牺牲军人家属、病故军人家属、伤残军人实行定期定量抚恤；对退伍老红军、西路军红军老战士、红军失散人员、在乡老复员军人和带病回乡的退伍军人实行定期定量生活补助。② 社会优待。对义务兵家属实行普遍优待，按标准享受抚恤补助。但家庭生活仍有困难的也享受优待，优待标准一般不低于当地上年人均收入的 70%，优待方式一般为现金支付。③ 医疗减免。按照规定，二等乙级以上革命伤残人员、在乡退伍老战士、西路军老战士享受公费医疗；对三等革命伤残军人、在乡老复员军人因病所需医疗费本人支付有困难的，由民政部门给予补助；对烈属、带病回乡退伍军人，因病医疗又无力支付医疗费的，由当地医疗部门酌情给予减免。④ 医疗供养。国家对基本丧失劳动能力的特等、一等革命伤残军人和其他需要养护治疗的优抚对象实行集中医疗供养。⑤ 孤残养护。无法定赡养人的孤老优抚对象由政府供养，供养标准在社会孤老供养标准的基础上再加上抚恤补助金，供养方式采取集中供养和分散供养相结合。⑥ 扶持生产。通过向优抚对象家庭实行减免负担和优先提供资金信贷、生产资料、生产技术等优惠政策，并通过开展"一帮一，手拉手"社会对口帮扶活动，扶持其发展生产，脱贫致富。⑦ 褒扬教育。对革命烈士和优抚对象的英雄业绩和献身精神大力弘扬，对人民进行爱国主义和革命英雄主义教育。

(2) 协助做好征兵和退伍安置工作。社区在征兵工作中，广泛开展国防教育，动员适龄青年积极报名参军。在军人退伍回乡时做好欢迎接待工作，召开欢迎会、座谈会，向退伍军人介绍社区和国家政治、经济形势及存在的困难，教育他们发扬人民解放军的光荣传统，愉快地服从分配。

(3) 帮助解决生活中的困难。例如，调整和解决住房，优先解决子女入托入学，分担军人家庭重体力劳动，请医送药，护理病人，安排就业等。

(4) 开展各种拥军优抚活动。

2．社区优抚对象服务的方法

(1) 构建社区优抚网络。在社区，通过不同渠道建立在各自范围发挥作用的优抚服务组织，形成纵横交叉的社区优抚服务网络，以发挥整体功能。目前，全国 80% 以上的县市区建立了群众性优抚服务组织，数量达几百万个。

社区优抚服务网络一般分四个层次。

1) 包户服务。所谓包户服务，是对生活不能自理的优抚对象采取包干的方法，实行重点服务。包户服务的具体对象是孤老烈士军属、伤残军人等。包户服务的组织形式是由居委会和驻地单位的干部、工人、学生等组成的包户组。包户服务包揽包户对象从吃到穿，从养老到送终的全部生活问题。为了保障包户对象的生活，街道一般与包户单位签订协议，并建立检查制度加以保证，实行定服务对象、定服务人员、定服务内容、定服务时间的"四定"一条龙服务。

2）本位服务。所谓本位服务，是指驻社区各企事业单位在街道或街道优抚服务组织的协调、指导下，各自建立优抚服务组织，着重为本单位优抚对象服务。

3）联合服务。所谓联合服务，是指社区统一组织社会力量，联合为优抚对象服务。发挥社会团体和基层组织在拥军优属中的积极作用。通过社区服务、志愿者服务等多种形式，为优抚对象提供帮助，形成人人关心优抚对象的良好社会氛围，体现社会和群众对优抚对象的特殊关怀和照顾。

联合服务的对象是社区全体优抚对象，因此，联合服务是一种普遍服务。参加联合服务的主体是社区各企事业单位，特别是商业、服务行业的菜场、副食品店、肉店、药店、医院、粮站、燃料店、棉布店等，包括国有、集体单位和个体户。联合服务的内容主要是优惠供应紧俏和廉价商品，提供免费服务。例如，供应各种棉布、滋补品、肉食蔬菜、海鲜，免费裁剪衣服、修理家用电器、理发、诊治疾病等。联合服务的形式有三种。

一是集中服务。一般每逢春节、"八一"节、国庆节或社区确定的每月、每季的某一日举行。集中服务的特点是大型，服务地点一般设在社区中心或繁华地段，并悬挂醒目横幅，有的彩旗招展。优抚对象凭街道办事处发的优惠供应券或证、卡享受优惠供应和免费服务。集中服务既让优抚对象得到各种实惠，又大造了拥军优属的声势，有利于提高优抚对象的社会地位，受到了普遍欢迎。

二是分散服务。一般在集中服务的同时或平时进行。分散服务的特点是小型、灵活、上门，由一家或几家单位，为行动不便或居住集中的优抚对象（如军队离休干部休养所的干部）送货上门，服务上门。例如，上门送米、送煤、送菜、接送孤老烈军属洗澡、理疗、上门打扫卫生等。参加分散服务的人员默默无闻，长年累月地为优抚对象服务，反映了服务人员的可贵精神，更体现社会主义制度的优越，在社会上造成良好的影响。

三是中心服务。建立社区烈军属服务中心，凡优抚对象生活中需要解决的困难，经服务中心介绍，到社区设立的各生活服务点享受优先、无偿或低偿服务。中心服务的主要特点是长期性，它随社区服务的存在而存在，随社区服务的发展而发展。

4）军民双向服务。所谓军民双向服务，是军民双方在互助基础上的以社会主义精神文明为核心内容的互为服务，包括军民共建和军民共育两种形式。军民共建是军民共建社会主义精神文明活动的简称。

（2）运用社会工作方法为优抚对象提供服务。对那些不能面对伤残、难以适应分居两地的人员进行个案辅导，或者组织起来开展小组工作及社区工作，通过沟通、互动和调动资源，和他们一起面对困难，帮助他们分析问题，共同探讨解决问题的办法，为他们提供支持，使他们最终变得勇敢坚强起来。

3. 社区优抚对象服务的目标

社区优抚对象服务的总体目标是以《中华人民共和国宪法》、《中华人民共和国兵役法》

和《中华人民共和国军人抚恤优待条例》以及相关地方性法规为依据，坚持"思想教育，扶持生产，群众优待，国家抚恤"的工作方针和"国家、社会、群众"三结合的优抚制度，从根本上保障优抚对象的基本生活，切实履行国家和社会对优抚对象应予的褒扬，维护优抚对象的合法权益，提高优抚对象的社会政治地位。

| 案 例

优抚服务三级网络试点建成

2013年，郑州市优抚工作再谱新篇章，一个遍布村、镇、县和社区、办事处、区的三级优抚服务网络率先在新郑市和管城区建立，并将在全市范围内完善推广。

所谓"优抚对象三级服务网络"，是指郑州市以县（市）、区民政局为依托，建立优抚对象服务中心；以乡镇（街道办）民政所或村（社区）为依托，建立优抚对象服务站；以村（社区）为依托，划片挑选优抚对象作为联络员；同时县（市）、区、乡镇（街道办）各建立一个优抚对象信息平台。三级服务网络将从就业培训、优抚政策讲解等为优抚对象提供多方面服务。

管城区突出七重点，探索新模式。管城区民政局有一间40平方米的办公室，屋内陈设各种优抚对象办事"明白卡"，一面墙上挂着不同优抚对象抚恤金的标准，一面墙上每周书写和更换着优抚对象的要求和解决情况。墙边排列了整整一面墙的档案柜，里面是管城区802名优抚对象的"一人一档"——这里是管城区优抚对象服务中心。"我们力争做到七个突出，为优抚对象提供尽可能贴心的服务。"管城区相关负责人提起这项措施如数家珍：突出温情优抚，突出实在优抚，突出沟通服务，突出法制优抚，突出自律优抚，突出共建优抚，突出信息优抚，让优抚对象切实享温暖、得实惠、心静气顺。

今年60岁的郑籍老兵，如今也是新郑市和庄镇钟观社区的一名优抚对象联络员："我是一名优抚对象，我服务的对象也是优抚对象，我们有同样的需要，沟通起来很方便。"像这样的优抚对象联络员，遍布新郑市每个社区、村，他们热爱优抚工作，具有一定的组织协调能力，为其他优抚对象服务起来顺心顺手，起到了上传下达、左右沟通协调的作用，得到了优抚对象及社会各界的认可。

资料来源：节选自《郑州日报》2014年1月14日刊登的文章"优抚服务三级网络试点建成"。

讨论8-7 结合案例，探讨社区该如何建立优抚服务网络。

📁 复习思考题

一、填空题

1. 妇女的需要主要是_____和_____。
2. 社区特殊人群包括_____和_____。
3. 社区优抚对象服务的形式有_____、_____、_____和_____。
4. 从静态看，流动人口包括_____与_____两部分。
5. 社区优抚对象的需要主要是_____、_____和_____。

二、选择题

1. 一般来讲，优待可分为经济优待和_____。
   A．就业优待　　　　B．生产优待　　　　C．政治优待　　　　D．晋升优待
2. 根据《军人抚恤优待条例》规定，享受优待的对象包括_____。
   A．服现役义务兵　　　　　　　　B．革命烈士家属
   C．革命伤残军人　　　　　　　　D．现役军官、志愿兵的家属
   E．退役军人家属
3. 我国社会优抚工作的管理机构是_____。
   A．劳动和社会保障部　　　　　　B．财政部
   C．民政部　　　　　　　　　　　D．征兵部门
4. 社区流动人口服务主要包括_____。
   A．计生服务　　B．教育培训　　C．权益维护　　D．社区融合
5. 我国优抚体制中的重点保障对象包括_____。
   A．"三属"　　　　B．"三红"　　　　C．残疾军人　　　　D．复员军人
   E．带病回乡退伍军人

三、简答题

1. 简述社区妇女服务的含义。
2. 简述社区流动人口服务的含义。
3. 简述社区优抚对象服务的含义。
4. 简述社区流动人口服务的内容。
5. 简述社区优抚对象服务的内容。

四、讨论题

1. 联系实际探讨如何为被虐妇女提供服务。

2．联系实际探讨如何为单亲母亲提供服务。

3．联系实际探讨如何为社区优抚对象服务。

4．联系实际探讨如何为社区流动人口服务。

5．如何建立受暴妇女支持网络？

实训任务

任务描述：在对社区某一特殊人群的规模、结构、特点和需求调研的基础上，为该特殊人群开展小组工作。

任务引导：

1．通过深度访谈社区某一特殊人群和社区居委会负责人，了解社区该人群的内部结构、具体特点和内在需求。

2．以调研结论为依据，设计一份针对该人群的小组工作计划书，小组计划书思路目的清晰。

3．按照小组计划书，开展小组前期准备活动、小组活动实施以及小组评估等工作。

第9章 社区矫正服务

引言

社区矫正服务是指由专业人员或志愿工作者运用专业理论和技术，动员一切有关个人、家庭、团体及社区等资源，帮助罪犯或具有犯罪危险的违法人员在社区处遇期间，提供思想教育、心理辅导、行为纠正、生活照顾等，使之消除犯罪心理结构，修正行为模式，适应社会生活的一种福利服务。在社区矫正中，工作成败的关键是专业方法的运用。专业方法分为直接和间接两个层面。直接方法包括个案工作和小组工作，间接方法包括社区工作、社会工作行政和社会工作研究。在这些专业方法的运用上，一定要注意把系统的理论、知识与现实的工作实际紧密结合。

学习目标

1. 掌握社区矫正的概念。
2. 掌握社区矫正的价值理念。
3. 了解社区矫正服务对象的特点及需要。
4. 了解社区矫正服务的国内外发展状况。
5. 掌握社区矫正方法及技巧的运用。

学习导航

```
                      ┌─ 社区矫正服务概述 ─┬─ 社区矫正服务的定义
                      │                  ├─ 国内外社区矫正的历史
                      │                  └─ 社区矫正的价值理念
                      │
  社区矫正服务 ────────┼─ 社区矫正服务对象的特 ─┬─ 社区矫正服务对象的特点
                      │   点、需要和服务方式    ├─ 社区矫正服务对象的需要
                      │                       └─ 社区矫正服务的服务方式
                      │
                      └─ 社区矫正工作实务 ─┬─ 社区矫正工作的基本步骤和程序
                                         ├─ 社区矫正工作的直接方法与技巧
                                         └─ 社区矫正工作的间接方法与技巧
```

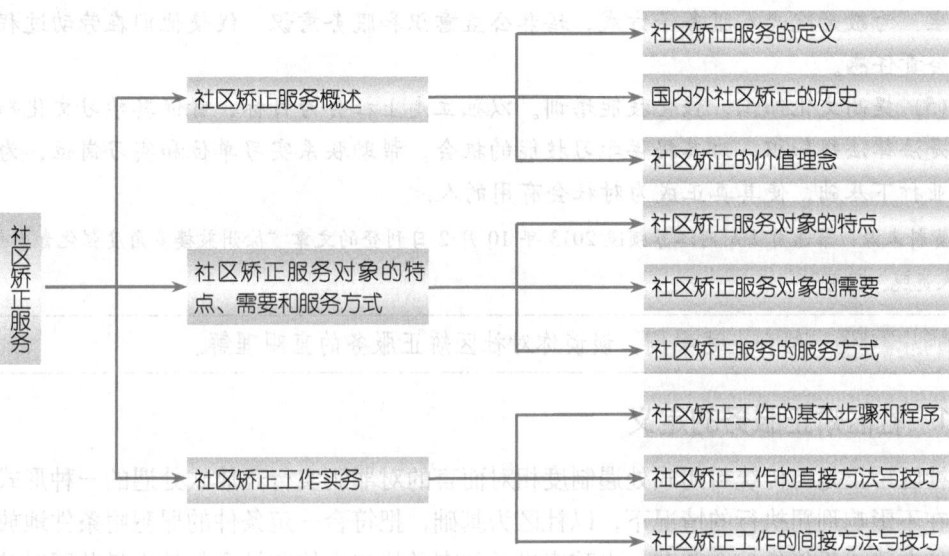

9.1　社区矫正服务概述

案　例

徐州鼓楼多角度强化青少年社区矫正管理工作

随着社区矫正工作的深入开展，青少年犯作为一个比较特殊的犯罪群体，其生理、心理等方面都与成年犯有着比较明显的区别。徐州市鼓楼区司法局针对青少年社区矫正人员的身心特点，采取多角度强化青少年社区矫正管理工作。目前，全区青年社区矫正人员思想稳定，遵纪守法，积极履行社区矫正法定义务，无违法犯罪。

(1) 注重个案分析，总结矫正经验。青少年社区矫正人员具有突发性、团伙化、低龄化和反复性等共同特点，采用个案分析、加强警示教育、以案说法等方式，从特殊性中发现一般性，有助于为今后完善青少年矫正人员管理工作提供参考。

(2) 严格日常管理，加强监督考察。针对青少年矫正人员意识淡薄、表现不稳定的特点，在日常管理中严格执行《社区矫正实施办法》的规定，培养遵纪守法的习惯，加强走访，特别要充分了解其社会交往人群，引导正确交友。

(3) 加强思想矫正，树立正确观念。针对情绪易波动、思想较幼稚、可塑性强的特点，

做好心理疏导和思想沟通工作，适时对症下药，予以耐心帮助，引导树立正确的人生观、世界观、价值观，矫正不良思想和行为。

（4）组织社区服务，培养社会公德。每月与司法所组织参加社区服务，为社区居民打扫卫生、为敬老院老人服务等方式，培养公益意识和服务意识，促使他们在劳动过程中增强社会责任感。

（5）提高文化知识，强化技能培训。以独立走上社会为目标，督促其学习文化知识，特别是法律法规知识，为其提供学习技能的机会，帮助联系实习单位和实习岗位，为今后的就业打下基础，使其真正成为对社会有用的人。

资料来源：节选自法制网江苏频道2013年10月2日刊登的文章"徐州鼓楼多角度强化青少年社区矫正人员脱、漏管"。

讨论 9-1　结合上述案例，谈谈你对社区矫正服务的直观理解。

9.1.1　社区矫正服务的定义

社区矫正是与传统封闭式处遇制度相对而言的对罪犯实行开放式处遇的一种形式。它是指在不影响刑罚执行的情况下，以社区为基础，把符合一定条件的罪犯附条件地放到社区参加有偿或无偿的社会劳动，由政府机关的有关执法主体和社会帮教力量共同对其实施教育改造，以尽可能缩短在押犯同社会正常生活的距离，促使其在刑满释放时尽快适应"社会人"的角色，成为守法公民。

社区矫正服务是指由专业人员或者志愿工作者运用专业理论和技术，动员一切有关个人、家庭、团体及社区等资源，帮助罪犯或具有犯罪危险的违法人员在社区处遇期间，提供思想教育、心理辅导、行为纠正、生活照顾等，使之消除犯罪心理结构，修正行为模式，适应社会生活的一种福利服务。这个界定蕴含了以下两方面的含义：

1. 社区矫正服务以特定罪犯为适用对象

社区矫正是对特定罪犯的刑事执法活动。由最高人民法院、最高人民检察院、公安部、司法部下达的《关于开展社区矫正试点工作的通知》中，对我国社区矫正的适用范围做了明确的规定，即社区矫正的对象是被判处管制的，被宣告缓刑的，被暂予监外执行的；被裁定假释的；被剥夺政治权利，并在社会上服刑的特定罪犯。具体包括：① 有严重疾病需要保外就医的；② 怀孕或者正在哺育自己婴儿的妇女；③ 生活不能自理，适用暂予监外执行不至于危害社会的。

其含义包括两方面：一是对犯罪严重程度相对轻微的初犯或偶犯，社会危害性不大，可进监狱可不进监狱的，保留在社区，在社区中改邪归正；二是对于在狱中已服刑期满1/2，确有悔改表现不致再危害社会的罪犯，以假释的形式提前释放，使他们在与社会隔离一段时间之后，完全获得自由之前，有一个对社会的适应期。

2．社区矫正服务是需要充分运用专业的理论与方法的一种社会福利服务

社区矫正是指充分利用社会资源，积极运用各种方法、手段，整合专门机关和社区等各方力量，着力对社区范围内的假释、监（所）外执行、管制、剥夺政治权利、缓刑等罪犯进行有针对性的教育改造。它从扩大罪犯改造的社会性入手，有效提高教育改造质量，从而实现预防和减少犯罪的目标。社区矫正在为受刑人提供帮助的同时，指导其养成适于社会生活的行为习惯，以便使其复归社会，改善生存状态。但着力点不是矫正其罪错，更不是改造其思想，而是良好行为的养成，通过一定的训导，培养其形成适应社会生活良好的行为习惯，进而具备正常社会自由生活的能力和品质。

9.1.2　国内外社区矫正的历史

1．国外社区矫正的历史

在国外，社区矫正（Community Correction），是一种不使罪犯与社会隔离并利用社区资源改造罪犯的方法，是所有在社区环境中管理教育罪犯方式的总称。

社区矫正的前身，在国外最初叫做社区治疗。社区治疗早在 20 世纪三四十年代就在欧、美等发达国家兴起，是对犯人在社区内进行矫正的一种方法。这种方法将犯人看做病人，是疾病患者而不是坏人，并认为是他（她）的病态驱使他（她）去犯罪。因此，对犯人不能施以监禁，应该把他们放在社区等处，像医生对待病人那样予以治疗，即包括身体治疗和心理治疗两个方面。

第二次世界大战以后，犯罪日益增长，监狱人满为患，日益严重的监狱暴力冲突等问题，使人们不得不对监狱制度进行新一轮的改革。于是，社区矫正模式便应运而生。由于几乎所有的犯人最终都将回到原来的社区，所以，他们应该早日得到社区的帮助。所有的社会力量应联合起来，帮助犯人恢复家庭联系，获得就业和受教育的机会，找到自己在社会上的合适位置。基于这种回归社会、预防犯罪的理论，社区矫正于 20 世纪 60 年代末到 70 年代初，在美国几乎每个州都得到了迅速发展。社区矫正的方式在西方国家也是多种多样，如家中监禁制、周末拘禁制、劳动释放制、学习释放制、归假制等。

但是，20 世纪 70 年代末期，由于社区矫正的效果在美国并不理想，犯罪和重新犯罪人数在不断增加，加上其他一些原因，使人们对社区矫正颇有微词。致使美国在监狱行刑理论与实践中左右摇摆、举棋不定，原因在于他们对犯罪与刑罚之间存在错误认识。事实上，犯罪是一种"综合病症"，犯罪是多种原因造成的一种极其复杂的社会现象，把犯罪的增多与减少归结到社区矫正这一点上来是片面的。社区矫正这种对犯人开放式的执行刑罚方式与封闭式监狱相比，是人类文明的一大进步。社区矫正不仅可以避免与世隔绝的监狱执行刑罚所产生的种种弊端，而且有利于犯人回归社会，其所起的预防重新犯罪的作用是应该予以充分肯定的。

2．国内社区矫正服务实践

在我国，新民主主义革命时期，解放区根据革命斗争的需要，相继建立了看守所、监狱等劳动感化院、自新学艺所等劳动改造矫正机构，关押改造的对象主要是成年人，也有少量未成年犯。新中国成立之后，从 20 世纪 50 年代中期起，我国相继建立了各类少年矫正制度。从其矫正管理的特点看，可以分为属于政府管理的矫正机构，如少年犯管教所、工读学校等；属于社区性、群众性的矫正机制，如帮教制度等。

（1）社会帮教。社会帮教是依靠群众的力量和社会各方面的配合，在特定范围内对特定对象进行的帮助教育活动。特定对象包括有违法和轻微犯罪行为或有违法犯罪的人员；经劳教机关批准可以在社会上就业的劳教人员等。实行帮教需要履行一定的审批手续。帮教人员一般有派出所民警、街道干部、学校教师、保卫干部、退休工人干部或家长亲友出任。社会帮教的形式有帮教小组、家长亲友帮教、和约帮教、专人帮教、承包帮教、包保帮教、保外帮教等。帮教工作的内容包括思想教育、法纪教育、生活辅导、文化技术培训等，是帮助、教育、感化挽救违法犯罪人员，预防犯罪，维护社会治安的有效措施。

（2）社会处遇。在社会上而非监所内实施的处遇，包括以下几种。

1）监外执行。对被判处无期或者有期徒刑的罪犯，在服刑期间，因有严重的疾病需要保外就医的，或者因怀孕或处于哺乳期的妇女，依法放到监狱外执行刑罚。

2）假释。被判处无期或者有期徒刑的罪犯，在刑罚执行一定时间后，如确实有悔改，不致危害社会，可依法附条件提前释放。

3）缓刑。被判处拘役、3 年以下有期徒刑的罪犯，如使用缓刑确实不致再危害社会，规定一定的考验期，暂缓刑罚执行。

以上三种刑事处遇的适用对象和性质各不同，但在有些方面是有共同特点的：① 都是在社会上而非监所内实施的处遇；② 都具有一定的时效性；③ 都是附条件或有条件的；④ 都需要有一定的部门和人员来监督执行。

我国规定以上社会处遇执行者是当地的公安派出所干警、所在单位或者街道保卫干部和社区居委会工作人员等，这些人的此类工作实际上就是社区矫正服务。

讨论 9-2　　请与同学讨论，能否接受一个刚出狱的同学做你的同桌？为什么？

9.1.3　社区矫正的价值理念

社会工作的价值理念是一个完整的体系，在社会工作的不同领域中，这些价值理念都是社会工作者思想和行为的指引和规范。在社区矫正领域中，基本的价值理念主要包括以下几点。

1. 接纳

社区服务工作者最基本的信念就是相信每个人都有与生俱来的价值与尊严，而这种价值和尊严带给每个人不可剥夺的社会权利。因此，社区服务工作者对待受助者的基本态度应该是接纳而非批判。这一价值理念在社区矫正领域显得尤为重要。社区矫正的受助对象是一些曾对社会和他人造成过伤害的人，他们的行为在法律和道德的范围内是应当受到惩罚和谴责的。但是进入社区矫正领域后，他们同样是受助者。不管他们过去的行为多么严重地伤害了他人和社会，但现在他们只是一个需要予以矫正治疗的个体。就像需要诊治的病人一样，医生绝不能因为病人身上有烂疮肿瘤而将其拒之门外。社区服务工作者同样应该将受助者本身连同他过去的犯罪事实接受下来，然后才能以客观的、体谅的心态，在平等的、安全的气氛中与受助者深入地讨论问题，选择解决办法。

案　例

如此社区矫正

社区矫正对象 H 是个同性恋者，几年前因参与某贩毒集团的活动而获刑，前不久获假释来社区接受矫正。接案第一天，社区矫正工作者 K 与矫正对象有一段对话：

K：你知道社区矫正是什么性质的措施吗？

H：知道。出狱前队长给我们讲过，让我们老实地接受社区服务工作者工作监管，不要再走从前的老路。

K：对了。我看过你的材料，我认为你之所以犯罪，一个重要的原因，是没有正确处理好自己的家庭生活。希望你今后断绝与 W（H 的同性伙伴）的关系，好好过正常的家庭生活。

H：……（无言）

点评：在上述案例中，社区矫正工作者 K 没有依照"接纳"的专业价值理念来对待自己的工作对象。H 是同性恋者，这是属于他个人生活中的隐私，只要不妨碍他人生活，不必把它作为问题提出来。社区矫正工作者应该采取理解宽容的态度，把这个现象连同矫正对象 H 整个人接纳下来。接纳并不等于赞同，社区矫正工作者 K 有权力坚持自己的家庭生活观念和性取向，但是在专业关系中，他必须把自己的价值观与专业价值观很好地区分和处理，没有权力用自己在家庭生活方面的价值观去要求自己的工作对象。即便 H 的同性伙伴 W 在 H 的犯罪原因中起到了影响的作用，社区矫正工作者也不必提出"断绝关系"的建议，更不能用"正常"、"不正常"的话语去评价工作对象的生活隐私。社区矫正工作者 K 的上述语言和行为，显然无助于同 H 良好专业关系的建立。

2．可塑性

社区服务工作者对人的一个基本看法是相信每个人在一定条件下都是可以改变的，即相信人具有可塑性。在这样的信念指引下，社区服务工作者才可以运用专业的方法和技巧，帮助受助对象改变其与社会生活不相适应的思想观念、生活态度、行为方式等，实现恢复其社区功能，重新成为正常社会成员的目标。这一价值理念在社区矫正工作领域也十分重要。社区矫正工作的对象是一些曾对社会和他人造成过伤害的犯罪者，其中有些还是屡犯和惯犯，因此，社会上有许多人是用"江山易改、禀性难移"、"三岁看到老"等观念来看待犯罪者的。但是在社区矫正工作者看来，犯罪者首先是一个人，具有一般人所共有的"可塑性"。如果信奉"江山易改、禀性难移"、"三岁看到老"等观念，那么以改变犯罪人思想和行为为目标的社区矫正工作就失去了存在的价值。

3．个别化

社区服务工作者应确信：任何人都是一个独特的个体，都有其独特的生理、心理特质和生活经验。此外，每个人在环境、信仰、个性、兴趣、天赋、动机、目标、价值观、情绪和行为模式等方面都有极大的差异。因此，社区服务工作者要把每个受助者都当做拥有不同特质和需求的"个人"，而不是当做一种"类别"来对待。"个别化"原则在社区矫正工作领域也非常重要。每个接受矫正的犯人，不管他们的犯罪性质和程度是否相同，他们被判处的刑罚措施是否相同，但因为其家庭背景、所处环境、个性特质及实施犯罪行为的原因各不相同，接受矫正的生理、心理等基础条件也各不相同，所以，不能用先入为主的观点和态度来判断他们所面对的问题，也不能用一成不变的方法来实施矫正。社区矫正工作者要能敏感地觉察自己对服务对象的偏见，倾听和观察矫正对象的一言一行，以便真正进入其内心世界，了解其问题产生的原因和处境，并运用不同的原因和方法来协助每一个矫正对象解决其问题、满足其需求，以重建和提升其社会适应能力。

9.2　社区矫正服务对象的特点、需要和服务方式

9.2.1　社区矫正服务对象的特点

社区矫正服务是一个较为特殊服务的领域，其特殊性表现在它的服务对象具有其他领域服务对象所不具有的特点和需要。社区矫正服务对象的特点表现在以下几个方面。

1．具有冲动好斗的人格特征

有学者认为，一般罪犯具有共同的基本人格特征，即高外倾性、高神经质、高精神质、低掩饰性、表现为外向好动、好进攻、情绪不稳、喜怒无常、易激动、对各种刺激产生强烈的反应、常产生缺乏理智、刻板的反应、行为冲动、缺乏同情心、对人抱敌意、不关心人、喜欢古怪不平常的事、不顾安危、喜恶作剧、适应环境不良。这种人格特征的外在表

现形式虽然会因为罪犯被判处刑罚而有所收敛或掩饰，但其基本的特质却不会轻易地改变。因此，在矫正过程中，社区矫正对象往往表现得敏感、神经质、情绪不稳、反应过度、对人对事多疑、偏激等。

2．具有自卑消沉的心理特征

社区矫正对象因为处在被监管、被处罚的境地，其积极的人生动机和动力往往潜藏在心灵深处，而消极悲观、自暴自弃、得过且过、患得患失等心理特征则往往占据主导地位，在待人接物处事方面，他们往往表现得自我评价低，自卑感强，依赖性强，拨一拨动一动，缺乏主动进取的精神。社区矫正服务的目标，是要引导矫正对象摆脱消极的心理影响，激发其重建积极的人生态度。

3．具有严重脱节的社会特征

许多罪犯之所以犯罪，是因为其社会化进程受阻，社会功能严重缺失。一旦被判定有罪并被处以刑罚，再加上社会的歧视和排斥，以及罪犯的自我封闭，社区矫正对象往往处于与社会脱节的境况。这种社会特征不利于社区矫正对象社会功能的修复和重建。

4．具有困难重重的生活特征

罪犯一旦被判定有罪并处以刑罚，其自身和家庭遭受的冲击和改变是十分巨大的：家庭可能因此而解体，婚姻可能因此而丧失，健康可能因此而恶化，财产可能因此而化为乌有，社会地位可能因此而一落千丈。即使罪犯不在监狱服刑，矫正对象也会面临困难重重的生活压力。

9.2.2 社区矫正服务对象的需要

1．基本生存条件的保障需要

社区矫正服务对象面临困难重重的生活压力，为其提供基本生存条件，既是基本人权的体现，也是对其实施矫正计划措施的前提。基本生存条件包括：维持基本生活所需要的经济收入或低保救助，维持基本生活所需的住房条件，维持身体健康的卫生医疗待遇等。

2．教育、就业权益的保障需要

社区矫正服务的目标是帮助矫正对象能够通过自身能力来维持其基本生存的条件，因此，教育、就业权益的保障显得尤为重要，要通过帮助其接受较好的教育，以及实现有效就业、实现帮助其自新、自强、自立的目标。

3．再社会化的服务需要

社区矫正服务的又一目标是通过矫正计划措施的实施，促进矫正对象恢复和重建其严重缺失的社会功能，成为社会正常的成员。社区服务工作者要在专业价值观的指引下，运用社会工作的理论、知识和方法、技术，为罪犯（或具有犯罪危险性的人员）及其家人，在社区处遇期间，提供思想教育、心理辅导、行为纠正、信息咨询、就业培训、生活照顾以及社会环境改善等方面的服务，使罪犯消除犯罪心理结构，修正行为模式，适应社会生活。

9.2.3 社区矫正服务的服务方式

社区矫正服务是矫正社会工作者最主要的工作领域，通常包括以下几种形式。

1．缓刑、假释人员的观察保护

许多国家都附有对缓刑、假释人员的观察保护的规定，要求这些人员在观护期间做到：① 不得与品德不端者来往且保持自身的品行良好；② 服从检察官及观护人命令；③ 接受观护人辅导；④ 及时向观护人报告有关情况且未经批准不得擅离居住地等。司法部门一般聘请专职社会工作者或志愿者执行对缓刑、假释人员的观护。

2．中途家庭和寄养家庭的服务模式

中途家庭主要收容犯罪者或无家可归的受刑人，并通过各种社会服务活动，使犯罪者及早适应社会生活。寄养家庭收容观护少年，主要是为了使其避免沾染犯罪恶习，以及由于缺乏家庭照顾而再次越轨。

3．教养院和感化院的矫正

前者主要收容具有不良行为的少年，通过生活指导、职业训练、学校教育等，使服务对象得到改造并提高适应社会的能力；后者主要收容犯罪青年和少年，通过一段时间的训练，使服务对象得到严格的矫正治疗。按照中国香港地区的经验，训练内容和手法包括工艺训练、社群活动训练、个案及小组辅导、奖惩制度的施行、社区服务经验的学习。

4．"服务社会令"的执行

"服务社会令"是最近十几年来海外许多国家或地区较为盛行的一种非监禁化的社会处遇措施，即通过判定罪犯在社会福利机构从事规定时间的无偿劳动或服务，以此赎罪悔过的矫正形式。这种处遇方式最大限度地避免了监禁刑罚造成的隔绝和恶习交叉感染。在"服务社会令"的执行中，社区服务工作者及志愿者的督促和引导至关重要。"服务社会令"的执行，按照香港地区的经验，大致有如下两个步骤：计划执行的初始阶段以事务性工作为主（如清洗轮椅、替老人送饭等），旨在让罪犯承担责任，而社区服务工作者也可借此了解罪犯的长处。计划后阶段则可安排兴趣高、成就感大的工作（如为孤儿画壁画、组织摊位游戏等），侧重于对罪犯的感情投入、扩展经验、改变角色和反省自我。总之，"服务社会令"同时糅合了惩罚、补偿和康复（矫正）三大功能。

5．社区矫正以社区为施行平台

社区矫正的执法活动是在社区。社区作为社会的基本单位，具有社会的一般特征，将

罪犯置于其中，矫正为一个适应社会主流文化的人。"社区矫正"的提法本身正凸显了在社区中对罪犯进行矫正的意义。借助社区氛围的纽带作用，通过社区文化的潜移默化，他们更易于接受社会正常环境的影响和文化辐射，学会参与社会或群体的社会互动过程，并从这种"互动过程"中获得正面的社会化模型。因为实行社区矫正的最终目的是使其顺利回归社会而不是将其排斥于社会之外。社区矫正以社区为施行平台，这一特质决定了社区矫正除了应履行刑事执法活动中的惩罚和改造功能外，还有一项重要的功能就是提供对罪犯的帮助和服务。当今社会的变化日新月异、飞速发展，犯罪人被监禁隔离于社会之外，很难适应社会的发展变化。要使罪犯在社区中能够正常地生活并融入社区的生活之中，首先应使他们能够在社区中立身，包括帮助他们寻找工作，帮助他们妥善解决个人与家庭、邻里的关系，帮助他们树立生活的信心和勇气，正确认识社会现实与主观能力之间的矛盾，同时，尽可能使犯人和犯罪受害人之间的关系得以恢复，重新塑造社区的安定环境。

依照我国现行法律的规定，缓刑、管制、假释、监外执行以及剥夺政治权利等非监禁刑均由公安机关执行，实际是由公安派出所来执行，但是，公安机关的主要任务是打击现代犯罪，同时负责维护日常社会治安和担任安全保卫工作，任务已十分繁重。因此，在公安机关内部还没有建立起专门的执行机构和执行队伍及执行人员，实践中对这类罪犯的考察往往很难进行。

> **讨论 9-3**　我国法律规定，公安机关在矫正社会工作中扮演什么样的角色？要建立较好的矫正工作体系，公安机关应该扮演什么样的角色？

9.3　社区矫正工作实务

9.3.1　社区矫正工作的基本步骤和程序

1. 收到法律文书或矫正对象报到

（1）法院应告知矫正对象必须在判决书生效起 7 日内到户籍所在地司法所报到，并向同级司法行政机关寄送判决书，抄送司法所。

（2）矫正对象应当在法律文书生效起 7 日内到户籍所在地司法所报到。

（3）司法所在收到法院寄送法律文书起 7 日内要求矫正对象本人到司法所报到。

2. 接收登记

当矫正对象到司法所报到时，司法所应当首先了解矫正对象的基本情况，包括犯罪情况、生活、工作情况、家庭经济状况情况、联系方式及今后的工作打算，为今后的工作打下基础。同时，填写好"社区矫正对象登记表"，编制"社区矫正对象花名册"，纳入管理。

3．建立档案

根据社区矫正工作有关要求，给每位矫正对象建立个人矫正工作档案。档案内初步内容有社区矫正对象刑事判决书及相关法律文书、社区矫正对象登记表、社区矫正宣告书、社区矫正志愿者帮教协议书、社区矫正监护协议书、社区矫正方案、社区矫正情况记载簿、社区矫正对象公益劳动记录簿、社区矫正对象须知。

4．第一次宣告

对矫正对象的第一次报到后（或者公安把矫正工作移交之后）的宣告工作尤其重要，通过宣告及谈话可以了解矫对象对犯罪的认罪态度，以及今后接受矫正工作的服罪态度，而且通过宣告及谈话，可以促进矫正对象摆正自己的位置，积极配合矫正机构开展工作。宣告工作可以在司法所、管理处或村办公室中进行。

（1）矫正对象宣读《社区矫正宣告书》，使矫正对象明确需接受司法所和派出所的共同管理，以及其接受教育改造的矫正期，遵守所执行刑罚类别对应的法律法规。

（2）谈话教育（个别教育），告知矫正对象需遵守矫正工作中的各项规定。

（3）确定每个矫正对象的管理人员，包括司法员和民警、村责任人、监护人员，同时告知矫正对象平时的日常管理具体负责人，相互保持日常联系。

（4）签订帮教协议。

（5）签订监护协议。

5．制定矫正方案

因五种矫正对象犯罪原因不同，刑罚种类不同，生活、工作情况不同，各自心理和身体健康状况不同等，在日常矫正工作中，应做到"以人为本，因人施矫"。在具体矫正方案的制定实施中，要按照矫正工作要求，既要落实常规性的矫正内容，又要区别对待，从实际情况出发，制定相应的矫正方案，做到因人制宜，"一人一案"。

矫正方案的制定，可以在接管过程的基础上进行，内容涉及以下几方面：

（1）根据矫正对象的服罪态度，确定管理级别。在第一次宣告工作中，对每名矫正对象的服刑态度有了初步认识后，一般在开始的时候定为普管。

（2）针对矫正对象的具体犯罪情况及刑罚种类不同，加强相关法律知识，落实针对性的矫正措施。例如，对犯交通肇事罪者，进行交通法规学习；对犯故意伤害罪者，进行《治安管理处罚法》等方面的学习。同时，因刑罚种类不同，遵守的规定有所不同，必须在矫正措施中予以明确，严格遵守。

（3）根据矫正对象身体素质的不同，在管理措施上区别对待。年老体弱、多病、行动不便，尤其保外就医的，可以适当参加一些力所能及的集体活动，平时以采用电话汇报，进行个别教育为主。

（4）对属于在校学生的矫正对象，为不影响学业，同时为减少负面影响，在管理上还是以学校教育为主,社区矫正组织进行协助。

(5) 对每名矫正对象落实相应的监管人员。在监管人员的落实上,要有利于帮助、教育改造矫正对象,尤其在村责任人(帮教人)的确定上应更加慎重,防止产生反面作用。

(6) 对症下药是治病救人最有效的办法,社区矫正工作也一样。在矫正方案的制定中应找准矫正对象的心理症结、心理障碍,开展有针对性的心理矫正,对症下药。此外,在实施矫正个案时,应注重在实践的基础上进行补充完善,适时调整,确保矫正实效。

6. 日常管理

(1) 每月思想汇报。矫正对象应把自己的生活、工作情况、思想认识等每月一次总结,及时向司法所汇报,一般采用书面形式。

(2) 每月学习。集中学习教育不少于 2 小时,每次学习情况都要记录到"集体教育记载簿"中。

(3) 每月公益劳动。劳动时间不少于 2 个工作日,根据矫正对象的劳动情况评定劳动成绩,并记录到"社区矫正对象公益劳动记录簿"中。

(4) 每月考核一次,填写好相关考核表。

(5) 外出请假的矫正对象应在 7 日前向司法所申请,由矫正对象填写"社区矫正对象外出请假申请审批表"。司法所出面进行申批批准的,下发"社区矫正对象准假通知书",并做好"社区矫正对象外出请假登记簿"记录。

(6) 矫正对象迁居的,应提前向司法所申请。矫正对象个人填写"社区矫正对象迁居审批表",由司法所负责审批工作获准的,及时与迁居地司法所或公安部门联系,发出"社区矫正对象人户口分离联系单",并提供相应的矫正对象个人档案资料,由当地司法所或公安派出所就地管理,迁出地司法所做好登记,记入"社区矫正对象迁居登记簿"。

(7) 做好"社区矫正记载簿"的记录。"社区矫正记载簿"主要用于日常管理记录,包括矫正对象报到,每月思想汇报,参加教育学野、公益劳动情况,请销假,个别教育和帮困解难情况,矫正对象在矫正期内出现的违规违纪和受到的奖惩情况,司法所要及时做好记录,对矫正对象的"月考核,季小结,每年一次综合评定"。

(8) 对改造积极或违规严重的矫正对象实施奖惩。

(9) 特殊情况处理。对在矫正期内擅自外出下落不明或脱逃的矫正对象,由公安部追查,查明情况,做出相应处理,记录到"社区矫正对象脱逃、下落不明情况登记簿"。社区矫正对象因被发现漏罪、再犯新罪被收押或者死亡的,社区矫正自然终止。

7. 期满鉴定工作

(1) 司法所应提前 1 个月通知矫正对象提交解矫申请报告。

(2) 在司法所的主持下,召开由司法员、民警、村责任人、监护人等管理人员参加的会议,对矫正对象在矫正期间的表现情况做出评价,提出合议意见,填写"矫正对象矫正期满合议表"。

（3）根据矫正对象日常表现、违规情况，以及对矫正对象的期满合议情况，由社区矫正工作领导小组做出是否同意解除社区矫正的鉴定，即"社区矫正对象期满鉴定表"。

8．办理撤监手续、期满宣告

（1）由公安出面办理撤监审批手续。矫正对象从公安派出所领取"监改对象执行期满鉴定表"，按照表中要求，先自我鉴定，再由帮教小组、村和司法所做出评定，最后由公安派出所提交审批。

（2）由司法所出面进行期满宣告。矫正对象期满之日，司法所应当会同派出所向矫正对象宣布"社区矫正期满宣告书"，并分别情况发给"解除管制通知书"、"缓刑考验期满通知书"、"假释考验期满通知书"。对暂于监外执行情况消失的，由原关押单位做出处理。

（3）矫正对象期满后，落实归正人员的帮教措施。

9．存档

矫正对象的个人档案按规定进行保存，保存时间一般为15年。

9.3.2　社区矫正工作的直接方法与技巧

根据社区矫正工作在开展工作时所涉及的矫正对象的特点和问题性质、实施计划所要实现的目标，以及其周围环境的不同状况，可以把社区矫正工作的方法分为直接方法和间接方法两大类型。

直接方法是指针对矫正对象本人或其家庭而采用的方法，一般有个案工作方法和小组工作方法；间接方法是指针对矫正对象周围环境所采用的方法，一般有社区工作方法和社会工作行政、社会工作研究方法等。

1．个案工作方法在社区矫正中的运用

对于社区矫正工作者而言，其大量的工作内容是与单个的矫正对象打交道，因此，个案工作的专业方法是最常用的方法。面对社区矫正的特殊工作对象，开展个案工作时，要注意以下几个方面的问题。

（1）要重视和善于与矫正对象建立良好的专业关系。社区矫正工作的对象与其他工作实务领域（如婚姻家庭工作、残疾人工作）的工作对象不同，一般不是通过主动求助的途径来到工作者面前的，因此，他们中的很多人具有被动、不配合甚至抗拒的心理行为特点。社区矫正工作者要采取更为主动的姿态去和矫正对象建立关系，这是矫正工作是否成功的第一步。

但是，在有些社区矫正工作者看来，与矫正对象的关系是否维持，决定权不在对方而在自己。在法律规定的矫正期间，无论矫正对象愿意与否，他（矫正对象）都必须按照我

（社区矫正工作者）的要求去行动，因此，他们并不重视和善于与矫正对象进行良好专业关系的建立。在工作过程中，他们不依照矫正社会工作的专业价值理念，用接纳、尊重、平等的态度来对待矫正对象，而是用一种居高临下、强势的姿态来处理与矫正对象的关系，这种做法很难达到矫正的目的。

┃ 案 例

张某的社区矫正

张某曾是一私营企业的总经理，因犯诈骗罪被判处有期徒刑 12 年，剥夺政治权利 3 年。在监狱服刑 10 年后，张某获减刑出狱，作为被剥夺政治权利的人员，要在社区接受 3 年矫正。张某对剥权期的社区监管认识不足、配合不力，被人认为是个抗拒监管的"刺头"。

社区矫正工作者 S 接手张某的矫正任务后，认真阅读了张某的有关档案材料，并做了充分的准备。在第一次见面时，S 主动与张某握手。坐下后，S 没有例行公事式地询问张某的姓名、年龄、犯罪事实、在监狱中的表现等基本情况，也不是照本宣科式地告知监管纪律、矫正计划安排等，而是关切地询问张某："刚才我握你的手觉得很凉，你的身体是不是有什么不适？"

张某在 10 年的监狱生活中，得了严重的风湿病和心脏病，刚过 40 岁，看上去有 50 岁的样子。出狱后，因为身体原因，一直找不到合适的工作，看病又要花钱，正处于十分烦恼的境况。刚出狱时，社区矫正工作人员并不关注张某的困难，只是一味地要求他端正态度，服从监管，使他十分窝火，但是因为身份地位的原因，张某只能把火窝在心里，而在行动上则是消极应付。

社区矫正工作者 S 的第一个动作、第一句话让张某受到很大震动，这是 10 年来他很少受到的礼遇和关怀。心理上的防卫机制被打破，张某一下子变得爱说话了。在不知不觉中，他向社区矫正工作者 S 讲了在监狱中的生活和在社区中的遭遇，谈了自己的困难处境及今后的打算，最后，还表示希望今后能够经常与社区矫正工作者 S 谈话聊天。

点评： 在上述案例中，社区矫正工作者 S 虽然在第一次见面之前做了充分的准备，对张某的情况有了大致的了解，但是见面时的握手和问候却是基于社区工作基本价值观之上的感情的自然流露，并不是预先设计好的"表演"。这种平等、关怀的情感表达显然为张某所感受，使他一贯应付甚至抗拒的态度有了很大的改变。这是因为，在过去长期的监狱生活中，张某与监管人员始终维持着"下"与"上"、"从命"与"管教"的关系，从来没有奢望过平等和尊重。因此，出狱后，张某还是用 10 年监狱生活的经验来处理与社区矫正工作者的关系。不料，社区矫正工作者 S 的行为打破了张某对社区矫正工作关系的预设，他也渴望能够获得更受尊重的地位和待遇。可见，良好工作关系的建立，并不纯粹是一种工作技巧，它更是社区工作专业价值观的魅力体现。

（2）要有重点分步骤地制定矫正计划。社区矫正是一个长期的工作过程，社区矫正工作者需要协助矫正对象解决许多复杂和艰难的问题，如服刑态度的端正问题、矫正计划安排的配合问题、心理和行为方式的改变问题、学习和工作的安排问题、基本生活的保障问题、身体疾病的治疗问题、家庭关系的调适问题、社会交往的恢复问题、重新犯罪的预防问题等。所有这些问题很难在一个短时期内全部解决，所以，社区矫正工作者必须引导矫正对象共同参与，有重点、分步骤地制定矫正工作计划，逐步实现矫正工作的最终目标。

案例中的矫正对象张某，出狱后面对的问题一大堆：严重的风湿病和心脏病需要花钱治疗；判刑后主动要求与妻子离婚，并把房子留给了妻子儿子，出狱后只能与年迈的母亲和兄嫂挤住一起；几次求职被拒，生活靠母亲微薄的退休金维持，在家中感到抬不起头来；长期没有与儿子共同生活，父子间的交流缺乏感情基础；妻子有意与其复婚，张某也希望一家人共同生活，但又怨恨当初妻子真的同意离婚，心情十分矛盾；过去的商界朋友有意与他联络，也想帮助他解决一些经济上的困难，但他看着过去财力和经营不如他的人现在超过自己，自尊心让他不愿接受别人的"施舍"；对自己过去的犯罪事实有一定认识和悔过，但认为已经入狱10年做出了补偿，对剥夺政治权利期间的社区矫正监管措施有抵触想法等。

了解了张某的上述困难和想法后，社区矫正工作者S引导张某一起分析，什么是当前最迫切需要解决的问题。最后确定的第一阶段工作计划包括三项任务：一是按照社区矫正制度要求，定时定点汇报思想和生活动向，参加社区公益劳动；二是申请最低生活保障金和医疗优惠待遇；三是尽快寻找合适工作取得适当经济收入。至于其他的住房问题、婚姻家庭问题、社会交往问题等，留待将来经济状况稍有好转后再逐步解决。

接下来的工作中，社区矫正工作者S的工作重点是：通过宣传社区矫正制度的意义及措施安排，使张某提高认识，服从监管；通过整合社区资源，帮助张某了解国家的福利政策，主动申请和获得最低生活保障和医疗保障；帮助张某端正就业观念，克服不切实际的就业期望，通过自主创业的途径解决就业难问题。由于工作计划有重点分步骤，切合矫正对象的实际，所以得到矫正对象的支持和配合，取得了良好的效果。

（3）要着眼于矫正对象的潜能发掘和自己解决问题，切忌包办代替。社区矫正对象是被判处不同刑罚的罪犯，由于"标签化"的自我认同，矫正对象一般比较自卑和消极，加之社会对罪犯的歧视和恐惧，矫正对象通过正常途径获得社会资源的机会比较贫乏和困难。社区矫正工作者的工作目标之一是帮助矫正对象获得应有的社会资源，以利于他们重新回归社会，成为正常的社会成员。但是，"帮助"获得并不是"包办代替"，矫正工作计划的目标是帮助矫正对象恢复或重建通过正常途径获得社会资源的意识和能力，因为社区矫正过程终究有结束的时候，社区矫正工作者不可能包办代替一辈子，社区矫正的工作成果最终要以是否重建社会功能作为衡量标准。

（4）要妥善处理为案主保密的原则与维护社会安全的关系。为案主保密的原则是社区工作专业价值观的重要体现，即便是矫正对象这样特殊的案主，他们也有与生俱来的尊严，也有权利保全自己的隐私和不受外人干扰的生活空间。社区矫正工作者被法律赋予了监管矫正对象的权力，但是，也不能违背专业价值观所要求的伦理守则，更不能将矫正对象的基本资料随意公开，不能将在工作过程中了解到的矫正对象的想法随意地告诉别人，社区矫正工作者有义务为矫正对象保密。

但是，社区矫正工作的对象是被判处刑罚的罪犯，他们的思想和行为，以及他们的社会交往往往隐含着对他人和对社会造成新的危害的可能性。当社区矫正工作者了解到矫正对象的思想和行为，以及社会交往中的这种危害的可能性时，不能借口保密而对此不闻不问，而是要及时把矫正对象的思想和行为动态报告有关部门和人员，及时制止危害的发生。

案例

小 L 的社区矫正

小 L 因为讲"哥们义气"参与一起群殴致人伤害事件而被判处缓刑，在社区接受矫正，社区矫正工作者 M 负责小 L 的个案。

在一次例行的汇报交谈中，M 了解到小 L 过去的哥们又来找他，要求他再参加对另一团伙的报复寻仇活动。小 L 因为哥们"情义难却"很难拒绝，但他又有改过自新的想法，所以陷入十分矛盾的境况。

社区矫正工作者 M 没有囿于保密原则的束缚而将这件事情隐瞒下来，而是妥善地采取措施进行处理：一方面，他与 L 进行深入交谈，帮小 L 分析再参与团伙行动的后果，鼓励小 L 逐渐与原来的哥们疏远关系；另一方面，M 将可能发生的群殴事件向自己机构的领导做了汇报，又由机构领导出面与相关部门协调采取行动，及时制止了群殴事件的发生。

点评：在上述案例中，遵从保密原则，是为了保护服务对象的隐私权，也是为了与之建立良好的专业关系，其最终目的是保护包括服务对象在内的社会大众的根本利益。当保密原则的规定与社会大众的利益发生冲突的时候，要以社会大众的利益为重。上述社区矫正工作者采取的行动是正确的，因为，如果他囿于保密原则的束缚而将可能发生的群殴事件的信息隐瞒下来，除了产生严重的社会后果之外，最可能受到伤害的，就是矫正工作者的服务对象小 L。因此，将事情报告给机构领导和相关部门，符合为服务对象争取最大权益的原则。

2．小组工作方法在社区矫正中的运用

矫正对象的背景各不相同，问题也千差万别，所以要用个别化的原则去对待和处理。但是，矫正对象毕竟还会面对一些共同的问题，矫正过程的阶段性心理特征和行为反应还

会有一定的规律性，因此，强调小组过程和小组动力去影响矫正对象态度和行为的小组工作方法也是社区矫正工作中经常运用的直接介入手段。面对社区矫正的特殊工作对象，开展小组工作时，要注意以下几个方面的问题。

（1）要针对矫正对象带有共性的问题和困惑设计小组活动的主题。社区矫正工作者所负责帮教的矫正对象可能有很大的差异性，如年龄、性别、性格、文化程度、职业状况、家庭背景、犯罪性质、刑罚类型等，因此，提倡用个别化的原则来实施矫正。但是，作为被判处刑罚的矫正对象，他们的处境、困难和面对的问题，肯定带有许多共同的性质，适合用小组工作的方法来处理。

在社区矫正中，针对矫正对象面临的共同问题而开展的小组层面的活动主题的设计有以下几种。

1）针对矫正对象返回社区初期普遍存在的自卑、消沉、缺乏生活自信心等问题，可以设计并实施以建立健康自我观、重塑自信为主题的小组辅导项目。

2）针对矫正对象参加矫正管理制度安排的日常活动（如定期汇报制度、社区公益劳动制度等）与学习、工作之间时间冲突的问题，可以设计并实施以科学安排时间、妥善处理冲突为主题的小组辅导项目。

3）针对矫正对象与过去不良团伙有千丝万缕的联系、缺乏健康社会支持网络的现象，可以设计并实施以交真朋友、走自新路为主题的小组辅导项目。

4）针对矫正对象家庭环境不良以及家庭成员间缺乏有效互动等问题，可以设计并实施以改善家庭环境、加强有效互动沟通为主题的小组辅导项目。

5）针对矫正对象就学难、就业难、婚姻生活难等现实困难，可以设计并实施以立创业志、走自强路、重塑自我、拥抱生活为主题的小组辅导项目。

6）针对矫正对象缺乏社会责任心和成就感的问题，可以设计并实施以"我为社会添砖瓦，我是社会有用人"为主题的小组辅导项目等。

（2）要从矫正对象的特点出发选择小组工作实施模式。小组工作的实施模式是小组工作过程中的理论架构，是为解决现实问题而提出的一种概念化的设计。小组工作的实施模式有多种分类，从对小组成员的影响和作用的角度看，可以分为治疗模式和发展模式两类。在社区矫正工作领域，应选择以治疗为主的模式。治疗性小组工作模式，又称临床模式，关注的中心是怎样运用小组工作来改变人的社会功能的丧失与行为偏差，协助个人社会功能的恢复与行为的矫正。小组在这里是治疗环境，也是治疗工具。社区服务工作者在治疗模式中的角色主要是教育者、领导者、临床诊断者和治疗者，必须拥有足够的能力去诊断成员的需要，安排治疗计划及控制小组的发展。从治疗模式的上述特征和社区矫正工作对象的特点，以及社区服务工作者与矫正对象的关系来看，治疗模式应该在社区矫正工作中被广泛运用。

（3）小组活动的时间安排宜与矫正工作的制度要求相结合。社区矫正对象因为要在社会上重新做人，所以面对的社会压力很大。他们既要参加社区矫正工作制度安排的一些活动（如定期汇报思想和生活动态、参加社区公益劳动等），又要继续工作、学习和家庭生活，在时间上会有很大的限制和冲突。社区矫正工作者在设计并实施小组辅导项目时，在时间安排上应该尽量与矫正工作制度的要求相结合，不要轻易增加时间以加大矫正对象的压力。例如，可以利用规定的汇报思想和生活动态的时间开展小组活动，可以利用参加社区公益劳动的时间开展集体辅导。

（4）要善于从矫正对象中发现和培育小组工作的领导。从小组工作的角度看，小组领导具有双重含义：一是领导者，即带领、引导和推动与实施小组活动的主体；二是过程，即计划、组织、激励和控制小组工作的过程。在这个过程中，一个小组成员要对其他成员发挥正面的影响力，以帮助完成小组任务，实现小组的目标，维持小组良好的工作秩序以及使小组适应环境。

小组工作中的领导者既可以由社区服务工作者担任，也可以由小组成员担任。在社区矫正工作领域，由于社区服务工作者被法律赋予监管的权力，在与矫正对象的关系处理中，往往处于主导地位，所以在小组工作过程中，也往往由社区服务工作者担当小组的领导。但是，这种关系格局并不排斥由矫正对象来担当小组领导。在面对相同问题和困惑的小组成员中，能够比其他成员有更正确思想观念和行为的人，往往有对别人更大的影响力，能够更有利于小组任务的完成和目标的实现。所以，在矫正对象中发现和培养小组领导者的意义非常大。

由矫正对象担当小组领导并不等于把小组交给他来带领。这里的领导是就过程含义上来理解的，即善于发现和培育小组成员中的积极因素，并让这种因素在小组过程中发挥正面的影响作用。

9.3.3 社区矫正工作的间接方法与技巧

1. 社区工作方法在社区矫正中的运用

社区工作方法是以社区为对象的工作介入手法。它通过组织社区成员参与集体行动去界定社区需要，合力解决社区问题，改善生活环境及生活质量；在参与的过程中，让社区成员建立对社区的归属感，培养自助、互助与自觉的精神，加强他们在社区参与及影响决策方面的能力和意识，发挥其潜能，以构建更加公平、公正、民主及和谐的社会。在社区矫正工作领域，运用社区工作方法，应该注意以下几个方面的问题。

（1）进行综合治理，以改善矫正对象的生活环境。矫正对象过去之所以犯罪，除了其自身的原因外，外部社会环境的影响也是不可忽视的因素。这些因素如贫穷、失业、居所肮脏、人口混杂、毒品泛滥、色情充斥、黑恶势力猖獗、社会风气低下等。在这样的社区居住生活，矫正对象迫于生活压力或难以抵制周围的诱惑而重新犯罪的可能性极大。要实现社区矫正的目标，除了针对矫正对象个人的直接介入外，还应该整合社区资源进行综合治理，以改善矫正对象的生活环境。

（2）开展社区教育，培育社区居民接纳、尊重矫正对象的意识和习惯。社区矫正的功能发挥要靠社区居民的共同参与，以形成有利于罪犯改过自新的社会氛围。但是，由于矫正对象过去的行为造成了对社会和他人的伤害，社区居民对矫正对象还有戒备、恐惧、防范、排斥等情绪及行为，这是很正常的反应。但是这些反应对于矫正对象而言，却是融入社区成为正常社会成员的障碍。社区矫正工作者的一个重要工作任务，就是通过社区教育的途径，改变居民对矫正对象的偏见，培育社区居民接纳、尊重矫正对象的意识和习惯，使矫正对象顺利回归社会。

▍案 例

赵新的社区矫正

2002年4月28日，39岁的赵新与邻居发生纠纷，争执斗殴中，他持刀将对方砍伤。2003年6月前，区法院以故意伤害罪判处他拘役6个月，缓刑6个月。7月1日，市社区矫正试点全面展开，赵新被列入其中，成为社区矫正对象。

7月20日，赵新第一次参加社区组织的公益劳动，社区主任让他去打扫楼道卫生。他认为干活儿时一定有警察和司法所的人监督着，就一边扫一边偷偷回头看。结果他发现不但没人看着他，而且社区主任还跟他一起干，他心里既踏实又安慰，一直干到了中午，还怕自己干得不达标。

不过，并不是所有人都像社区服务工作者、司法所干部、民警等人那样友善地对他。有人甚至觉得怎么把一个砍人的人放到社会上了。赵新说，他刚开始参加公益劳动时，常有街坊邻居在背后指指点点地说他。每逢这时，他心里总是很难过，他多么希望周围的人给他一个友善的眼神，因为他想改好啊！可没过多久，他再劳动时见到街坊邻居，对方都主动向他打招呼，还说："你是社区志愿者吧。"这可让赵新愣住了。后来他才知道，原来是细心的民警注意到这个问题，私下里找邻居们做了工作。大家的友善、关心，释放了他心中的压力。

6个月后，赵新顺利完成社区矫正项目，成为全市第一例矫正的社区矫正对象。当记者采访他时，赵新的第一句话是："社区矫正给了我重生。"

点评：在上述案例中，安排矫正对象参加社区公益劳动，是目前社区矫正工作的惯常做法。但是，参加的目的并非仅仅是惩罚和补偿。更重要的是，要在安排劳动时考虑到思想帮教和心理矫正的功能发挥。此案例中的社区居委会成员和民警通过细致的工作，使矫正对象在劳动中感受到居民的友善和关心，这对于放下心中的包袱、积极配合矫正计划的实施，具有不可忽视的正面作用。

（3）挖掘社区志愿力量，共同参加社区矫正工作。社区矫正工作的工作主体是专职的社区服务工作者，但是因为专职工作者人手少、任务重、工作复杂，因此，还需要大量志愿工作者参与。专职社区服务工作者在社会层面上的一个重要任务，就是挖掘社区志愿力量，共同参与社区矫正工作。

2. 社会工作行政在社区矫正中的运用

社会工作行政，又称社会行政，是将社会政策变为社会服务的活动。在社区矫正领域，可以从宏观和微观两个角度发挥社会工作行政的作用。

（1）从宏观上讲，社会工作行政与政府的社区矫正政策实施相联系，即把社区矫正的政策法规变成社区矫正的服务活动。这种政策变动过程中应该是双向的，既将社区矫正的政策法规变成社区矫正的服务，又将服务经验上升到理论层面以影响政策法规的修订。

（2）从微观上讲，社会工作行政与社会服务机构从事的服务活动相联系，即通过加强对社区矫正服务机构内部管理的途径，以提高社区矫正的实施效果。这种内部管理的程序和内容包括规划、组织、人事管理、领导、督导训练、预算、公共关系、报告、评估和研究。

3. 社会工作研究在社区矫正中的运用

社会工作研究是获取知识和发现事实的过程。在此过程中，社会工作及其他领域的理论和实务工作者使用社会研究方法，收集和分析与社会工作有关的资料，以协助实现社会工作的目标。

社区矫正是一个注重理论与实际紧密结合的、涉及面广、政策性强、讲求操作的社会工作实务领域，综合了众多专业学科（如社会学、政治学、刑事法学、心理学、管理学等）的理论、知识和方法，其健康发展，需要加强这些理论、知识和方法的研究。

社区矫正在我国又是一个新兴的社会工作实务领域，其中的许多问题，如社区矫正的哲学基础、价值理念、理论依据、适用范围、责任主体、工作队伍、工作制度、项目实施、绩效评估、经费保障问题等，都需要逐个研究解决。

┃案　例

如何对国梁进行社区矫正

国梁（化名），初三学生，曾经参与一次青少年团伙的抢劫，正在被公安机关取保候审。其家庭背景：父母离异，母亲改嫁，父亲曾经被劳动改造 7 年，从小由爷爷奶奶带大，没有父爱和母亲的概念。奶奶对孩子的教育感到力不从心而担心不已，希望能教育好这个孩子。一直以来，父亲和孩子的关系是生疏的，父亲劳改回来后，感到对不起孩子，也不知道该不该管孩子，管孩子听不听，不听的话怎么办，孩子对父亲感到很陌生，想接近但又很紧张，不知如何接近。基本上在教育孩子上，父亲是缺位的，主要靠奶奶辛苦劳作照顾孩子。但是奶奶又感觉孙子大了，管不了了。在村里，还有伯伯家，孩子和其二伯家的一个堂兄关系不错，常到二伯家玩，也还听二伯和二娘的话，但是堂兄到北京上中专去了，所以平时也中断了这种联系，就和附近村里的几个比较野的孩子一起玩，去年发生了参与抢劫的违法事件。学校老师反映国梁在学校时比较顽皮，甚至怀疑对他进行辅导干预是浪费时间，不相信会发生作用。

讨论 9-4　请根据本章社区矫正服务的内容，为案例中案主设计合理的社区矫正方法。

复习思考题

一、填空题

1. 社区矫正服务就是指由专业人员或者志愿工作者运用专业理论和技术，动员一切有关个人、家庭、团体及社区等资源，帮助罪犯或具有犯罪危险的违法人员在社区处遇期间，提供思想教育、心理辅导、行为纠正、生活照顾等，使之消除_____、修正_____、适应_____。

2. 国内的社区矫正服务实践的社会处遇包括_____、_____、_____三种方式。

3. 社区矫正的价值理念有_____、_____和_____。

二、选择题

1. 社区矫正的对象不包括_____。
   A. 假释罪犯　　　　　　　　　　B. 监（所）外执行罪犯
   C. 管制罪犯　　　　　　　　　　D. 服刑罪犯

2. "服务社会令"的三大功能中不含_____功能。
   A. 惩罚　　　B. 补偿　　　C. 矫正　　　D. 治疗

三、简答题

1. 简述小组工作方法在社区矫正中应注意的问题。
2. 简述社区矫正在中国的发展。

四、讨论题

1. 讨论社区矫正服务对象的性格特征及其需要。

2．讨论社区矫正的发展方向。

🔍 实训任务

任务描述：社区矫正对象的个案矫正。

任务引导：

1．了解社区矫正对象及其家庭的情况。

2．分析社区矫正对象存在的主要问题及需求，并制定服务计划。

3．对社区矫正对象进行心理疏导，支持网络建立和能力建设。

4．评估社区矫正对象心理、行为的改变。

第 4 篇

社区生活服务

第 **10** 章 社区便民利民服务

引言

社区服务是指在政府的指导和扶持下，为提高社区居民生活质量，增进社区公共福利，以基层社区和社会服务机构为主体，以社区成员的自助互助为基础，利用社区内、外的资源而开展的各种福利服务和便民服务。十多年来，在党中央、国务院的大力支持和全国各级政府的积极响应下，我国的社区服务范围进一步拓宽，服务项目进一步增多，服务水平继续提高，服务设施和服务手段明显改善。可以说，社区服务适应了我国政府转变职能、企业转变经营机制的需要，在提高社区居民生活质量、改善城市环境、安置下岗职工、稳定社会等诸多方面起到了稳定器、推进器和调节器的作用。社区便民利民服务作为社区服务最普遍的形式，是随着我国第三产业的产生、发展而产生、发展的，主要是满足当地居民的生活需求，为居民的生活提供方便，提高生活质量。社区的工作集中在统筹安排、拾遗补阙、协调管理上，为社区居民营造一个温馨、便利的生产生活环境。本章主要从社区便民利民服务的概念及其必要性，社区便民利民服务的发展方向、内容及服务技巧等方面展开论述。

学习目标

1. 掌握社区便民利民服务的含义及内容。
2. 了解社区便民利民服务的发展方向。
3. 理解并运用社区便民利民服务的方法和技巧。

学习导航

```
                                                    ┌─ 社区便民利民服务的含义
                              ┌─ 社区便民利民服务概述 ─┼─ 社区便民利民服务的内容
                              │                      └─ 社区便民利民服务的必要性
                              │
  社区便民利民服务 ─────────────┼─ 社区便民利民服务的发展方向 ┬─ 信息化方向
                              │                            ├─ 产业化方向
                              │                            └─ 专业化方向
                              │
                              └─ 社区便民利民服务实务 ─┬─ 社区便民利民服务的方法
                                                     └─ 社区便民利民服务的技巧
```

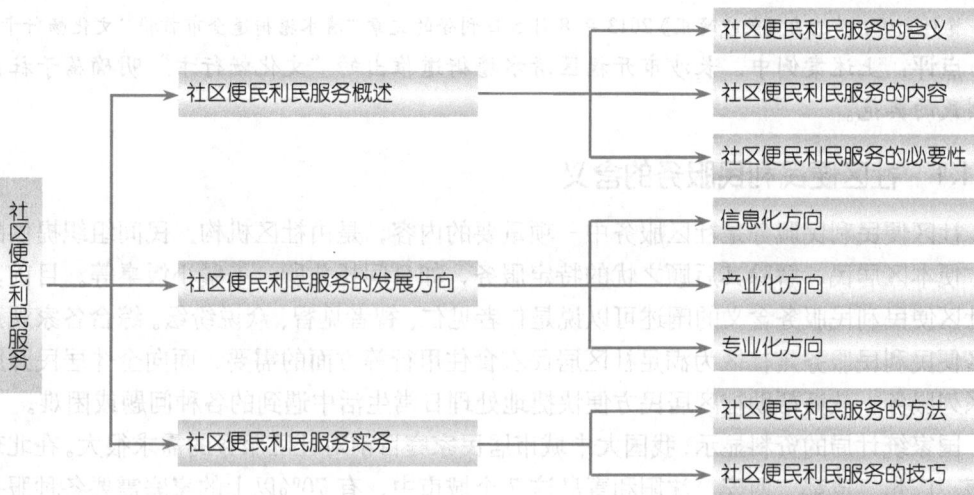

10.1　社区便民利民服务概述

案　例

清水塘街道全市首推"文化畅行卡"

2013 年，长沙市开福区清水塘街道别出心裁，在全市首次推出"文化畅行卡"，辖区内居民只要凭卡便能尽情地品尝街道内丰富多彩的文化大餐。如今，每天逛逛"快乐文化集市"正逐渐成为街道居民的生活习惯。

清水塘是全市著名的文化大街，在 1 平方公里的核心地带内，既会集了省新闻出版局、省体育局、省科协等文化领头单位，又有博物馆、展览馆、书画院、演艺吧、古玩店等文化资源，还拥有全国文保单位、4A 景区等多处文化景观……

如何让这些不可多得的文化元素，变成当地居民可以乐享的生活要素呢？通过深入调研和思考，街道形成了"化天时为地利、化分散为集中、化独享为共享"的工作思路。清水塘街道和各社区服务工作者走进各驻区单位，一家一家地拜访，一项一项地沟通，一次一次地商量。终于，街道的真心和诚心打动了各家单位：从 2013 年 7 月起，居民可免费进入各单位的文体活动中心、博物馆等公共文化机构，辖区居民可以经过绿色通道自由进出；街道和社区举办的"百姓收藏讲堂"、"养生休闲讲座"、"声乐器乐培训"等文化活动，一律免费向居民开放；即使商业性质的文化演艺活动，也以最优门票价格向居民敞开大门……

小小一张文化卡，既让本地文化设施接了地气，又让各种文化项目聚集了人气，更重要的是辖区居民之间增添了更多的和气。

资料来源：节选自《长沙晚报》2013年8月5日刊登的文章"清水塘街道全市首推'文化畅行卡'"。

点评：上述案例中，长沙市开福区清水塘街道推出的"文化畅行卡"明确属于社区便民利民的典范。

10.1.1　社区便民利民服务的含义

社区便民利民服务是社区服务中一项重要的内容，是由社区机构、民间组织提供的旨在方便本区居民，解除其后顾之忧的特定服务，如日间托儿所、午餐小饭桌等。目前，对于社区便民利民服务含义的阐述可以说是仁者见仁、智者见智、众说纷纭。综合各家观点，社区便民利民服务是社区为满足社区居民衣食住用行等方面的需要，面向全体居民开展的一系列服务，从而帮助社区居民方便快捷地处理日常生活中遇到的各种问题或困难。

国家统计局的资料显示，我国大中城市居民家庭目前对社区服务的需求很大。在北京、上海、广州、成都、西安、沈阳和青岛这7个城市中，有70%以上的家庭需要各种服务。其中，有近240万户居民目前得不到家电维修的服务，127万户居民得不到房屋维修的服务，还有对儿童的看护、保护和发展需求，适应老年人的不同需要开展的不同层次的养老助老服务的需求，以及社区的文体科教服务和医疗卫生服务等方面的需求。

10.1.2　社区便民利民服务的内容

社区以居民为主体，凡是与居民吃、穿、住、用、行、娱乐、健康等方面有关的服务，都属于社区便民利民服务的范畴。社区便民利民服务的领域广泛、内容丰富，人们对其内容体系的概括也不尽一致。以下介绍几种主要的关于社区便民利民服务内容体系的观点。

1. 社区便民利民服务的内容三分法

有的学者指出，社区便民利民服务从里到外可以分成三个部分。

（1）核心部分（或重点内容）——福利性服务。这是社区便民利民服务的出发点和归宿，对象是社区中有特殊困难的人和有特殊贡献的人，目的是要满足这一部分人的基本生活需求，主要提供义务的无偿服务。

（2）中间部分（或一般内容）——行政事业性服务。这也是社区便民利民服务的主要内容，对象是全体社区成员，目的是帮助本社区的居民解决生活中碰到的难题，主要提供非营业性的低偿服务。

（3）边缘部分（或辅助内容）——商业性服务。这是社区便民利民服务的扩展或辐射，对象不限，目的是拾遗补阙，方便居民，主要提供营业性的有偿服务。基层社区在开展福利性服务的同时，开展一些营利性的商业服务，有助于弥补福利性服务可能出现的经济亏空，有助于促使社区便民利民服务形成一种自运转的机制和自成系统的服务网络。

2．社区便民利民服务的具体内容

（1）社会福利服务。老年人服务，包括孤老包户组、孤老服务站、敬老院、托老所、老年人公寓、老年庇护所、老年婚姻介绍所、老年人活动站、老年人医疗保健站、老年人康复中心、老年人康复门诊、老年学校等；少年儿童服务，如托儿所、幼儿园、儿童医疗保健站等；为民政对象服务，如残疾人服务站、精神病人康复中心、军烈属生活照顾、扶贫济困等；为失业人员、下岗职工提供的服务，如最低生活保障服务、就业和再就业服务等。

（2）日常生活方面的便民利民服务。家政服务，如保姆中介所、病人护理、代换煤气等；居民生活服务，如便民小吃、便民副食、自行车存放点、便民理发店、家用电器修理店、服装裁剪店、便民修鞋店、便民供奶站等；文化体育服务，如青少年校外教育、青少年特长班、健身中心、社区活动中心等。

（3）行政性服务。如水电气的供应、房屋维修、社区道路修筑与维护、计划生育、各种证件的办理、社区治安等。

（4）社企合作的服务。例如，街道、社区为辖区内的企事业单位提供的后勤社会保障服务及辖区单位为街道、社区提供的文化教育、医疗保健等服务。

总的来说，社区便民利民服务的内容是相当广泛的，主要包括残疾服务、家庭服务、家政服务、维修服务、上门服务、接送服务、婴幼儿服务、养老服务、卫生服务、文娱服务、物业管理、办理劳动就业、户籍管理、家政、计生、残疾人工作、警务、法律咨询等社区事务项目。随着社会的发展，人们的心理压力越来越大，在为被服务者提供物质资助和帮助的同时，也开始注重在精神层面上提供服务，注重对人格、价值的培养和人的自身潜能的发挥。因此，社区开展心理咨询师服务是很有必要的。

除此以外，还有很多隐性的方面用来服务居民，方便社区居民生产生活需要。例如，2003—2004 年公安部推出的 30 条便民利民措施，涉及人民群众普遍关心的户籍、交通、出入境、消防四个方面的内容，为了使这些措施的推出更加稳妥，公安部做了大量的调查研究和准备工作，也广泛征求了人民群众和社会各界的意见，最终目的也是为了使居民们更加快捷、高效地进行各种生产，满足各种生活需求。

社区便民利民服务应立足于服务社区居民，并能伴随居民的服务需求，逐步增补服务项目，在现阶段还应该大力开发包括社区文化、教育、体育、医疗等方面的服务，特别要大力发展多种形式的劳务派遣、家政服务等，使居住在社区中的每个居民都能"居住得安心，生活得舒心，娱乐得欢心，活动得开心"，在不断增加和完善服务的同时，为社区居民营造一个温馨、优雅、便利的生活环境。

讨论 10-1 你所在的社区有哪些便民利民服务机构？

10.1.3 社区便民利民服务的必要性

1. 大力发展社区便民利民服务，是我国经济体制改革的需要

我国经济体制的转轨，使得国家在社会福利领域内的"父爱主义"消退，原有的由政府单一提供公共服务的社会福利供给制度发生了变化，个人、家庭和社区在养老、医疗、住房等福利领域将承担更加明显的责任。社区所开展的便民利民服务就是始终把满足居民的要求放在首要位置，面向包括老人、儿童、残疾人及其他社区居民所提供的便民利民服务，服务主体的多元化在一定程度上弥补了政府在提供公共服务方面的资源缺失，为促进社区资源的整合，满足居民的切身需求，维护社会稳定与和谐，发挥了重要的作用，并有效地提高了社区居民的政治参与意识。

2. 大力发展社区便民利民服务，为再就业工程提供有利条件

社区服务工作者的吸纳，首先考虑安排社区下岗失业人员，择优录用人品素质相对较好的人加入社区服务行列。例如，居家养老服务中心的家政服务人员，从事托老工作、为老人提供精神服务的从业人员，以往都是外来人员，现在可重点吸纳社区下/待岗人员。又如，从事小区公益性劳动人员，如保洁、保绿、自行车寄放管理、公用事业费代办等，也都把招录用的重点放在社区失业人员身上。以申城田林街道为例，2003 年该街道共创立 555个社区服务岗位，安置了上千名社区失业人员。2007 年 1～11 月，又安置社区公益性服务就业人数 682 人，发展非正规劳动组织 58 个。

3. 大力发展社区便民利民服务，是人们物质精神文化水平逐步提高的必然选择

社区便民利民服务体系的建立与健全，是人们物质精神文化水平逐步提高的必然选择。随着人们物质水平及受教育程度的提高，对于生活品质的追求也随之日益提升。社区便民利民服务为营造和谐的社区环境，起到了积极的作用。例如，在服务居民的过程中，建立适合居民需要的服务机构，开展一系列低偿或无偿服务；建立社区卫生服务站，提供医疗卫生服务；建立家政服务中心，提供家政服务；建立婚姻介绍机构，建立殡葬用品销售点，提供婚丧服务；运用"星光"计划活动场地，提供文化娱乐服务；设立维修服务网点，为居民提供家庭用品维修服务；设立托管机构，为老年人和小学生提供服务；依托司法服务机构，提供法律援助；建立义务巡逻队，提供社会治安服务；依托社区服务站，设立政策咨询窗口，为居民提供各种政策咨询服务等。

4. 大力发展社区便民利民服务，为居民委员会的正常运转提供可靠的经费来源

由于目前的便民利民服务大多是经营性有偿服务，则完全可以通过培育相应市场来解决，由市场来提供，如现在的社区居委会举办的"便民餐馆"、"便民超市"、"便民维修业"、

"便民理发店"等。这些便民利民的生产、生活设施的建立，不仅可以为居民解决日常生活中的不便，而且可以给居民委员会的工作经费提供可靠的来源，同时可以为国家创造更多的收入。

10.2　社区便民利民服务的发展方向

根据我国全面建设小康社会的目标以及各项改革已进入纵深阶段的要求，如何建立起设施配套、功能完善、管理规范、服务优质、适应经济和社会发展需要的社区服务体系，将成为今后城市建设和管理的重要课题。社区服务工作者正试图从理论和实践上探讨一条更适合当前我国社区发展现状的社区便民利民服务道路。社区便民利民服务的发展应该以居民的需求为基本立足点，并且能够根据社区的发展，居民消费的多元化趋向，逐渐增补服务项目。综观国外社区服务的先进经验，结合我国经济社会的发展进程，我国的社区便民服务将呈现信息化、产业化、专业化方向的发展趋势。

10.2.1　信息化方向

社区便民利民服务要充分发挥信息服务平台的积极作用，充分利用现代网络科技，如可以自主开发建设"街道社区服务网"，专门为社区企业建立《加盟企业信息栏》，将企业的详细信息通过网络平台向外公布，同时，制作《社区便民服务手册》，将社区商业企业收录进来，免费发放到每个居民住户家中，进一步扩大社区商业信息的传递面。

10.2.2　产业化方向

近年来，为推进社区服务，有关方面提出"社区服务产业化"的口号，引导社区在开展招商引资发展社区经济中，还要有意识、有选择地引进与社区群众衣、食、住、行密切相关的、适合社区服务的行业与单位，来满足社区群众日益增长的不同层面、不同领域的各种需求，使社区服务业呈现全方位、多层次、宽领域的格局，使居民群众不出社区就能够享受到物质与精神生活的全面服务。通过由政府主导拓展到社区联动、由资源分割拓展到资源共享、由社会福利服务拓展到社会保障服务、由福利性服务拓展到产业化经营，树立标准，不断提高社区服务的水平。

1. 建立健全产业组织体系，为社区便民利民服务提供必要的载体

目前，由于各地经济发展水平、居民的知识结构、思想观念和生活习惯等存在差别，社区服务产业组织可以采取多种不同的形式。但从发展趋势来看，应该尽可能以统一、规范、综合性的便民利民服务为主体，其他形式为补充，形成集服务、咨询等多功能为一体的组织体系。

2．促进规模经营，把社区便民利民服务从单体型、零散型向群体型、集团型转变

网络化能充分实现社区资源的集约化、规模化要求。可建立规模经营的新机制，把各连锁经营服务网点连接起来，从而形成规模效益。例如，家政服务业，就可以将钟点工、保姆介绍中介、租赁业务、搬家装修等多种服务扩展进来，将下岗、待业、在职的具有这方面专长的人员纳入服务队伍网络，根据需要统筹安排，随时调遣，使社区服务更加快捷方便。

3．努力营造一个有利于社区便民利民服务产业生存和发展的社会环境

首先，要改变旧观念，树立社区服务是大产业的新观念；其次，各级政府要发挥积极作用。对社区居民建立和发展社区服务产业组织，政府要予以积极引导和支持，制定有关的政策、法规，为社区服务产业化的完善和发展提供必要的法律保障。

4．加强教育和培训，提高服务人员的素质

目前，从事便民利民服务业的人员文化科技素质普遍不高，以致服务技能以及市场开拓能力相当有限，难以适应市场竞争的需要。因此，要通过强化员工素质培训、专业培训和思想道德教育，加强服务理念，熟练业务技能。

10.2.3　专业化方向

从社区服务自身的发展规律来看，当社区服务发展到一定阶段后，其服务队伍（服务提供者）只有走专业化的发展道路方可进一步提升社区服务的层次，而且只有达到专业化的服务水平才能使社区服务赢得全社会的认同。

经过近20年的发展，我国社区服务专业化程度不高的问题已经突出地显现出来。目前，从事社区服务业的人员素质参差不齐，专业社会工作人员和管理人员比例微乎其微，不能满足社区服务发展的需要。

首先，政府要改变思维模式，从强调社区服务的服务形式转变到提高服务质量上来。过去政府主要强调社区服务的服务形式，对服务传递过程中的专业内涵较少重视，而实际的社区服务由于需求迫切，经验型的服务形态就比较容易显示其优势。这导致社区服务的发展缺乏科学合理的规划，社区服务队伍的专业素质普遍较低。随着城市居民生活水平的提高，对服务质量的要求将越来越高，因此，强调提高服务质量显得非常重要。

其次，要想办法留住和吸引专业人才参与到社区服务中来。例如，提高社区居委会工作人员的待遇，使这些工作岗位更具吸引力等。社区便民利民服务是一项长期的具有丰富内涵的工作，要把它作为一个专业来研究和发展；要从专业院校（如社会工作职业院校）选用相应专业（如社区服务与管理、养老服务、社区康复技术、家政与社区服务等）的大中专毕业生，充实社区便民利民服务的专业工作人员队伍；还应分批选送在职工作人员到有关高校或者培训机构学习社区服务的知识和技能；国家有关职能部门要制定社区便民利民服务职业资格标准，实行劳动准入制度，提高专业工作者队伍的质量和服务水平。通过以上专业化的措施，为社区便民利民服务的发展提供最基本的人才保障。

案　例

贵阳新型社区便民利民　打造"15 分钟社区服务圈"

2010 年年初，贵阳市在全国率先开始城市基层管理体制改革试点，减少管理层级，变市、区、街道、社区四级管理为市、区、社区三级管理，构建城市基层新型管理体制和运行机制，提高社会管理科学化水平。

贵阳市委组织部调研发现，一些街道办事处，主要精力用于抓经济、抓税收，忘了"主业"是服务百姓，有事就布置给居委会，"衙门化"严重，成了"二传手"、"传声筒"。改革城市基层管理体制，解决街道办事处"错位"、居委会"越位"、政府公共管理"缺位"是大势所趋、现实急需。贵阳市选择小河区和金阳新区进行试点，涉及 3 个街道、16 个居委会。主要举措是撤销街道党工委和街道办事处，成立社区党委和社区服务中心，以地域面积和服务半径为主要依据，兼顾人口数量、治安管理、公共服务资源等因素，重新划定社区管理范围，每个社区 2~3 平方公里，人口 2 万~4 万人，设置 3~4 个居委会，形成"一社多居"格局。

新型社区是街道办事处和居委会的"有机结合体"，不再承担原街道办事处经济工作职责，将其"还"给政府职能部门，"轻装上阵"，只承担街道办事处和职能部门的民政、计生、卫生等各类事务性管理职能及公共服务，直面群众，服务群众。居委会推行"居政分离"，行政职能全部"剥离"给新型社区，回归自治，主要从事公益服务、调解民间纠纷等活动，工作人员自愿服务，政府不再发工资。

新型社区更加专注于服务群众，一心想着便民利民，"群众是最大的受惠者"。社区重点打造"15 分钟社区服务圈"，公共服务职能有公共安全、医疗卫生、基础设施、文体休闲等 11 个大项共 88 个小项，贴近基层，全方位服务百姓；建立 2 300 余名志愿者组成的各类服务队，弥补社工队伍力量不足，广泛开展关爱空巢老人、救助弱势群体等活动，至今参与志愿活动的人数达 8 600 人次，服务社区居民 3.3 万人次。

资料来源：节选自《人民日报》2011 年 4 月 1 日刊登的文章"贵阳新型社区便民利民　打造'15 分钟社区服务圈'"。

讨论 10-2　目前，我国社区便民利民服务体系还存在哪些问题？哪些方面还有待创新？

10.3 社区便民利民服务实务

社区便民利民服务的内容是相当广泛的，发展社区便民利民服务也需要一定的方法和技巧。

10.3.1 社区便民利民服务的方法

1. 必须正确理解社区商业服务

从发达国家的经验来看，居民日常消费支出的 60%发生在社区；而我国居民在社区内的日常消费支出则不到 10%，这说明我们的社区商业服务有较大的发展空间，只要改善购物环境和卫生条件，不断提高服务和管理水平，社区商业服务就能获得比较大的发展。而且，社区商业有长期稳定的回报，投资社区商业服务业将是一种明智的选择。可以说，在我国，社区商业服务蕴涵着巨大商机。当然，作为一种微利的商业，社区商业服务必须把质量和诚信作为根本要素来考虑，因为居民对商家知根知底，商家要想得到长期稳定的收益，就必须使自己的商品物美价廉、诚信可靠，否则，居民不会长期去购买他的商品，他也就很难长久在社区立足。

另外，要提高社区商业服务的管理和服务水平。一方面，因为社区商业利润较低，只有开店数量和规模达到一定水平时，才能降低成本，赚取利润，获得发展。据测算，在一个城市，社区便利店一般开到 200 家左右才开始实现盈亏平衡。为此，必须积极探索连锁经营，即根据规范统一的标准和程序，面向社会公开招标，使那些管理规范、实力雄厚、信誉良好的商业企业进入社区商业服务，通过加盟的方式整合现有的小店小铺，规范批发市场，发展物流配送网络建设，实现集团化运作，提供标准化的社区商业服务，形成一批具有龙头作用和规模效益的社区商业服务品牌。另一方面，在新建居住区重点发展社区商业中心。社区商业中心集购物、休闲、娱乐于一体，是社区居民日常消费的重要场所。可以提供综合性的、方便快捷的服务，满足多层次、多样化的消费需求；可以实行集约化经营，低成本管理和低价格服务，对居民具有较强的吸引力。在新建小区，应通过科学规划，建设以购物中心为主，并合理搭配餐饮、理发、洗浴、修理和娱乐等各种网点，形成功能比较齐全、布局比较紧凑的多功能综合性服务体系，满足居民就近购物娱乐消费的需要，实现商业区与居住区的相对分离和有机结合，克服过去社区商业网点"散、乱、小"的状况。同时，通过大型商业集团的进驻，把先进的管理和优质的服务引入社区，大幅度地提高社区商业服务的综合实力和整体水平。

2. 大力培育和建设强有力的社区服务队伍

首先，要在政府指导下，依靠社会教育机构，有计划、有步骤地对在岗的社区服务工作者及管理者进行系统的培训，努力提高他们的专业能力和专业水平。其次，应大力发展社会工作教育事业，解决社会工作专业人才稀缺的问题，培养一支富有社会工作价值观，并掌握现代社会工作理论、知识、方法和技巧的专业社区服务工作者队伍。最后，要积极引导与鼓励工会、妇联、共青团等半官方的群众政治团体，掌握并运用专业化的社会工作知识和方法介入社区社会工作事务。在社会工作事务尚无法从它们的团体事务中分离出来之前，在社会工作职业化分工一时难以厘清的条件下，引导这些半官方、半社会的团体分支机构走向专业化是切实可行且符合我国国情的。

引导社区服务工作者为百姓排忧解难，不过多计较个人得失。在具体服务中，通过建章立制，制定一系列规范服务措施，如家政服务参考价目表、服务承诺书、上门联系单、操作流程图、服务公约等。

3．多方筹集资金，实行社区服务产业化

社区服务事业资金作为社区提供公共服务的基础条件，政府有责任投入。在属于政府职责提供的社区公共服务，经费由政府支付，遵循效用—费用—税收的程式，通过税费收入支付公共服务经费。通过市场机制为不同的社区服务项目创造一个统一的公平竞争的发展氛围，以便加快社区服务产业化的步伐，从而使社区服务进入良性的发展状态。创新形式，商社共建。社区商业是城市商业的基础，也是社区建设的一项重要内容。发展社区商业、满足居民消费、改变城市面貌、提升服务水平，需要不断创新工作形式，逐步建立起一套社区商业发展的长效管理机制。加强商业街经营业主实行自我发展、自我完善、自我管理的自治建设，可以通过社区居委会与各经营业主签订减排责任书、流动人口管理责任书、计划生育责任书，在社区和商业街广泛开展"共产党员先锋岗"、"职工岗位能手"、"青年文明号"等竞争评比工作，使商业从业人员逐步树立起"争先创优"、"学、赶、比"的强烈意识。

社区便民服务产业化在我国还处于刚刚起步的阶段，产业组织贫乏是目前面临的主要障碍之一。从发展趋势来看，应该尽可能以统一、规范、综合性的便民服务为主体，其他形式为补充，形成集技术服务、咨询服务等多功能于一体的组织体系。促进规模经营，把社区服务从单体型、零散型向群体型、集团型转变。网络化经营能充分实现社区资源的集约化、规模化；建立规模经营的新机制，可以把各连锁经营服务网点连接起来，形成一批以较大型企业组织为骨干的企业群体，从而形成规模效益。应该说，有着统一标识、统一服务、统一价格、统一质量的连锁经营方式以及飞速发展的网络服务，将在今后的社区服务业中发挥重要的作用。

4．调动居民的积极性，引导居民广泛参与

社区居民参与社区服务，既是社区发展的本质特征和基本精神，也是社区发展的必然要求和内在动力。首先，街道办事处应组织各居委会因地制宜形成本社区服务组织的管理

办法和活动形式，拓宽居民参与社区服务的方式。其次，要建立民间组织登记管理制度，对社区民间组织的活动规范管理，从活动时间、内容等方面形成有效的约束机制，营造祥和稳定的社区生活氛围。再次，在社区服务中引入志愿服务，根据社区服务的实际需要和志愿者所具备的条件来安排服务项目和活动，以合理利用资源，充分调动志愿者的积极性，做到人尽其才、物尽其用。要将社区服务与志愿服务有机地结合起来，使志愿服务真正融入社区服务，融入居民的日常生活。同时，要保障志愿者的合法权益，健全志愿者的回报制度，以保证志愿服务的经常化、持久化和制度化。最后，要做好宣传工作，扩大影响，提高居民民主意识和参与水平，促进社区自我管理、自我服务。

5. 逐步实现社区便民服务的法制化、制度化和规范化

要实现社区便民服务管理工作的良性循环和可持续发展，必须走法制化、制度化和规范化之路。首先，要抓紧做好社区服务的立法和制度建设工作。社区服务的立法工作要从实际出发，真正起到指导社区服务向前发展的作用。当前应尽快制定有关城市社区服务管理条例的相关法规，以适应社区服务工作快速发展的需要。其次，要建立社区服务机构登记注册和资格认定制度。最后，要严格社区服务机构的财务和审计制度。

6. 逐步实现社区便民服务的社会化

随着我国市场经济体制的建立和逐步完善，城市社区管理的社会化已成为一种必然趋势。社会化是指广泛的社会参与。政府不再是社区中唯一的管理主体，它主要行使规划和宏观调控的职能。在社区服务的经费来源、项目组建、服务管理等方面要依靠社会力量，让社区内企事业单位、社会团体、志愿者组织和社区居民在政府的指导下各展其长、各尽所能，开展形式多样的社区服务。

具体来说，要实现社区服务的社会化，一是要努力实现投资主体多元化。采取国家、集体和个人等多渠道投资方式，形成社区服务机构多种所有制形式共同发展的格局。政府要逐年增加对社区服务的投入，重点用于发展基础性、示范性、福利性、公益性的社区服务项目，同时采取民办公助、政府购买服务等办法，将一部分资金用于鼓励、支持和资助各种社会力量兴办社区服务，尤其是社区福利服务项目。制定优惠政策鼓励企事业单位、民间组织和个人投资开办社区服务项目，兴办社区服务企业。二是要努力实现服务对象公众化。在为各类弱势人群包括下岗失业人员提供社区福利服务的同时，积极为普通居民群体提供便民生活服务，为辖区内的企事业单位和机关、团体提供后勤保障服务，使社区服务对象扩大到社区所有成员。三是要努力实现服务方式多样化。针对不同的服务对象和服务项目，分别采取无偿、低偿、有偿服务以及集中设点服务、上门入户服务、协同包户服务、邻里互助、社区志愿者服务等多种服务方式。

10.3.2　社区便民利民服务的技巧

1．需求调查

城市发展带来的居住格局变化，不同社会阶层向特定地域的集中，使得不同社区之间的差异越来越大，社区越来越具有自身的特色。"人以群分"，我国社区发展正在呈现白领、富豪、教师、工薪、外国人等特色鲜明的社区，但社区服务却呈雷同化趋势。中央提出加速发展循环经济，号召全民动员，加快建设节约型社会。例如，上海小区废品回收与物业结合，解决了市容、安全和再生资源回收的问题，值得推广。这预示着社区便民利民服务将走上个性化的发展道路。

社区便民利民服务要贴近生活，就意味着社区服务将更加立足于本社区的具体情况，同时立足于对资源的有效利用。面对着居民日益增长的需求和始终相对紧缺的资源，社区便民利民服务将根据居民需求的性质进行细分，并在此基础上确定无偿、低偿、有偿的服务项目，其中，居民最迫切的基本需要应得到有保障的满足。在确定商业服务网点布局的同时，社区对居民的社会层次、收入水平、消费需求的分布情况和构成情况进行了充分调研，按照高端、低端、中端三种消费所占比例，形成了较为完善的社区服务网络，基本上满足了不同层次居民群众的消费水平、消费特点和消费习惯。例如，小学生接送服务和就餐服务，对双职工家庭而言就非常必要；陪老服务，就是照顾老年人起居和饮食，从心理上进行引导，这类服务对那些儿女不在身边的老人很有吸引力。

2．议事协商委员会引入市场机制

在协会的服务项目中，可包含有偿、低偿、无偿三种类型的服务。有偿服务，例如商品配送，包括换煤气、购大米、代为居家采购等。作为社会团体，它不是企业，不能够以追求利益最大化为经营目标。但在运营中，协会既要满足自身的"造血"需求，又要坚持为弱势群体提供低偿或者无偿的公益服务，兼容了新型服务方式又不排除传统的公益服务，如何能够把握协会在运作中不偏离其具有公益性质的服务方向，则需要社区居委会的监督与指导。

作为社区公益性社团，协会应当为所有利益相关人参与并表达自己的利益诉求提供机会，但从理事会组成来看，还缺乏个人会员代表，在一定程度上削弱了个人会员的意见表达。另外，目前民主决策、财务管理及接受使用捐赠公示等制度还有待完善，资源运作的透明度尚不够高等。这些问题都需要在实践中进一步改进。

3．志愿者服务

志愿者服务既是一种公共服务的重要资源，又是培育社区志愿文化、形成社区信念共同体的社区文明的基石。例如，维修服务，既有家电、水电用具的维修，也有摩托车、自行车的维修。这种服务尽管投资不大，但对劳动者的技能要求较高，要具备机械、无线电、

电工等多方面的知识。培育和组建以党团员为骨干的社区志愿服务组织，实行社区志愿者注册和签约制度，建立"服务储蓄"等社区志愿服务激励机制和制度，吸引公务员、专业技术人员、教师、青少年学生以及身体健康的离退休人员和其他成员加入到志愿者队伍中来。采取委托制的办法，将一部分社区公益性服务项目委托社区志愿服务组织管理、承担，不断开拓社区志愿者服务的新领域。

4．设立家政服务公司提供家政服务

家政服务包括家庭保姆、钟点工、家庭病人护理、医院病人护理、理发、服装裁剪、上门收送干洗衣服、旅社、搬场搬运。鼓励驻社区单位将食堂、浴池、文体和科教设施等向社区居民开放，按照互惠互利、资源共享的原则，为社区居民提供服务。

5．引进物业管理公司进行物业管理

物业管理包括水电、小区的清洁卫生和花木草丛的管理。社区物业服务是社区居民意见比较大的一个方面，要从根本上解决这个问题，一是要采取建管分离，由原来的社区物业谁开发、谁管理的模式变为由全市物业管理办公室统一管理。开发公司要按照物业管理办公室的要求提供良好的社区服务的硬件设施。物业管理办公室引入市场竞争机制，向各物业公司公开招标，允许股份制和民营的物业公司进行投标，现有的物业公司必须进行公开投标，中标后，才能管理社区物业，物业公司要全方位地承担起社区物业管理和服务工作。二是要理顺监督机制。各物业公司必须在代表业主利益的社区居委会的监督指导下，严格按照有关物业管理的法律和条例及业主的意愿，实行规范化管理和提供业主满意的服务。

6．文化服务，以满足小区居民对文化的消费需求

这类服务投资较大，且针对性强，要结合小区的消费水平和消费习惯而定。

7．卫生服务，为社区内居民提供医疗卫生咨询，开展定期的例行体检，提供常用药品

这种服务的从业者必须是专业的技术人员，而且应具有相应的资格证书。例如，家住陕西省新城区新兴俊景园小区的80岁老人王彬，患有慢性支气管炎，长期卧床，行动不便。自从胡家庙社区建起了社区卫生服务中心，王老太太不出门就可以得到很好的日常医护，输液、吸氧全部免费出诊，卫生中心还帮她建起了健康档案。目前，社区卫生服务站的建立在我国各大社区已较为普遍。

8．开办社区便民店

便民店一般店堂较小，经营品种以"柴、米、油、盐、酱、醋、茶"等日常生活必需品为主，更贴近居民生活。便民店要实行统一店面、统一配送、统一价格、统一时间、统一接受消费者投诉的"五统一"管理，使居民不出小区就可享受到与大商场一样的商品质量、价格的规范服务。

总之，我国城市社区便民利民服务是伴随着改革开放和城市化步伐的加快而逐渐发展起来的，是社会生活提出的一种客观要求，也是建立和完善社会保障制度和社会化服务体系的必然要求。社区便民利民服务在我国已经走过了 20 余年的发展历程，取得了令人瞩目的成绩。但社区便民利民服务与全面建设小康社会、加快推进社会主义现代化的要求相比，与社区便民利民服务在社区建设总体系中应该发挥的龙头作用相比，还存在明显差距，这就要求我们根据社区服务的社会化、产业化、专业化、自治化、法制化、个性化等未来发展趋势的特点，采取相应的措施，以加快社区服务的发展步伐，适应我国经济社会快速发展的需要。

| 案 例

北京市宣武区社区服务中心便民利民服务项目全面启动

"在家门口建立了老年快乐驿站，这下不用出社区，就可以得到便民理发、健身康复服务，真是太方便了。"北京市宣武区西便门西里社区居民高兴地说。2008 年 1 月 15 日，北京市西便门西里社区老年快乐驿站正式成立，这标志着社区服务中心便民利民服务项目全面启动。

在老年快乐驿站启动仪式上，居委会主任首先介绍了创办社区老年快乐驿站的情况，社区居民代表在启动仪式上发了言。启动仪式后，华美人美容美发店为社区 10 名居民理了发，低廉的价格（每人 2 元）、可亲的态度，受到社区居民发自内心的欢迎。

这次在西便门西里成立老年快乐驿站，是社区服务中心开展便民利民服务的一项重要内容。宣武区广内街道社区服务中心为进一步推广完善服务功能和运行机制改革试点工作经验，落实提供公共服务、公益服务、便民利民服务、展示交流、教育培训、文体活动、培育社会组织、整合资源、行业管理九大服务功能，决定在社区开展"一卡二圈三区"便民利民服务工作，逐步提高社区社会组织自我服务和自我管理的能力，建立跨域性的公益服务参与体系和志愿服务活动回报基地，形成跨域性的便民利民服务网络，努力为社区居民提供更为方便、快捷的服务。随着老年快乐驿站的成立，其他便民利民服务项目也即将相继启动，到时社区便民利民服务工作必将出现崭新的局面。

资料来源：节选自北京经济信息网 2008 年 2 月 13 日刊登的文章"宣武区社区服务中心便民利民服务项目全面启动"。

讨论 10-3 针对宣武区社区服务中心便民利民服务项目，讨论社区便民利民服务项目的可操作性。

📁 复习思考题

一、填空题

1. 社区便民利民服务的发展趋势包括_____、_____、_____。
2. 按社区便民利民服务的内容三分法划分，社区便民利民服务可分为_____、_____、_____。

二、简答题

1. 目前，我国社区便民利民服务体系还存在哪些问题？
2. 简述社区便民利民服务在整个社区服务中的作用。
3. 便民利民服务体系不完善的原因有哪些？
4. 便民利民服务的方法有哪些？
5. 实际操作过程中应该注意哪些技巧？

三、讨论题

1. 政府在社区便民利民服务体系建设中扮演什么角色？
2. 社区居委会在社区便民利民服务体系建设中发挥了哪些作用？
3. 如何利用社区优势资源建立健全社区便民利民服务体系？
4. 社区便民利民服务产业化的发展渠道有哪些？
5. 如何区分社区服务中商业和非商业行为？

🔍 实训任务

任务描述：根据社区居民和不同服务对象的需求，开展便民利民志愿服务工作。

任务引导：

1. 志愿者招募：广泛宣传志愿精神，做好志愿者的登记、注册、管理等基础工作，不断增强社区凝聚力。

2. 志愿者管理：加强社区志愿者队伍建设，在服务中做到耐心、细致、周到、热情，自觉把爱心融入社区之中，培养和建立良好的人际关系。

3. 需求调研：了解社区居民生活情况和需求，关注社区孤、老、残等弱势群体，积极拓宽志愿服务渠道，丰富志愿服务内容。

4. 开展服务：根据社区居民和不同服务对象的需求，组织社区志愿者开展形式多样的志愿服务活动。

第11章　社区家政服务

引言

社区家政服务是为了满足社区居民的生活需要而提供的步入家庭的有偿服务，主要包括家庭生活消费品的商品社会化服务和家庭服务的劳动社会化服务。随着社会的发展和人们生活水平的日益提高，家政服务的内涵和外延不断拓展，包含了与家庭生活相关的方方面面。本章主要介绍了基本家政、特殊家庭成员护理和家政拓展等方面的内容，同时对家政服务的结构现状、家政服务企业的特点和发展措施及家政服务的发展态势等家政服务管理进行了探讨，并且对社区家政培训的原则和方式、家政礼仪等家政服务事务进行了介绍。在社区家政服务实行的过程中，必须在掌握基本知识、礼仪和技能的基础上不断地积累、总结和提高，以适应社区、家庭和社会发展变化的需要。

学习目标

1．掌握社区家政服务的定义。
2．了解社区家政服务的产生和现状。
3．理解社区家政服务的内容和特点。
4．了解社区家政服务的发展态势。
5．掌握社区家政服务的培训和礼仪。

学习导航

```
                        ┌─────────────→ 社区家政服务概述 ──┬──→ 社区家政服务的含义
                        │                                 ├──→ 社区家政服务的产生和现状
                        │                                 └──→ 社区家政服务的内容
社区家政服务 ───────────┼─────────────→ 社区家政服务管理 ──┬──→ 社区家政服务机构现状
                        │                                 ├──→ 社区家政服务企业的特点和发展措施
                        │                                 └──→ 社区家政服务的发展态势
                        └─────────────→ 社区家政服务实务 ──┬──→ 社区家政服务培训
                                                           └──→ 社区家政服务礼仪
```

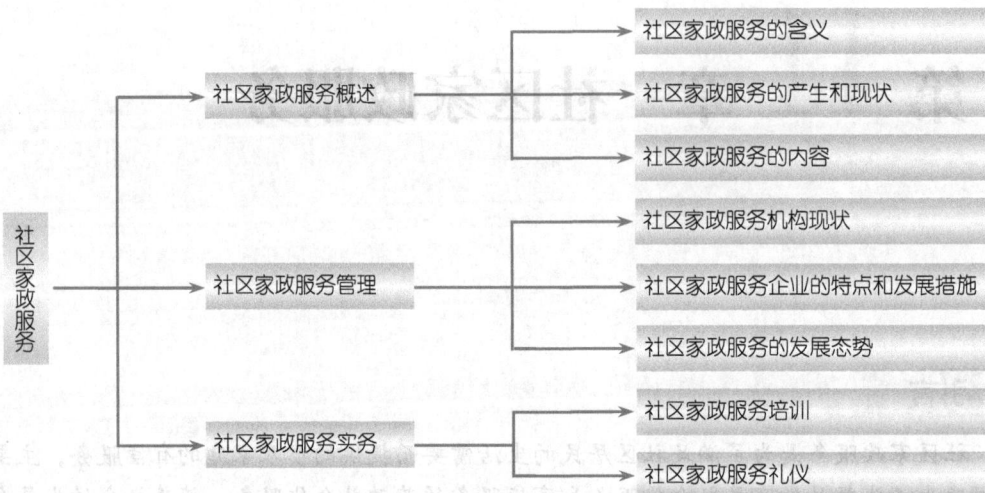

11.1　社区家政服务概述

案　例

马鞍山市家政服务从业人员地位不断"飙升"

2014 年 1 月 19 日，马鞍山市家政服务员技能比赛决赛在市总工会举行，共有 30 名选手参加角逐。据市第四届职工劳动竞赛组委会介绍，个人奖第一名将首次特设被授予市"五一"劳动奖章。

家政服务员技能比赛是马鞍山市第四届职工劳动竞赛的一项内容，比赛分理论考试和实际操作两部分，理论考试依据《国家职业技能标准》家政服务初级工书籍，实际操作设家庭烹饪、护理、保洁。烹饪比赛内容为在规定的时间内制作一道凉菜和一道炒菜；护理比赛内容为在规定的时间内完成老年人、病人、婴幼儿的护理；保洁比赛内容为在规定的时间内完成一件衣服、一条裤子的熨烫及家具和卫生洁具的保洁。其中，理论考试占总成绩的 30%，实际操作占 70%。

讨论 11-1　结合上述案例，谈谈你对社区家政服务的直观理解。

11.1.1　社区家政服务的含义

1．家政的含义

根据《中国大百科全书·社会学》的解释，"家政"一词有多重含义：第一，指在家庭这个小群体中，与全体或部分家庭成员生活有关的事情；第二，指在家庭生活中的办事原则和行为准则；第三，指家庭事务的管理。此外，家政也指家庭生活中实用的知识与技能、技巧。

总之，家政是家庭中对有关各个家庭成员的各项事务进行科学认识、科学管理与实际操作，以利于家庭生活的安宁、舒适，确保家庭关系的和谐、亲密，以及家庭成员的全面发展。

2．社区家政服务的含义

家政服务是将部分家庭事务社会化，由社会专业机构、社区机构、非营利组织和家政服务公司来承担，帮助家庭与社会互动，构建家庭规范，提高家庭生活质量，以此促进整个社会的发展。"社区"是一个外来名词，1887 年，由德国社会学家滕尼斯在《社区与社会》一书中最早提出。他认为，社区是一种建立在目的、利益、契约及以此为条件的人们之间保持一定距离的共同体。后来，社会学家们不断探索，达成共识，即社区是人们对其具有归属感和认同感的区域社会。

社区家政服务是为了满足社区居民的生活需要而提供的步入家庭的有偿服务，是我国当前市场经济下的一项新兴行业，是家务劳动社会化的产物。其包括以下几方面的含义：① 以满足各类家庭生活需要为主要服务目的；② 以步入家庭的有偿服务为基本服务形式；③ 以农村富余劳动力和下岗职工为主要从业群体，中青年女性偏多。

11.1.2　社区家政服务的产生和现状

1．社区家政服务的产生

首先，改革开放 30 多年来，中国经济得到了持续快速增长，人民生活水平逐步提高。在全面建设小康社会的进程中，居民的消费要求由满足生存需要为中心的必需品消费阶段，逐步向满足发展和享受需求为中心的非必需品消费阶段过渡，消费方式和消费结构也发生了很大的变化。因此，越来越多的家庭在经济殷实的前提下，愿意购买家政服务，尤其当事务繁忙的家庭有特殊需要时，对社区家政服务的需求就尤为迫切。

其次，我国经济增长速度虽然很快，但就业人口的增长速度远大于经济增长速度，从而引起就业机会与待业人员的比例失衡；同时，由于机构改革和企业重组，大批国有企业员工下岗失业，造成我国就业工作的巨大压力。因此，大批劳动者急需创造新的就业岗位和就业机会。

再次，中国传统文化十分强调"孝道"，有"百善孝为先"、"老吾老以及人之老，幼吾幼以及人之幼"的美德。一方面，我国早已进入老龄化社会，老年人口增多，社会老龄化日趋严重，家务劳动的压力绝对地增大了；另一方面，随着社会结构的转型，我国家庭规模日趋小型化，从扩大家庭变成以核心家庭为主的多种家庭形式（包括主干家庭和空巢家庭等），还出现了很多新的家庭类型，如丁克家庭、单亲家庭等。这些规模偏小的家庭和新出现的家庭类型都难以全面充分地发挥以往大家庭所具备的职能，家庭需要社区、家政公司等外界组织，通过家政服务的方式来分担这些相对过重的家务负担。

此外，随着人类社会不断向前发展和人类文明的不断进步，人们的观念也发生了巨大变化。妇女在政治、经济、教育、法律、工作等各方面享有同男子同等的权利。在城市中绝大多数是双职工家庭，夫妻双方无暇顾及家务劳动，因而普遍选择和接受家政服务。

可见，社区家政服务的产生有着深厚的经济、社会和文化背景。

2. 社区家政服务的现状

在我国，家政服务业起步虽早，但几经沉浮。近几年，在政府、社会和社区的大力扶持下，家政服务逐步市场化、明朗化、正规化、多层次化。目前，全国已有近 3 000 个家政服务企业，还不包括搬家公司、保洁公司、家教中心等类型的主要为家庭提供专项服务的服务实体，以及大量的"钟点工"。

根据国家劳动保障部在天津、上海、重庆、沈阳、南京、厦门、南昌、青岛、武汉 9 个城市，对发展家政服务业扩大就业问题进行的系统调查。其结果显示为以下几个方面。

(1) 9 个城市家政服务从业人员共 23.96 万人，其中，城镇从业人员占总数的 56.1%（其中，下岗人员 63.7%、退休人员 36.3%）；农村富余劳动力占 43.9%。

(2) 家政服务从业人员的构成：性别比例——男性占 14.9%，女性占 85.1%。年龄——多数在 18~55 岁，其中，全日制为 18~25 岁；小时工为 30~45 岁；其他类型家政服务人员为 30~55 岁。文化程度——高中以下占 83.9%；大专以上占 16.1%。上岗前接受过家政服务业务培训的占 30%。

(3) 家政服务的项目：主要有操持家务、照料老人、看护婴幼儿、看护病人、护理孕妇与产妇、制作家庭餐、家务管理、家庭教育、家庭休闲娱乐等。

(4) 家政服务的用工形式：分为全日工、半日工、小时工等，也有以完成一项服务任务为计费单位的形式。全日制工作的家政服务员主要来自农村，小时工和其他类型家政服务人员多来自城市企业下岗职工、失业人员、退休人员，也有部分农村富余劳动力。

(5) 工资水平：小时工一般在每小时 10 元上下浮动；全日工和半日工的工资，按地区经济水平和提供的服务不等，一般在 500~800 元，涉外服务工资较高，有的月收入超过 2 000 元。

11.1.3　社区家政服务的内容

目前，我国社区家政服务已由简单的家庭服务延伸到人民群众日常生活的方方面面，涉及 20 多个领域 200 多个服务项目。按内容可分为三个层次：一是初级的简单劳务型服务，如煮饭、洗衣、维修、保洁、卫生等；二是中级的知识技能型服务，如护理、营养、育儿、家教等；三是高级的专家管理型服务，如高级管家的家务管理、社交娱乐的安排、家庭理财、家庭消费的优化咨询等。

总之，当今社区家政服务主要涉及基本家政、特殊家庭成员护理和家政延展三个方面的内容，具体包括家庭服务、家庭护理、家宴服务、母婴护理、幼儿托管、孝心服务、导游导购、宠物托管、公司保洁、维修服务、家庭保洁、园艺服务、配送服务、汽车保洁、维修服务、幼儿用品、宠物用品、保洁用品、代理购物、用品出租等内容。

┃ 案　例

上海市舒锦家政服务公司提供的服务

妈咪助理：经劳动部门专业培训的"妈咪助理"将用爱心、耐心的温情服务，帮你顺利度过产褥期，为幸福的你更添一份亲情。

宝贝智育：公司为每个孩子量身定做"智教发展"方案，专职育婴师每月上门指导家政服务师，根据智教方案带动宝宝做丰富多彩、集操作性和启发性于一体的体操及游戏，促进宝宝智力、思维、运动能力的全面发展。

老人陪护：有较高文化素质和丰富生活阅历的家政服务师，陪"空巢"老人聊天、解闷、料理家务、户外锻炼，帮助老人处理突发事件。

常规家政：我们为你洗衣、做饭、擦拭灰尘、熨烫衣服等你无暇顾及的家务琐事。

涉外家政：有外籍家政服务经验的上海籍家政服务师，为外籍人士提供全面、精致、优质的涉外家政服务。

专业家教：整合各名校的家教师资，采用一对一的家教方式，为你孩子的成长提供有专业教学特长的家教服务。

家庭理财：由于公司涉足金融、房产、股票等投资行业，因此，我们将充分利用产业优势，为客户提供各项家庭理财服务。

商务服务：为个人及大、中型企业提供公司注册、网站制作、商标注册、商品采购等所有商务类信息产品和服务。

讨论 11-2　在上述案例中，列举了很多现有的社区家政服务项目。你认为以后的社区家政服务还可能增添哪些项目？

11.2 社区家政服务管理

11.2.1 社区家政服务机构现状

目前，从事家政服务职业介绍的机构分为劳动保障部门开办和社会（非劳动保障部门）开办两种。劳动保障部门开办，主要是由省、市、县、区四级劳动保障部门所属的就业服务机构管理，公共职业介绍机构承担。社会开办的形式较多，主要是社会团体开办、企业自办、集体和个人开办等多种形式。

1．劳动保障部门开展的家政服务机构

一般有三种形式：① 在职业介绍机构开设专门的家政服务窗口，进行家政服务业务介绍，成交后由供求双方签订劳务合同；② 建立专门的公益性家政服务中介机构，对下岗职工实行免费培训，免费介绍工作；③ 直接指导社会开办的以下岗职工为主要介绍对象的中介机构，劳动保障部门主要提供相关政策指导和培训资金的支持等。

2．企业办的家政服务机构

企业办的家政服务机构主要是安置本企业下岗职工，其服务既面向企业，又面向社会。这种机构一般为经营实体，既搞家政服务的中介，又兼有组织、管理下岗职工的功能。企业办的家政服务机构的特点：① 将下岗职工组织起来，帮助寻找新的就业岗位，并负责为其缴纳社会保险金，这样有利于保持社会的稳定；② 由于介绍对象是本企业职工，知根知底，便于管理，用户也放心；③ 通过家政服务的渠道，推销企业的产品，获得安置下岗职工和产品促销双丰收。

3．街道、居委会开办的社区家政服务机构

街道、居委会作为基层组织，与城市居民的生活有着直接联系，能准确了解居民的需求，能较好掌握家政服务员的工作状况，还能结合社区管理进行家政用工介绍，具有方便居民家庭、服务可靠、信誉度高的特点。

4．社会团体和民营、个体开办家政服务机构

社会团体和民营、个体开办家政服务机构主要形式是成立家政服务公司。规模较大的家政服务公司在管理上一般比较正规，有严格的服务规范、工作标准和收费标准，能够较好地按照市场的需求开展各项服务业务，并注意跟进服务。为了提高服务信誉，有些机构还对服务员进行培训，提高其业务素质。一般做法是，招收和组织家政服务人员，并与其签订聘用协议；按用户要求派出工作，并由公司与客户签订用人协议。用户将服务费用支付给公司，公司将工资付给服务人员。

11.2.2 社区家政服务企业的特点和发展措施

家政服务企业最突出的特点就是为家庭提供服务。从某种意义上讲，服务是家政企业的生存线。在家政服务市场竞争日趋加剧的形势下，面对日益提升的家庭生活需要，家政企业必须打造优秀的服务。优秀的服务是家政企业市场竞争的一大法宝，优秀的服务是满足家庭生活需要的根本所在。

1．家政服务企业经营销售的产品是服务

这一"服务"产品具有一定的特殊性，即人技统一性。家政企业"服务"产品价值结构的多层次，要求家政企业打造优秀的"服务"产品，应从多重的价值结构入手使其得到优化，以此不断地为家庭需要提供高水准的服务。

2．家政服务企业提供的各种服务的特点

（1）无形性、易消失性。每次提供的服务都是无法储存的，是一次性完成的，无论服务多么优秀都不能申请专利。家庭购买服务前，无法对为其提供的服务质量、效果进行检验，家庭购买后，也不能重复使用。

（2）差异性、即时性。由于家政服务员的专业知识、技能、修养等存在差异，这些差异影响和制约每项服务，使得服务具有差异性。服务的差异性因个体差异使服务结果不同，甚至同一项服务因个体差异服务结果也不同。家庭购买服务后，服务与家庭消费同时进行。

（3）不能退还性。家庭购买了服务商品后，其消费商品的过程就是服务过程，服务完成时家庭消费即宣告结束。即使家庭对服务商品不满意，消费已结束也无法退还，不能退还也是即时性的一种表现。

（4）可替代性。家政服务企业是围绕家庭生活需要而提供服务的。这一服务商品与其他食物商品有很大差异。如果消费者不购买家政服务，也能自行予以解决，从而取代家政服务企业的存在价值，可见，家政服务具有可替代性的特点。

（5）无法拥有服务产品所有权。由于服务的无形性、易消失性，用户接受完服务后，服务便自动消失了，用户不能长久地拥有服务产品，也就是拥有服务产品的所有权实际为"零"。因此，家政服务企业应努力打造自己公司的服务品牌，以优质高效的服务给客户留下美好深刻的印象，来维系公司服务的连续性和稳定性，获得更大的发展空间。

3．推动家政服务工作的具体措施

（1）颁发家政服务员国家职业标准。家政服务员国家职业标准已于 2000 年 8 月正式颁发，内容包括职业概况、职业基本要求、工作要求等，并将家政服务员职业等级定为初级、中级、高级三个等级（相应于国家职业资格的五级、四级、三级），按级别分列出相应工作内容、技能要求和相关知识等。家政服务员国家职业标准是衡量从业人员技术水平和工作能力的重要尺度，是开展家政服务培训和职业资格鉴定的依据。

（2）加强家政服务职业培训。对家政服务员开展职业培训，使他们掌握家政服务所必备的知识和技能，并树立健康的职业道德和就业意识，是提高家政服务队伍素质，进而提高服务质量的主要途径，也是使家政服务员顺利实现就业和稳定就业的重要条件。家政服务培训可分两个层次进行：一是师资培训。对象是各技工学校、就业训练中心、社会力量办学机构已经承担或准备承担有关家政服务专业课程的教师，通过培训，使他们具备组织家政服务培训的资格，掌握教学方法，进而对家政服务员开展规范化、专业化的职业资格培训。二是开展从业人员培训。由具有家政服务培训资格的教师和其他专业学科的教师负责培训教学，培训后进行考核，使参加培训的人员通过培训考核，获得职业资格。依据家政服务员国家职业标准编写的培训教材和教学大纲是开展培训的主要工具。家政服务培训的内容和课程设置要按此进行科学安排，并要很好地结合当地市场需求变化、用户需要和从业者本人特点实施培训。

（3）开展家政服务员职业技能鉴定。职业资格鉴定考核是由劳动保障行政部门认定的考核鉴定机构，按照国家规定的职业技能标准和任职资格条件，通过鉴定考核，对劳动者的职业技能给予客观公正的评价与认证的活动。家政服务员的资格鉴定考核，以家政服务员国家职业标准为依据，以检查劳动者实际职业能力为目的，采用"统一标准、统一教材、统一命题、统一考务、统一证书"的办法进行。

（4）规范家政服务职业中介机构和就业实体的运作。家政服务职业中介机构和就业实体的区别在于，前者是中介服务型，即从事家政职业介绍服务，工作任务以提供劳务和培训信息、输送合适人选、提供职业指导为主。目前，劳动保障部门职业介绍机构多为此类型。后者是企业运营型，即从事专门的家政服务员的派遣，并进行经营和管理，工作任务以组织供给资源、收集用人信息、输送合适人选、提供短期培训为主，并对所属员工进行劳动保障事务管理等。此类型多为社会团体、企业、民营机构开办的实体。为适应市场需要，一些地区的公共职业介绍机构还开设了专门的家政服务窗口，广泛收集用人信息，为家政服务求职人员和用人家庭、单位提供优质、高效的中介服务；对有意愿从事家政服务工作的下岗职工和失业人员开展职业指导；为职业培训机构提供培训定位信息，介绍家政培训学员。

从发展看，家政服务就业的主渠道应当依靠社会力量，包括社会团体、各种民办、个人办的以及社区组织兼办的。各类家政服务中介机构和就业实体应按照家政服务供求双方的需要，遵循业务活动的客观规律，逐步完善运作机制，组织好供求信息的沟通和匹配，执行国家的就业准入、职业资格和劳动（劳务）合同（协议）的要求，实行科学管理，提高匹配效率和服务质量。

（5）保障家政服务供求双方的合法权益。① 健全和完善供求双方的劳动关系。一般来讲，应当根据法律规章来确定双方的责任、权利和义务，包括劳动时间、劳动条件、服务质量、工资报酬、权益保障、争议处理等事项，并通过契约的形式来体现，即家政服务员应当与用户直接签订劳动协议，职业中介机构应该提供各种合同的样本，提供咨询指导和相关服务。② 在发生劳动争议时，享有由劳动保障部门受理劳动争议的权利。

（6）要逐步将家政服务员纳入社会保障范围。随着社会保障体系的完善，家政服务员要依法参加社会保险。家政服务公司应向当地社会保险经办机构申请办理社会保险登记。对已经开业的家政服务管理机构，应按照有关规定到当地社会保险经办机构申请补办社会保险登记。家政服务就业实体作为社会保险缴费单位应积极参加，并负责组织家政服务员参加社会保险。在参加基本养老保险的基础上，国家鼓励发展补充保险。有条件的家政服务就业实体，也可以参加商业保险。

11.2.3　社区家政服务的发展态势

1．社区家政服务发展的多样化

随着国民经济的快速发展和社会文明的不断进步，人们的生活质量不断提高，家庭类型越来越多样化，各类型家庭的家务劳动社会化需求也越来越精细，而且越来越专业化，因而，社区家政服务的内涵和范围不断延伸和扩大。家务已经不限于原来的洗衣、做饭、清洁卫生，而是包括家庭教育和理财、代理购物等满足家庭成员更高、更专业化的需求的活动。

2．社区家政服务的发展方向

社区家政服务是一个新兴行业，虽然它还存在一些问题，但是它的产生已经具有良好的社会、经济、文化基础，也有着广阔的前景，并且已经给社会带来了回报。总的来说，家政服务应该努力朝着专业化、社会化、产业化的方向发展。

（1）专业化是社区家政服务发展的必然结果。当家政服务从提供低档的服务向提供多样化的高档的服务深入发展时，自然就会提出专业化的要求。家政服务专业化有利于家政服务职业共同体和共同价值的形成，有利于提高家政服务的服务水平，有利于确立和巩固家政服务的专业地位，使家政服务具有旺盛的生命力。更重要的是，专业化有利于确定家政服务的职业地位，使之作为一个社会分工的行业来发展。家政服务专业化包括家政服务从业人员的专业化和家政服务内容的专业化。劳动保障部已于 2000 年 8 月正式颁发家政服务员国家职业标准，并且对家政服务员进行职业资格鉴定考核，使家政服务踏上了职业化发展的道路。社区家政服务职业化又将会促进社区家政服务专业化的发展。

（2）社会化是社区家政服务发展的源泉。社区家政服务社会化指的是社区家政服务工作由封闭到开放，服务对象由特殊到普遍，服务内容由单一到多元，服务方式由单渠道到多渠道的发展过程。社会化是以社会效益为目标兼顾经济效益的。社区家政服务社会化既是家政服务拓展业务的需要，也是家政服务拓展业务的必要途径。社区家政服务社会化的结果就是让更多的社会成员能够享受到家政服务。这一方面有助于人们对社区家政服务的了解，树立社区家政服务在人们心中的形象；另一方面有利于社区家政服务自身的发展和完善。

（3）产业化是社区家政服务发展的保证。社区家政服务产业化是指社区家政服务工作从行政性经营到市场化经营，从事业化管理到企业化管理，从非经济实体到经济实体，从社区财政维持到自负盈亏的过程。这是社区家政服务发展的又一个趋势。同时，社区家政服务产业要发展壮大，必须不断走向规范化和品牌化，形成自己的服务特色。

3．我国发展社区家政服务的总体目标

当前和今后一段时间，我国发展社区家政服务的总体目标是实现四个突破。① 实现服务业扩大就业的突破。通过抓社区家政服务，促进社区家政服务职业化，挖掘巨大的潜在市场，带出第三产业的新兴行业。② 实现带动社区就业的突破。通过抓社区家政服务，探索成功之路，以点带面，向社会就业的其他领域辐射和延伸。③ 实现劳动保障工作的突破。通过抓社区家政服务，促使现有的劳动保障政策不断完善，在劳动保障政策的指导下提供相应的服务，使之在类似灵活的就业形式中，有所反应、有所发展、有所创新。④ 实现劳动者及全社会对传统观念认识和改变的突破。通过抓社区家政服务，树立起符合时代发展的就业新观念。

4．我国发展社区家政服务的基本思路

（1）把发展城市家政服务作为扩大社区就业的突破口和切入点。当前就业岗位的增长点在第三产业，基础在社区。要把发展家政服务作为扩大社会就业的切入点，树立向家政服务要岗位的思想，运用政策措施和服务手段，挖掘家政服务业的巨大社会需求，将潜在的社会需求转变为实际的就业岗位。

（2）将满足社会需求与引导居民消费相结合，提供社会化服务机制。满足社会需求是家政服务工作的主要任务，家政服务的需求具有较大的潜在性与伸缩性，要靠有效的供给去带动。家政服务员诚实可靠度和服务质量越高，就越能将人们对家政服务的潜在需求转变为现实需要。因此，要在引导人们转换消费观念，拓宽家政消费渠道的同时，建立科学合理的家政服务机制，提供质量较高的社会化服务资源。

（3）加强培训指导，中介管理和权益保障，创造良好的发展环境。劳动保障部门在推动家政服务发展的过程中，应当根据自己的职能，在几个重要环节上加强工作：加强对培训、鉴定的指导，以提高从业人员的素质；加强对中介的规范管理，以提高服务的可靠性；加强对权益保障的维护，以增强家政服务业的稳定性。在此过程中，逐步推行就业准入和持证上岗制度，实行家政服务中介许可证和监督检查制度，健全劳动合同、劳务协议制度。

（4）发动全社会共同推动家政服务工作。劳动保障部门的职业介绍机构可开设专门的家政服务业务窗口，也可通过对现有家政服务中介机构和就业实体的政策引导和业务指导，

规范其运作，还可制定一系列扶持政策，鼓励社会各方面开展对家政服务的职业培训和业务介绍。

(5) 提供全方位服务，鼓励更多的劳动者走上家政服务行业。劳动保障部门要为下岗、失业人员和其他劳动者从事家政服务就业提供全方位服务，通过制定国家职业标准，编写职业培训教材，实施考核鉴定和发证，规范和改进中介服务，提供劳动合同和劳务协议样本，指导签订劳动合同，引导跟进服务，制定社会保险和争议处理的办法，鼓励更多的劳动者加入家政服务行业并提高这支队伍的整体素质。

5．社区家政服务发展的瓶颈和对策

当前，我国家政行业的发展瓶颈主要来自企业和社会公众两个方面。一方面，家政公司只考虑到成本，造成从事家政服务行业的人员来源较杂，服务综合素质普遍不高，项目和内容过于单一，难以适应市场需求等；同时，不管是哪一类型的家政服务人员，都缺乏一种系统性的专业技能培训，要他们做到高水准、高质量、高技能的"综合型"家政服务很有必要开设各种有实用性、针对性的对口家政服务人员培训班，统一集中培训教育，提高家政服务人员的素质能力，以适应家政服务市场的特殊需求，扩大家政服务市场。

另一方面，人们对家政服务的认识还处于一个传统的阶段，认为家政就是替别人干活，就是一种低级劳动。要想促进家政服务行业的进一步发展，解决这两个问题首当其冲。提高人们对家政服务这一职业的价值认识，转变传统的就业观念，是发展家政服务行业市场的关键。

首先，要使人们正确认识家政服务这一职业的真正价值。俗话说："三百六十行，行行出状元。"家政服务工作现已成了社区服务工作的一个热点。随着人们生活水平的不断提高，家政服务这一职业工种将很快进入千家万户。

其次，必须注意两点：① 要结合当前的就业形势和求职者自身的素质特点，分析选择适合他们的就业方向；② 要帮助他们介绍合适的家政服务工作岗位，解决他们生活的困难压力，使他们变压力为动力，看到家政服务行业的光明前景。根据市场发展的实际需要，培训多层次的家政服务人才，是发展家政服务行业市场的唯一出路，也是解决这一瓶颈加速家政发展的唯一出路。

为此，2007 年 11 月 16 日，商务部专门在杭州召开了"全国家政服务业现场经验交流会"，提出将多管齐下促进家政业发展：① 合理发挥税收杠杆作用，为家政服务业发展营造良好的外部环境；② 推进行业立法和标准化管理；③ 创新发展模式，发展现代流通方式；④ 加强员工培训，提高服务质量。各级商务部门要充分发挥行业协会、培训机构和企业的作用，做好从业人员培训，对从业人员进行职业道德、法律常识、家庭礼仪、操作规则等一系列操作性、针对性较强的业务培训，增强从业人员的服务意识，规范服务行为，提高服务质量。

此外，各地商务部门将积极引导家政企业转变经营理念，适应消费需求多样化、个性化的趋势，拓展服务内容，规范服务标准，实现规模化、品牌化发展，尽快形成一批具有较强竞争力的品牌企业，以提升家政服务行业的整体发展水平。

▌案　例

贵阳市家政服务人员紧缺　月嫂收入过万难招人

2014年1月，贵阳市人力资源市场统计显示，全市从事月嫂、育婴师、催乳师的人员不足1 000人，优秀者只有150余人，家庭服务人员紧缺。

据介绍，目前贵阳市月嫂、育婴师、催乳师等家政服务人员的需求在8 000～10 000人，中高层次的月嫂、育婴师、催乳师需求在1 800～2 200人。近期准父母们纷纷预定月嫂、育婴师、催乳师等家政服务，导致市场供不应求，一些家政公司的优秀月嫂档期已经排到了5月。

据贵阳某育婴指导服务有限公司负责人介绍，一名优秀的月嫂最高月薪可达1.58万元，催乳师已从月薪制变为小时工资制，每小时工资一般在500元以上。育婴师在包吃住的前提下，月薪要6 000元以上才能找到理想人选。

资料来源：节选自《贵阳日报》2014年1月8日刊登的文章"贵阳市家政服务人员紧缺　月嫂收入过万难招人"。

讨论 11-3　结合上面的案例，请你与同学讨论，今后适应市场需求的社区家政服务可能是怎样的发展态势，有怎样的发展特色。

11.3　社区家政服务实务

11.3.1　社区家政服务培训

1. 社区家政服务培训原则

（1）规范与科学的原则。培训是一个严密的系统工程。从培训程序、方式到内容、课程设置都内含规范与科学。随着现代家庭越来越需要高素质的家政服务人员，输送高素质家政服务人员已成为培训的目标。培训注重讲究规范科学，以保证输送高素质家政服务人员目标的实现。

（2）适应需求的原则。家政培训是以满足实现用户需求为目的的。用户的需求一般可分为生活需求、保健需求、学习需求、休闲需求、理财需求等，并且用户的需求在不同的时间也不同。用户需求的多样性、变化性决定了培训内容及课程的多样性、变化性。以用户需求为导向，围绕用户需求选定培训内容、安排课程，才能卓有成效地达到培训的目的。

（3）贴近培训对象的原则。培训对象即家政服务员。家政服务员之间存在差异，他们来源不同，有城镇的，有农村的；年龄不同，有年龄偏大的，有年龄偏小的；文化程度不同，有大专学历的，有初中文化程度的；接受能力不同，有接受快的，有接受慢的。这种状况从培训的内容到课程的设置只有符合他们的实际需要，所授内容才能被她们消化理解，才能实现培训的目标，取得良好的培训效果。

（4）突出技能培训的原则。家政培训是职业心态、职业道德、家政知识与技能的内容综合培训。这四者相互依赖、缺一不可。但是，在实际工作中，家政服务员为用户服务主要表现为技能的服务。技能是否受过专门训练，直接影响到服务的效果和用户的满意程度。因此，培训应突出技能训练，以熟练标准的技能博取用户的认可肯定。

2．社区家政服务培训方式

目前，劳动保障部门对家政服务人员的培训有两种形式：一是通过劳动保障部门所属的职业培训学校、技工学校、就业训练中心、再就业培训基地和家政服务公司直接开设各种家政服务培训班，开展家政服务技能培训；二是指导再就业培训基地和其他部门开办的职业培训机构开展家政服务培训。以上两种形式的培训，招收的对象都是企业下岗职工。

社会上其他方面开展的家政服务培训，一部分是由社会力量开办的，以收取学员的培训费作为支持，培训的对象来源不限；一部分是由工会、妇联等群众团体自筹资金开办的，培训对象以下岗职工、失业人员为主，也包括社会上的其他人员。

目前，家政服务培训方法主要由教师面授职业知识，指导实际操作，经验交流座谈，有些地区还运用了电化教育手段，开展了专门的电视讲座。培训内容主要有职业道德、礼仪礼节、采买记账、居室保洁、家电使用、菜肴加工、烹调技术、服装洗烫、老幼看护、孕产护理、儿童启蒙等。培训课程的设置通常以劳动力市场需求设定，培训时间多以短期培训为主，最短的为一周，长的为三个月至半年不等。

3．社区家政服务培训标准

社区家政服务人员队伍的日益庞大，使家政服务人员的培训不断走向规范化。20 世纪末，国家劳动和社会保障部确立"先培训后上岗"的家政服务员就业制度。21 世纪初，颁布了家政服务员国家职业标准，将家政服务员职业定为三个等级，分为初级（国家职业资格五级）、中级（国家职业资格四级）、高级（国家职业资格三级），并按等级列出相应的工作内容、技能要求和相关知识。按照国家的职业等级，家政服务员的培训标准也分为初、中、高三级。

（1）初级的培训标准。具有良好的职业道德，具备初中文化水平，能从事简单的家务劳动。

（2）中级的培训标准。具有良好的职业道德，具备高中或相当于高中程度的文化水平，除了从事一般的家务劳动外，还能进行家庭生活管理，能做一些有技术含量、文化含量的服务工作，如家庭教育、制作家庭营养餐等。

（3）高级的培训标准。具有良好的职业道德，具备大专或大专以上学历，除了能进行技术性和非技术性的家庭服务外，还能参与用户的家事管理，会使用电脑，并能为用户投资理财。

目前，家政市场上，家政服务员大多处于初、中级水平，不足以满足用户的需求。培训机构面临更为艰巨的任务就是为用户培养、输送更多的高级家政服务员。

4．家政服务培训的内容

家政服务培训的内容包括职业观、职业道德、职业知识和技能。这三者相互依赖、相互联系，共同构成内容的统一体。对家政服务人员的培训实际表现为内容的培训。通过培训，树立家政服务员正确的职业观，培养家政服务员良好的职业道德，训练家政服务员掌握专业知识和技能。

（1）树立正确的职业观。① 职业价值理想。家政职业同任何其他职业一样，是社会劳动分工的必然结果。树立家政服务是一个光荣而高尚的正当职业的思想。② 职业心理健康。消除职业等级的错误心理意识，保持健康的心理状态，正确对待所从事的职业。③ 服务意识强烈。家政是一种服务型的职业。树立强烈的服务意识，做到心灵、眼明、手快，服务于细微处。

（2）培养良好的职业道德。家政服务人员的职业道德包括两部分：职业道德基本知识和家政服务员的职业守则。① 职业道德基本知识。爱岗敬业，诚实守信，办事公道，服务群众，奉献社会，这是对社会各行各业从业者的职业道德，同时是对家政服务人员职业道德的基本要求。② 家政服务员的职业守则。《家政服务员国家职业标准》制定了家政服务员的职业守则。根据这一职业守则的具体规定，对家政服务员进行培训，内容包括：遵纪守法，讲文明，讲礼貌，维护社会公德；自尊、自爱、自立、自信、自强；守时守信，尊老爱幼，勤奋好学，精益求精，尊重用户，热情和蔼，忠诚本分。

（3）掌握专业知识和技能。家政从业人员需掌握法律、安全、烹饪、保洁、保健、护理、育儿、学前教育、家政礼仪、心理学、美学、家庭理财、计算机、家庭办公等知识。

5．各地开展家政服务的主要做法和经验

上海市从1995年就将家政服务作为再就业工程的一个重要方面，规划和规范家政服务的发展，积极做好部门之间的协调工作，建立了劳动、工商、民政、公安联合会议制度。

沈阳市政府将原居委会改组为社区服务委员会，委员会中专门设立了1名劳动保障干事，负责家政服务工作管理。沈阳市社会家政劳动服务公司是经政府部门批准的民办家政服务组织、再就业培训基地，实行培训就业一体化运作，现有员工3 000多名。公司内部实行企业化管理，制定了相关的就业培训管理制度。

开封百帮家政服务公司隶属于开封市龙亭区再就业服务中心，其职能集家政服务、职

业介绍、婚姻介绍为一体。创立仅一年多，就拥有网络用工单位 2 000 余个，安排再就业 15 万余人次，直接帮助 5 000 余名下岗职工实现了再就业。公司应用电脑建立了求职、用工双向网络，并以"10 元入网，终身服务"吸引下岗职工入网，通过电话将用人信息通知下岗职工，双方达成协议后，公司代表服务员与用户签订劳务合同书。公司还实行"临时职工制"，规定凡进入求职网的人员即成为公司临时职工，并通过内部规章对其提出要求，对被用户投诉三次的员工一经核实，予以除名。公司保障员工的合法权益，依据合同调解纠纷，免费培训求职者，通过提供优质服务提高收入水平。公司还向社会发行"百帮卡"，以此扩展服务对象，实现经济效益和社会效益双丰收。

烟台乐帮家政服务公司和南京江海家政公司均是国有企业为解决下岗职工再就业创办的家政服务公司。烟台乐帮家政服务公司隶属于烟台婴儿乐集团，是集职业介绍和员工管理为一体的家政服务实体，公司吸纳了婴儿乐集团 66 名下岗职工，为其保留劳动关系并负责为其缴纳社会保险费。公司面向社会，恪守"优质服务、用户至上"和"9＋1＝0"原则（员工一个月内工作有 9 件用户满意，1 件投诉，当月成绩为 0）。

南京市为转变供求双方对家政服务就业的传统观念，大力加强宣传，与 10 多家新闻媒体策划报道了 120 多篇有关家政服务的文章，并与省、市电视台联合录制了有关的专题片，在电视节目黄金时间反复播出。通过典型事例的宣传，在社会上引起了较大反响，为家政服务的发展营造了较好的社会氛围。南京江海家政公司成立伊始就把实行岗前培训，提高家政服务员素质作为开拓市场的基础，很快赢得了"要家政，找江海"的市场信誉，还制定了"江海家政"企业标准体系，在全公司推行全面服务质量管理，目前已发布了 20 个家政服务的质量规范和管理标准。

吉林省支持各类职业培训中心开展家政服务业务培训，并确定长春市妇联开办的培训中心为再就业培训基地，参与和指导其开展家政服务员业务培训。

北京市发展社会公益性就业组织，运用就业托底机制，吸收特困下岗职工从事公益性就业项目和家政服务项目。做法是通过政府出资支持、社会筹集资金等办法，对社区公益就业组织给予一次性开办费支持，并在实行减免税政策的基础上，对招用特困下岗职工、失业人员的组织，按合同期限每人每年 1.4 万元标准，由失业保险基金、区县财政和居民收费各负担 1/3 的办法给予支持。

11.3.2　社区家政服务礼仪

1. 家政服务的基本礼仪

（1）家政礼仪的概念和意义。家政礼仪的概念：为使各种人相处在一起能愉快融洽，使社会生活和家庭生活正常有序地进行，交往中必须有一种大家所共同遵守的规则，这就是礼仪。礼仪包括礼节和仪式。它是社会、道德、习俗、宗教等方面人们行为的规范，是文明道德修养程度的一种外在表现形式。礼节，即社会公认的待人接物的方法和人与人相处的准则。例如，初次见面该怎样相互介绍，怎样互递名片，怎样待客、做客等。仪式，是指正式场合用以表示礼节的一系列固定的程式。例如，欢迎仪式、签字仪式、开业典礼、婚仪、葬礼等。从交际的角度来看，礼仪可以说是人际交往中实用的一种艺术、一种交际方式或交际方法，是人际交往中约定俗成的示人以尊重、友好的习惯做法。从传播的角度来看，礼仪可以说是在人际交往中相互沟通的技巧。礼仪不是随便制定的，各个国家、各个民族在不同的时期常有不同的礼仪规范。它源于特定的民族、国家长期形成的伦理道德观念和社会生活习俗。例如，中国传统婚礼多用红色，表示喜庆，而西方新娘则穿白色礼服，表示纯洁，当代中国新娘穿白色婚纱结婚的也比比皆是；中国葬礼用白色，表示虚无、悲痛，而西方葬礼则用黑色，表示悲哀、肃穆；西方人一般不能问别人的收入，更不能问女士的年龄，而中国人对这些提问却习以为常。可见，礼仪是一种约定俗成的行为规范。

家政礼仪的意义：家政礼仪是社交礼仪和服务礼仪中的一部分，家政礼仪在家政服务中具有非常重要的意义。① 有助于推动家政行业文明的发展。在家政服务中，讲究和培养良好的礼仪风范，不但可以提高家政人员的整体素质，而且有力地推动整个家政行业文明程度的提高。② 有助于完善自我修养。人的素质包括品德、知识、才能、性格、气质、体魄等诸多方面，而仪表举止则是这些素质的外在表现。③有利于人际关系的和谐。

（2）基本礼仪的内容。

1）仪表礼仪。仪表，即人的外表，包括容貌、举止、姿态、风度等。一个人的仪表不但可以体现其文化修养，也可以反映其审美趣味。穿着得体，不仅能赢得他人的信赖，给人留下良好的印象，而且能够提高与人交往的能力。相反，穿着不当，举止不雅，往往会降低身份，损害形象。由此可见，仪表是一门艺术，它既要讲究协调、色彩，也要注意场合、身份。同时，它又是一种文化的体现。

2）言谈举止礼仪。标准的站姿、坐姿、行姿和合适的谈吐礼仪均能体现女性美的风范。说话礼貌的关键在于尊重对方和自我谦让。要做到礼貌说话必须注意以下几点：使用敬语、谦语、雅语；与人保持适当距离；善于言辞谈吐。

3）日常见面礼仪。日常见面礼仪通常有以下几种方式。

① 称呼礼仪。称呼指的是人们在日常交往应酬中所采用的彼此之间的称谓语。在人际交往中，选择正确、适当的称呼，反映着自身的教养及对对方尊敬的程度，甚至还体现着双方关系发展所达到的程度和社会风尚，因此，不能随便乱用。选择称呼要合乎常规，要照顾被称呼者的个人习惯，入乡随俗。

② 招呼礼仪。招呼是日常使用频繁的一种礼节。见了熟人要打招呼，若对方先打招呼，自己要回应。在家庭礼仪中，招呼有以下几种：一是问候。通常的问候语是"你好"。有的时候是随机而问，如"早上好"。二是轻笑。三是点头。

③ 握手礼仪。握手礼是流行于许多国家的一种见面、离别、祝贺或致谢的礼节。行握手礼时，双方往往先打招呼，然后相握致意。在交际场合中，一般是在相互介绍和会面时握手；遇见朋友先打招呼，然后相互握手，寒暄致意；关系亲密的人，可各伸出双手久握力握，边握手边问候；关系一般者，可各伸出一手轻握即止。

④ 介绍礼节。在社会交往中，人与人之间互相认识通常要借助于介绍。介绍在人与人之间起沟通和桥梁作用，几句话就可以缩短人与人之间的距离，为进一步交往开了个头。根据不同的情况，介绍礼节可以分为几种不同的形式：自我介绍、他人介绍、集体介绍。

⑤ 接待来客。有人敲门，应回答"请进"或到门口相迎。客人进来，应起立热情迎接。客人坚持要回去，不要勉强挽留。送客应到大门外，走在长者后面。分手告别时，应招呼"再见"或"慢走"。

4）电话礼仪。一般电话接通后第一句话是："你好，我是××，请……"声音应清晰、悦耳、吐字清脆，给对方留下好的印象。打电话过程中绝对不能吸烟、喝茶、吃零食，即使懒散的姿势对方也能够"听"得出来。听到电话铃声，应迅速地拿起听筒，最好在铃响三声之内接听。结束电话交谈时，一般应当由打电话的一方客气地道别，说一声"再见"，再挂电话，不可只管自己讲完就挂断电话。

2．迎送宾客礼仪

有远客专程前来的，也有顺道而来的；有一两个人来的，也有一行人来的。不管是什么客人，来多少人，都要尽地主之谊，热情周到地接待客人，并为客人提供方便。

(1) 迎客礼仪。

1）迎客。如果你事先知道有客人来访，要提前做好必要的准备；客人在约定时间到来，应提前出来迎接。客人来到家中，要热情接待，客人进屋后，首先请客人落座，然后敬茶，递烟，端出糖果。端茶送果盘时要用双手，并代为客人剥糖纸，削果皮，点香烟。

2）敬茶。要事先把茶具洗干净。勿用破损或有裂纹的茶杯或茶碗待客，注意茶杯或茶碗里面有没有茶锈，要清洗掉茶锈和垢迹。在倒茶时，要掌握好茶水的量。常言道，待客要"浅茶满酒"。所谓浅茶，即将茶水倒入杯中 2/3 为佳。应注意端茶的礼节。按我国的传统习惯，应双手给客人端茶。对有杯耳的杯子，通常是用一只手抓住杯耳，另一只手托住杯底，把茶水送给客人，随之说声"请用茶"或"请喝茶"。

3）敬食。敬食是我国现代家庭待客的一种习俗，是待客时不可忽视的礼仪。请客人吃水果，通常应预备两种以上的果品，这样能够让客人有选择的余地。水果应洗净后装入水果盘内端到桌子上。擦手的毛巾应提前准备好。

(2) 宴客礼仪。为家庭成员庆贺生日寿诞，举行结婚典礼，家庭亲朋好友节假日团聚，为参加工作或即将远行的人饯行，为远途归来的人洗尘，在家里招待久别重逢的朋友，与老同学、老同事聚会畅谈等，大多采取家庭请客的形式。

1）宴会的形式。家庭请客一般有家庭宴会、自助餐会或饭店请客的形式。家庭宴会气氛亲切自然，不必考虑规模、仪式，适合宴请经常来往的亲朋好友；自助餐适合家庭以外的同事、同学或朋友，是一种西方式的宴请形式，客人们不拘一格，或站或坐，也可自由走动，边吃边随意交谈，形式灵活，气氛轻松；饭店请客则属于较郑重的场合，一般在较大的庆典或接待较尊贵的客人时举行。例如，举行婚礼，宴请远道而来的客人和久未见面的朋友等，讲究一定的规模和仪式。

2）宴会的排座。家庭宴请的席位可按我国习惯，一般房间坐北朝南，因此，北面席位为上，请主宾坐，主人坐在背门一面，其他客人分坐两旁；也可以迎门方向为主宾席，并按右为上，左为下排列，主人则背门而坐；按国外礼仪，男主人陪伴最尊贵的女宾入席，让女宾坐右侧，女主人由最尊贵的男宾陪伴，男宾坐在女主人右侧，左侧是第二位男宾。

3）环境与邻里。举办家宴前首先要把室内环境卫生整理好，要设有寄放衣物的地方，适当加以装饰、装点，使人感到清洁、高雅、优美、舒适、富有生活情趣。进餐时要讲究上菜的顺序，先上冷菜、酒水，然后上热菜，最后上点心和汤。饭后，可给客人热毛巾擦手擦脸，并预备一些水果，换上热茶或咖啡。家庭宴请还可以有冷餐、茶会或郊外野餐等多种形式，更为随意、轻松、浪漫。如果宴会进行到很晚后打算播放音乐，注意与邻居搞好关系，或事先相邀，或向他们致歉，或送个小礼物，这样他们就不会那么介意了。

4）客人入席。入席前烟、茶、饮料、瓜子应准备好，主人应礼貌性地亲自递烟倒茶。入席时主人事先就要有计划地分配坐席，分别招呼客人入席，以免临时紧张，乱作一团。落座后照例说一句感谢光临的话。按中餐上菜的顺序先凉后热，一般凉菜上齐后，主人先要向同桌的客人敬酒，以后每道菜来时，也要举杯邀饮，然后请客人"起筷"。在较大规模的家宴中，主人要带主要亲人到每桌去敬酒致意。宴席散后主人与客人握手道别，可说句客套话，如"谢谢光临"等。对某些来宾，如长辈、路远的稀客，还可差遣小辈送一程，或者给他们雇车，以表示自己的情意。

（3）送客的礼节。客人告辞，一般应婉言相留。客人要走，应等客人起身后，再起身相送，不可客人一说要走，主人就站起来。送客一般应送到大门或弄堂口。有些客人常常会带礼物来，对此，送客时应有所反应，如表示谢意，或请求客人以后来访再不要携带礼品了，或相应地回谢一些礼物，绝不能受之无愧地毫无表示。

3．餐饮娱乐礼仪

（1）餐饮礼仪，包括入座礼仪、餐巾和餐具的使用礼仪、餐桌上的一般礼仪、食用礼仪、饮用礼仪等不同形式的礼仪。

（2）娱乐礼仪，娱乐应该讲礼仪，不扰旁人是正理，互谅互敬同享乐，和谐社会成一体。主要有家庭舞会的礼仪和使用公共娱乐设施的礼仪等。

案　例

大学生瞒着家人干家政　觉得家政太"委屈"

据了解，济南一高校成教学院向深圳输送了 20 余名女大学生干高层次家政服务员。大学生们赴深圳翌日即被抢"购"一空，需求好得出人意料。然而令人尴尬的是，这些大学生现在继续留在深圳从事家政服务的已寥寥无几，有的甚至做不到四五天就返回了山东。

"很多人坚持不下去，觉得大学生干家政太委屈了！"今年 22 岁的小史说。小史是选择留在深圳继续干家政的几名学生之一，在高校的三年里学汉语言文学，如今她在一个高薪家庭做育婴员。9 月 25 日记者电话联系到她时，她正在给自己 1 岁零 10 个月大的小"客户"洗衣服。虽然对现状比较满意，但她回老家探亲时，告诉母亲她在深圳做的工作是"文员"。

"高素质人才很少涉足家政领域，企业的发展就很难有长远的规划和规范的运作模式。这在很大程度上限制了该行业的发展，相关企业很难做大做强。"作为济南大家园家政的当家人，周辰坦率地向记者表示。

资料来源：节选自《齐鲁晚报》2007 年 10 月 8 日刊登的文章"大学生瞒着家人干家政　觉得家政太'委屈'"，节选时有删改。

讨论 11-4　请根据上述案例中社区家政服务市场的尴尬，结合你所学到、听到、见到的相关情况，谈谈你的看法。

复习思考题

一、填空题

1. 社区家政服务就是为了满足社区居民的生活需要而提供的步入家庭的_____。它是我国当前市场经济下的一项新兴行业，是家务劳动_____的产物，也就是将原本由家庭成员完成的，为满足家庭成员自身生存、维系家庭功能所必需的各项家务劳动，逐步转化为由_____和_____提供的社会化服务，主要包括家庭生活消费品的商品社会化服务和家庭服务的劳动社会化服务。

2. 家政服务员国家职业标准，将家政服务员职业定为_____、_____、_____三个等级。

二、选择题

1. 家政基本礼仪不包括_____。

　　A．餐饮礼仪　　　　　　　　　　　　　　B．仪表礼仪

    C．言谈举止礼仪　　　　　　　　　D．日常见面礼仪

2．高级家政服务的主要对象一般不包括_____。

    A．外籍人士家庭　　　　　　　　　B．高级白领家庭

    C．"三高家庭"　　　　　　　　　　D．低收入家庭

三、简答题

1．社区家政服务的培训方式有哪些？

2．简述社区家政在中国的发展。

四、讨论题

1．社区家政服务员必备的知识和技能包括哪些？

2．社区家政的发展趋势如何？

🔍 实训任务

任务描述：家庭角色扮演及其关系协调。

任务引导：

把学生分成四个小组，分别完成四对家庭角色扮演。

1．夫妻角色扮演和关系处理。

2．父母与子女角色扮演和关系处理。

3．婆媳角色扮演和关系处理。

4．亲朋角色扮演和关系处理。

第12章　社区信息服务

引言

　　当今城市社区建设和管理是城市生活中的一个热点问题，很多城市在这方面做了许多尝试并取得了一些成绩，但仍然面临很多困难与问题，如社区认知度低、无序且凝聚力低等。然而，通过数字化信息将管理、服务的提供者与每个住户实现有机连接的数字社区就是很好的发展方向，利用网络与计算机技术来补充甚至替代传统服务方式进行社区信息服务将成为无法抗拒的潮流。社区信息服务是帮助个人或团体解决日常问题、参与民主进程的服务。该服务的重点是人们面临的至关重要的问题，如家庭、职业、权利等问题。社区信息服务的内容多种多样，主要包括提供健康、财政资助、住房、交通、教育、保姆服务、就业、娱乐及该地域内所发生的重大事件等方面的信息，从而使居民能够准确而又快速地获得与自己息息相关的信息。做好社区信息服务的关键是建设一个良好的社区信息平台，社区信息平台有普通信息平台和网络信息平台两种，只有将社区信息平台建设好，才能为广大的居民提供准确而又快速的信息。

学习目标

1. 掌握社区信息服务的定义及主要内容。
2. 了解社区信息服务的发展。
3. 了解网络软件平台建设的资源及其运作模式。
4. 掌握社区信息服务实务。

学习导航

```
                          ┌──→ 社区信息服务的定义
         ┌──→ 社区信息服务概述 ├──→ 社区信息服务的主要内容
         │                └──→ 社区信息服务的发展
社区信息服务 ├──→ 社区信息平台建设 ┬──→ 普通平台建设
         │                └──→ 网络软件平台建设
         └──→ 社区信息服务实务 ┬──→ 社区物业管理智能化
                          └──→ 社区信息增值服务
```

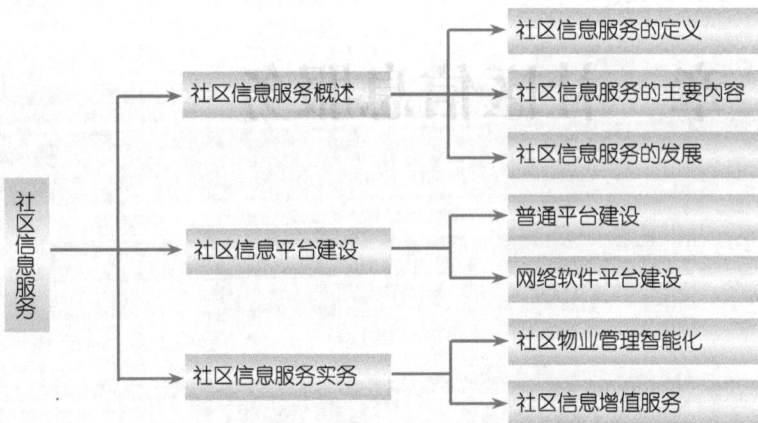

12.1　社区信息服务概述

案　例

张家口市桥东区建国北路社区，计生协管员朱海云仅用几秒钟便统计出辖区 65 岁以内的已婚妇女的数据。而在以前，这样的统计需要七八个社区服务工作者忙活两三天才能完成。

桥东区 2012 年 4 月建成的连接区、街道、社区的为民服务绩效追踪信息管理系统（简称数字社区），让朱海云和同事们的工作效率迅速提高。该区利用计算机网络技术，将网格中所有居民的家庭状况、住房、就业、计生等信息数据有效整合，实现了社区服务管理的数字化、智能化和信息化。

以前，在完成民政、计生、劳动保障、综治等部门的统计任务时，都要大本、小本的翻台账，多次重复入户才能统计结果上报数据，费工、费时又费力，而且许多信息更新很慢。"系统实现了各种数据的汇总、提取以及各工作岗之间的资源共享，提高了事项办结效率，使社工从重复的工作中走出来，能有更多的时间走进居民生活，了解居民需求。"桥东区五一路街道万嘉社区居委会主任侯燕霞说。

资料来源：节选自新华网 2013 年 1 月 14 日刊登的文章"张家口桥东区：管理实现数字化　社区零距离"。

讨论 12-1　结合上述案例，谈谈你对社区信息服务的直观理解。

12.1.1　社区信息服务的定义

社区信息服务（Community Information Service，CIS）是图书馆为读者提供的各类信息服务之一，又称社区情报服务。20 世纪 60 年代最先产生于美国，之后在西方国家发展起来。我国的社区信息服务如今也迅速开展起来。根据英国图书馆协会的相关研究报告，"社区信息服务"是帮助个人或团体解决日常问题、参与民主进程的服务。该服务的重点是人们面临的至关重要的问题，如家庭、职业、权利等问题。

社区信息服务能够协调社区成员的力量，充分调动社区成员的参与意识、工作热情、主动性和创造性，整合社区资源，拓宽社区建设的领域，增加社区服务的项目，提高服务的质量，使社区居民不同类型、不同层次、不同要求的需要在社区中得到最大限度的满足，真正体现社区作为生活共同体的本质。

12.1.2　社区信息服务的主要内容

社区信息服务是信息服务在社区的具体体现，它以一个社区内的所有居民为服务对象，有它独特的特点和性质。社区信息服务的内容多种多样，主要包括提供健康、财政资助、住房、交通、教育、保姆服务、就业、娱乐及该地域内所发生的重大事件等方面的信息，从而使居民能够准确而又快速地获得与自己息息相关的信息。

在北京、上海、广州社区信息服务各网站中，他们把社区信息服务分为以下几类：家政服务、综合修理、医疗保健、文体娱乐、礼仪服务、教育培训、咨询服务、房屋管理与修缮、物品回收与旧货交易、餐饮、购物、社会福利、设施服务等。除了网站建设外，社区信息咨询、电子社区等信息服务形式也相继出现，社区信息服务在我国如雨后春笋般开展起来。

│案　例

长沙将建首个"智能社区"　网上可交水电物业费

买水买电要去物业跑腿，去社区办证常少带东西，跑来跑去还真是一件麻烦事。不过，对于长沙市韭菜园街道军区社区的居民来说，建立"智能社区服务平台"后，这一切将变得很简单。不仅如此，社区里哪里的米粉最好吃，哪里有打折信息，小区有无停车位，房屋出租信息，上网一查便知。

12 月 6 日，韭菜园街道军区社区与湖南支力公司签约共建"智能社区服务平台"，预计在 2013 年初正式启用，居民不出门便能搞定各项服务。试点成功后有望在全市推广。负责智能化服务系统研发的湖南支力公司负责人杨琼介绍，智能社区服务平台是一个社区综合服务网络，为社区居委会提供智慧社区平台，为社区物管提供数字物管，为社区商家提供适应各自行业管理和服务需求的数字商家平台；同时，服务平台集成公用事业单位（水、电、气、电信）的缴费平台和银行的网上支付，为业主提供社区一站式的便民支付服务。"居民使用都是免费的。"周养然表示，社区服务工作者将通过采集办事人提交的身份证等资料，减少数据录入工作，并实现数据入库，社区还将主动加强信息采录，实现"社区智能化"。

资料来源：节选自红网 2012 年 12 月 7 日刊登的文章"长沙将建首个'智能社区' 网上可交水电物业费"。

讨论 12-2 阅读上述案例，试述韭菜园社区信息服务的主要内容，并思考你所在社区的信息服务都有哪些。

12.1.3 社区信息服务的发展

随着计算机网络技术的不断加快发展，信息资源已经成为国民经济和社会发展的重要资源。有效开发和利用信息资源，特别是有计划地开发社区信息资源、政务信息资源、公共信息资源，是发展城市信息化的重要手段和任务，而搞好社区信息服务对政府形象、社区和谐建设等将起到积极的作用。

美国是最早发展社区信息服务的国家之一。美国在 20 世纪 60 年代提出并尝试社区信息服务，早在 1973 年美国就成立了信息与引荐联合会（AIRS），其目的是促进社区信息服务实践人员之间的相互沟通与交流。在 20 世纪 90 年代更得到了飞速发展，特别是 1998 年 1 月 31 日美国副总统戈尔在美国加利福尼亚科学中心的讲演中提出"数字地球"的概念后掀起了研究数字地球的浪潮。随后，世界上许多国家（如新加坡、日本等）相继展开了数字化城市的示范和建设。

发达国家数字城市发展走过的道路，大体经历四个阶段。第一阶段，网络基础设施的建设阶段；第二阶段，市政府和企业内部信息系统建设；第三阶段，市政府、企业相互之间借助互联网实现互通互联；第四阶段，网络社区的形成。美国、加拿大、欧盟、澳大利亚等国家和地区，已经完成第一至第三阶段的基本任务。他们的主要任务是不断提高各阶段成果的作用和水平。美国的社区信息服务也有多种形式，如公共信息中心、街区信息中心和信息发布厅等。其服务基本准则是：首要职能是提供信息与资料，服务于整个社区，提供综合性的信息内容服务，工作人员应是经过信息处理技能训练的专业人员，对所有社区成员平等相待，公共、私营与个人之间的合作等。日本的社区服务网是由著名的 NEC 公司设计并实施的一个典型的社区网络示范项目，由于它有一个基于国际互联网技术的"社区网络服务中心"，可以为上班族办理护照或财产公证等手续；加拿大、澳大利亚等国开发了智能网络家居社区，这些社区都通过电子手段提供与社区有关的信息与服务。除去社区向居民提供的服务外，住户家庭内部也联成局域网（Home Local Area Network），将自家的所有电器进行智能控制，支持多台个人电脑。

在我国，经过四五年的研讨和探索，"数字地球"、"数字城市"、"数字社区"的概念已经得到广泛认同，有些城市已付之于实践。北京、上海、广州、厦门等大中城市都已经制定了"数字城市"或"数字社区"的规划，有些城市还建造了"智能小区"、"智能家居"的实验工程。2002 年 1 月 8 日，来自 198 个城市 222 家中房集团成员企业在人民大会堂参加了数字社区的签约仪式，标志着中国最大的数字社区联盟的产生。在我国，数字社区已经开始由规划、研究逐步走向了技术实施。近几年，各地积极进行的探索实践，也取得了不少成效。其中，比较成型的社区信息服务网络有上海市、天津市和平区、北京潘家园地区、浙江宁波市等。

从国内外已有的实践分析，社区服务的信息化主要体现在以下几个方面：一是随着计算机信息技术的飞速发展，社区服务中广泛使用计算机及网络，使社区服务手段适应了社会发展的需要；二是社区作为居民生活、工作的聚集地，是人与人交流最频繁的地方，社区服务正在由过去满足为居民提供生活方便逐步扩大到促进社区成员间、社区内部与外部的沟通交流。这种提供非物质、非劳动的服务即一种信息服务。三是社区建设从基本功能上就具有信息化特点，表现在住宅智能化和小区智能化两个层次。目前，国内有些高档住宅的开发也正在向智能化方向发展。而社区智能化除为住宅智能化提供网络环境外，还扩大到社区管理的智能化。

12.2　社区信息平台建设

案　例

内蒙古铁路街道坚持"三化"　扎实推进街道社区信息化平台建设

走进内蒙古铁路街道结合区域化党建工作，以社区为重点大力推进信息化平台建设，创新管理服务手段，提升社区管理服务水平。

（1）依托门户网站实现"服务网络化"。以互联网为基础建立街道门户网站，设置"街道社区概况"、"社区党建"、"便民服务导航"、"民生在线"等栏目，为辖区党员教育、管理和服务搭建有效平台，畅通了居民参与社区管理的渠道。铁路街道在网站上设置"办事指南"栏目，公布社区服务项目、流程和注意事项，使街道社区服务更具人性化。

（2）依靠 QQ 群实现"办公自动化"。通过搭建街道社区内工作 QQ 群，实现街道社区的无纸化办公和网上传阅文件、资源预约等功能，节约办公资源，提高工作效率和服务质量。同时，通过 QQ 群加强区域内党组织的信息流动和资源共享，构建区域化党建新格局。

（3）依据两库信息实现"管理智能化"。通过居民信息采集和计算机信息录入，建立社区居民信息库和党员信息库。"两库"的检索功能实现了准确、快速查找居住在本辖区党员、居民的基本情况和所在单位、岗位、特长等信息，为开展社区工作和组织社区活动提供准确的基础数据，同时为建立非建制性在职党员和离退休党员党支部提供第一手资料。铁路街道建立了直管党员信息库和非直管党员信息库，将街道374名直管党员全部纳入信息库，进一步加强了对社区党员的智能化管理。

资料来源：节选自通辽市科尔沁区人民政府网2011年5月25日刊登的文章"铁路街道坚持'三化'扎实推进街道社区信息化平台建设"。

讨论 12-3 阅读上述案例，试叙述案例中社区信息服务平台的特点及优点。

12.2.1 普通平台建设

1．普通平台建设的资源

普通平台建设的资源很简单，大致有小黑板、粉笔，印刷品宣传单，横幅、条幅，提示栏、告知栏、留言栏，广播信息等。

2．普通平台的运作模式

（1）居委会成员、物业公司员工或者社区服务工作者通过小黑板和粉笔向小区的居民提供每天需更新的信息，如天气预报等。

（2）居委会成员、物业公司员工或者社区服务工作者将比较重要或内容比较繁多的信息印刷成宣传单，发送给居民，或者张贴在每单元的一楼空白处。

（3）居委会成员、物业公司员工或者社区服务工作者将比较重要的时事通过横幅或条幅或者广播的形式进行宣传，如热烈庆祝十七大的胜利召开等。

（4）居委会成员、物业公司员工或者社区服务工作者通过提示栏、告知栏、留言栏的形式与居民进行互动，工作人员通过提示栏、告知栏、留言栏向居民提供一些与生活息息相关的信息，而居民也可以通过留言栏提出自己的意见和建议或者是一些相关信息。

3．普通平台的管理

普通平台主要由居委会成员、物业公司员工或者社区服务工作者来进行管理，其主要工作是保持所提供信息的及时性、准确性，且要维护平台的完整性。

12.2.2 网络软件平台建设

社区再就业、家政服务、文娱服务、教育、医疗咨询、法律咨询等内容都可以通过电话、电脑、网络完成。整合各类资源、建立社区信息管理系统、实现信息资源的共享和网络化便成为社区信息服务开展策略中的首要任务，也是信息服务开展的重中之重。典型社区的社区网络框架由三级组成：社区服务站—街道局域网—智能小区。

1.社区服务站终端建设

在社区中心平台配备相应数据库服务器、交换设备作为社区信息网络平台的支撑系统，社区工作站通过 ADSL 接入了宽带城域网，用 VPN 虚拟技术或其他手段把各站点连接起来，组成社区网络。同时，建立起与互联网的连接。

2.建立社区服务信息网

社区网站包括社区主页、街道风采、社区信息发布、综合信息服务（包括电子政府服务、家政信息服务、劳动就业信息服务、社会保障与医疗信息服务、教育信息服务、置业信息服务等）、社区论坛、社区留言板等，居民可以通过社区网络接入互联网，进行网上咨询、网上留言与回答；政府可通过社区网站发布社区的新闻和通知，居民也可以通过网站论坛发表意见，参与社区的建设；房产、中介、家政等信息也可以通过网站进行刊登，使信息得到传递。

3.街道局域网建设

街道风采板块主要对社区内各街道的局域网的重要信息进行发布与交流，而各个街道则有义务对本街道网络进行开发与维护，并与社区服务信息网保持政策与风格的一致性。街道网络是社区信息系统的子系统，用于发布街道信息和社区服务信息，方便社区居民办事。

4.智能化小区管理系统建设

随着居民对生活环境日益提高，传统的住宅小区管理已经满足不了人们的要求，并且还要耗费大量的人力物力，管理效果也不理想。用计算机网络控制技术实现住宅小区的智能化管理不仅能满足居民的居住要求，而且能满足安全、舒适、方便的需求，充分体现了"人性化"的原则，既能提高住宅的附加值，又能为住户提供一个安全、便捷、高效、管理自动化的数字化网络社区，使社区信息能更有效地流动，并实现最大限度的信息共享。

以上各个系统互相贯通，同时可以和上、下级部门实现数据交流，真正做到上情下达。通过这个系统平台，各个子系统之间可以实现数据的共享和资源的充分利用。基于安全性的考虑，要把比较重要的资料进行加密控制，并保证这些资料只在内部交流。

┃案　例

攀枝花市东区着力构建社区服务信息化平台

需要什么服务，拨打热线电话或登录社区服务网站，不到 10 分钟便可以得到回复或上门服务；从网站上还可以了解国家政策法规、就业再就业等信息……

今年以来，东区把建设社区服务信息化平台列为社区建设的重要内容之一，采用"政府主导、企业运作、社区参与"的运行模式，投入790多万元，全面推进社区服务"数字化"建设，把服务的触角延展到老百姓家里，让居民群众尽享新兴社区服务带来的便利。

东区社区服务信息平台包含社区服务信息网和社区服务热线两个组成部分。建立呼叫中心和社区服务站（点），协同各部门各机构的"一站式"、"一窗口式"服务，为居民提供涵盖电子化政务服务、商务服务、金融服务、物业服务和资讯服务的属地化综合服务体系。社区服务信息化平台有效整合服务信息资源，将居民需求信息与政府、社会、市场的服务资源实现有效对接，以10分钟的社区生活服务圈、树立社区服务品牌为目标，力求让更专业、更体贴、更周到的社区服务走进千家万户。

在炳草岗街道湖光社区、弄弄坪街道东风社区等社区的服务大厅里，大屏幕上用工信息、服务项目一览无余；社区服务触摸式电子屏只需轻轻单击，人们就可以了解到各种信息。东区坚持走社会化、项目化的路子，积极开展各种便民服务项目，利用服务项目增加社区的收入，实现自我发展、良性循环。丰富服务内容，把涉及社区居民日常生活的卫生、就业、教育、家政、维修等相关服务内容全部纳入信息化平台，实行"一部热线联系、一个网站展示、一个平台运作"，切实做到方便、快捷、周到。进行就业再就业信息网络化建设，建立劳动力信息数据库，实现市、区、街道（社区）三级联网；在同市劳动力市场实时联网运行的基础上，把劳动力市场信息网络向各大行业再就业服务中心进行延伸，便于求职者获得更多的劳动力市场供求信息。同时，充分利用网络资源，加大再就业技能培训工作力度。

资料来源：节选自《攀枝花日报》2007年6月8日刊登的文章"攀枝花市东区着力构建社区服务信息化平台"。

讨论 12-4 阅读上述案例，试叙述案例中社区信息服务平台建设的特点。

12.3 社区信息服务实务

12.3.1 社区物业管理智能化

社区物业管理智能化是指利用信息技术，通过信息化社区内铺设的网络硬件设施来实现物业管理的标准化和规范化。物业管理智能化不但能为物业管理工作提供准确及时的信息，大大提高物业管理的水平和效率，有助于物业管理部门及时做出相关政策，同时使物业管理公司及时准确地了解运营状况，做出经营决策，使物业管理走向现代化。社区的物业管理智能化主要实现两大功能：一是自动化系统网络监控和管理，二是网上物业管理与服务。

案 例

江苏宜兴碧桂园全封闭式智能化物业管理 给您温馨服务

房产大鳄碧桂园进驻宜兴，将在宜兴打造另一个碧桂园的经典之作。据了解，即将于 2013 年上半年开盘的宜兴碧桂园，该项目小区将会配备国家一级资质的物业公司，采用全封闭式智能化管理，24 小时有保安巡逻，每个出入口均设电子智能门禁、视频监控，以确保业主的居家安全。同时，作为业主贴心的物业服务管家，社区有全天候的物业服务中心，随时提供家居清洁、家电维修、景观园林养护等服务，不管是有形的还是无形的服务，无锡碧桂园都力求做到极致，只为给业主入住后最温馨贴心的居住体验。

资料来源：节选自新浪网 2013 年 1 月 10 日刊登的文章"江苏宜兴碧桂园全封闭式智能化物业管理给您温馨服务"。

讨论 12-5 阅读上述案例，试叙述案例中智能化小区的特点。

1. 自动化系统网络监控和管理

通过社区控制中心的网络平台，可以对物业管理智能化系统进行统一监控和管理，保证这些智能化系统正常、安全地运行。物业管理智能化系统主要有闭路电视监控系统、门禁系统、远程抄表系统等。

(1) 闭路电视监控系统。闭路电视监控系统是在社区的主要通道、重要的公共建筑、周边主要出入口安装数量不等的监控摄像机，在管理中心再根据摄像机的多少、监视区域的重要性设置一定数量的显示器、画面分割器、云台控制器、长延时录像机的监视控制屏。摄像机将图像传送到管理中心，以便管理中心对整个社区进行实时监视和记录，充分了解社区的动态。

管理中心的值班员可以 24 小时监看社区内的所有摄像机画面，并可全天候录像存储，有效地防止社区内的偷窃和斗殴事件的发生。系统同时可与周边防范系统联动，当发生警情时，管理中心监视屏将自动弹出警情发生区域的画面，并进行录像，既提高了保安人员处理警情的正确性，也可为保安人员迅速破案提供原始资料和证据。

(2) 门禁系统。门禁系统采用个人识别卡方式工作，给每个有权进入的人发一张个人识别卡，相当于一把钥匙。系统根据该卡的卡号和当前的时间信息等，判断该持卡人是否可以进入，如果可以，则自动开门，否则不开门。在社区的楼栋大门、地下车库进电梯门等处皆安装非接触式 IC 卡读写器，并连接电控锁。住户只需使用 IC 卡在大门读卡器前轻轻一晃，就能开门。

每张卡皆有一个独立的密码，不可复制。若卡丢失并及时挂失，系统则可即时取消其卡号，找到后也能随时恢复。系统可以根据管理的需要，任意调整进出权限，随时了解使用情况，包括开门对象、地点、时间、秩序等，完全实现实时职能管理。

（3）远程抄表系统。电子水表和电子煤气表内部装有一个传感器，能将住户用水和用气量转换为脉冲信号，将其存储在 EPROM 中。再通过网络传输到社区的控制中心，控制中心计算脉冲数量读出三表读数并打印出来，并定期将有关数据传送至自来水公司和燃气公司。专用抄表控制箱通常安装在户外，可完成多个住户的计量表具的抄收。控制箱和各计量表间的连接线路出现短路、断路情况时，可直接将故障信号在控制中心报出。控制箱可加装职能操作或显示盘，可实现现场显示各类住户表具的实际抄收数据。

这样不仅保障了抄表数据的准确性，减轻了人工抄表工作量，也使业主的日常生活免受打扰，同时可以防止一些不法分子冒充抄表员到住户家进行抢劫的事件发生，保障了住户的安全。

2. 网上物业管理与服务

在社区搭建其网络平台之后，社区的物业管理和服务就可以在网上实现。家里有什么需要维修，只要在电脑上填写一张报修申请卡，就会很快得到物业公司的回复或派工安排；每个月自己应缴多少水电费，在电脑上一查便知；对物业管理和服务有什么意见和建议，在社区网站上提出后便会得到及时反馈；如果用户要投诉，也只需在网上进行……网上物业管理与服务的主要内容有社区公告、设备保修、维护管理、有偿服务、咨询服务以及网上建议与投诉等。

（1）社区公告。物业管理员可以在社区门户网站上就将要进行的物业管理和服务内容、住户焦点问题、社区公共活动、临时性通知等发布公告，让用户及时了解这些信息，了解社区内的各种动态，配合物业管理员完成各项工作，提高用户对社区内公共活动的参与程度。还可以在社区公告栏上提供大多用户关心的内容或功能，如广告栏、天气预报、常用电话、市府热线、社区介绍、站点链接等功能，给住户的生活带来便利。

（2）设备报修、维护管理。用户家中的煤气管道、水管、电器开关等日常设备都可能出现问题与故障，物业管理公司在网上提供这些维修的预约，可以大大方便用户。登记日常设备维护与报修信息，对设备报修、维护管理情况有查询、考核和统计等管理功能，定期产生考核情况明细。报修信息的录入具有多种途径，具有网上报修功能，相应的费用通过收费信息系统进行统一的结算。

（3）有偿服务。针对用户的日常需求，物业管理公司通过与外界相关服务单位联系，在社区网站上公布有偿服务目录，如报修、家政、送货服务等，供用户浏览选择。用户可以通过明码实价的有偿服务目录，进行有偿服务的申请。

（4）咨询服务。用户在物业管理、生活资讯、网上应用服务上如果存在任何问题，物业管理中心都应该提供及时的咨询服务，让用户了解相关信息和处理方法。在网上提供咨询服务，不但对用户起到随时答疑解惑的作用，而且也提高了物业管理的质量和水平。

（5）网上建议与投诉。用户可以在网上对物业管理公司及开发商提出合理化建议，使物业管理员及时得到相关信息，对物业管理与服务的欠缺和不善之处进行补充和改进。物业管理员也可以对有关社区建设和社区活动发起议题，让大家在网上发表各种意见，收集并统计社区居民对某些问题、现象或意向的态度、认识。

用户还可以在网上投诉，让物业管理员了解管理工作中出现的争端和存在问题的情况，及时寻找解决的措施和办法，尽快使用户满意。

12.3.2　社区信息增值服务

社区信息增值服务是在社区网络平台上实现的各种服务，也就是网上应用功能。社区信息增值服务的具体内容是丰富多彩的，不但包括各种电信业务，如电话、数据业务、宽带上网等，还包括多层次网上应用，如视频点播、网上医疗、教育、娱乐、炒股、电子商务等。服务内容可以根据社区用户的具体需求来设置，在此介绍一些比较基本和普遍的增值服务项目。

1．社区门户网站

社区具有独立的门户网站，可以将各种各样的栏目放入网站，如社区介绍、物业管理与服务、社区商家、社区 BBS、时事新闻、商务中心、娱乐世界、社区论坛等栏目。

正如前面所介绍的，用户可以通过浏览社区门户网站获取社区的信息公告，查询社区资料、水电费、各种服务项目、在网上随时报修、申请无偿或有偿服务、提出建议与投诉、在社区论坛上发表高见等。

2．视频点播

用户可通过社区计算机网络系统进行视频点播，播放自己喜爱的音乐、电影等多媒体节目。视频点播在某种程度上实现影视节目的"各取所需，按需分配"，真正克服了传统有线电视的诸多不足，能提供 DVD 级的图像质量，即点即播，观众可以随心所欲地收看自己所喜爱的影视节目。

视频点播在宽带进入越来越多的家庭之后，将成为未来娱乐业的主流业务。视频点播业务对宽带的要求较高，要想使视频点播服务获得成功，首先必须保证社区用户的宽带接入。

3．网络电话（IP 电话）

IP 电话是一项新兴产业。所谓 IP，就是 Internet Protocol，即 Internet 协议。通过 Internet 协议进行电话语音传输的方式统称为 IP 电话。

IP 电话的原理，就是将普通电话的模拟信号转为数字信号，并进行压缩打包处理，通过 Internet 进行传输，到达对方后再进行解压，还原成模拟信号，对方通过电脑、普通电话机等设备进行接听。

IP 电话通过互联网提供在线电话功能，由于运用了压缩、打包、还原技术，IP 电话都有延迟现象，语音清晰度也不能与普通电话相媲美。虽然通话质量比不上一般的固定电话，但因为不用支付电话费，不管是长途还是市话用户只需付上网费，因而具有一定的市场。

4. 网上教学

网上教学是一种全新的教学形式，是信息及通信技术在教学中的最新应用。目前，网上教学正风行全世界，许多国家和地区已将网上教学付诸实践。

与传统的教学方式相比，网上教学具有许多独特的优点。传统的教学方式是通过老师和学生面对面的授课方式进行，双方必须在同一时间、同一地点会面。而网上教学提供了一个虚拟的课堂，学生和老师不用见面，只要拥有一台能够上网的计算机，就能在网上搜寻提供网上教学的学校，选择自己满意的学校、专业和老师步入虚拟课堂。在一个综合性社区，特别是设置有学校的社区，实现社区内的网上教学服务更有针对性、更易于开展。

📂 复习思考题

一、填空题

1. 发达国家数字城市发展走过的道路，大体经历_____、_____、_____、_____四个阶段。

2. 典型社区的社区网络框架由三级组成_____、_____、_____。

3. 物业管理智能化系统主要有_____、_____、_____等。

二、选择题

1. 社区信息服务，又称_____。
   A. 社区网络服务　　　　　　B. 社区情报服务
   C. 社区计算机服务　　　　　D. 社区信息发布

2. 社区信息服务最早起源于_____。
   A. 美国　　　　　　　　　　B. 日本
   C. 英国　　　　　　　　　　D. 中国

3. 社区信息普通平台建设的资源很简单，大致有_____。
   A. 小黑板　　　　　　　　　B. 宣传单
   C. 街道局域网　　　　　　　D. 广播信息

4. 社区的物业管理智能化主要实现两大功能_____。

    A．自动化系统网络监控和管理

    B．提供及时准确信息

    C．网上物业管理与服务

    D．提供物业管理服务水平

5．社区物业管理智能化是指利用信息技术，通过_____社区内铺设的网络硬件设施来事先物业管理的标准化和规范化。

    A．智能化　　　　　　　　　B．信息化

    C．数字化　　　　　　　　　D．网络化

三、简答题

1．简述社区信息服务的定义及内容。

2．简述社区物业管理智能化定义及特点。

四、讨论题

1．社区网络信息系统平台建设的内容有哪些？

2．社区信息增值服务有哪些？

实训任务

任务描述：社区信息服务调研与模拟设计——劳教人员社区矫治服务。

任务引导：

1．为了方便、全面地了解劳教人员基本情况，应尽量选择已开展社区矫治试点的社区。

2．了解劳教人员社区矫治过程中的信息服务与管理。

3．依据所学的内容，查阅相关资料，设计并完善所调查社区的信息服务系统。

参考文献

[1] 王思斌. 社会工作概论[M]. 北京：高等教育出版社，2004.

[2] 郭士征. 社会保障学[M]. 上海：上海财经大学出版社，2004.

[3] 唐忠新. 社区社会保障思路与方法[M]. 北京：机械工业出版社，2003.

[4] 史柏年. 社会保障概论[M]. 北京：高等教育出版社，2006.

[5] 徐永详. 社区发展论[M]. 上海：华东理工大学出版社，2000.

[6] 刘静林. 社区服务[M]. 北京：中国轻工业出版社，2007.

[7] 张秉铎，唐均. 城市居民最低生活保障线制度研究[M]. 南京：江苏人民出版社，1997.

[8] 王思斌. 社会工作综合能力（中级）[M]. 北京：中国社会出版社，2007.

[9] 关信平. 社会工作法规与政策（中级）[M]. 北京：中国社会出版社，2007.

[10] 史柏年. 社会工作实务（中级）[M]. 北京：中国社会出版社，2007.

[11] 何明宝. 走向社工——专业社会工作实录[M]. 上海：上海人民出版社，2004.

[12] 史铁尔，张剑. 社会工作基础[M]. 北京：中国劳动社会保障出版社，2007.

[13] 刘静林，张蕾. 社区服务[M]. 北京：中国轻工业出版社，2005.

[14] 史柏年. 社会工作实务（中级）[M]. 北京：中国社会出版社，2007.

[15] 赵勤，周良才. 社区管理[M]. 北京：中国劳动社会保障出版社，2007.

[16] 唐忠新. 社区服务思路与方法[M]. 北京：机械工业出版社，2003.

[17] 孙桂华. 社区建设[M]. 北京：中国劳动社会保障出版社，2006.

[18] 朱贤枚. 家政学[M]. 北京：光明日报出版社，1997.

[19] 金双秋. 现代家政概要[M]. 长沙：湖南人民出版社，2000.

[20] 刘静林. 家政服务基础知识 [M]. 北京：中国劳动社会保障出版社，2006.

[21] 王君. 家政服务员国家职业标准[M]. 北京：中国劳动社会保障出版社，2006.

[22] 娄成武，孙萍. 社区管理学[M]. 北京：高等教育出版社，2006.

[23]　上海市社会科学联合会．上海社区发展报告（1996—2000）[M]．上海：上海大学出版社，2000．

[24]　哈佛大学行政管理学院教程．西方国家法律制度及其立法[M]．北京：红旗出版社，1998．

[25]　杨团．非营利机构评估——上海罗山市民会馆个案研究[M]．北京：华夏出版社，2001．

[26]　杨团，唐钧．非营利机构评估——天津鹤童老人院个案研究[M]．北京：华夏出版社，1998．

[27]　顾骏．社区调解与社会稳定——上海卢湾区五里桥街道研究报告[M]．上海：上海大学出版社，2000．

[28]　张方龙，刘晖．社区综合治理[M]．乌鲁木齐：新疆人民出版社，2002．

[29]　中国行政管理学会公共管理研究中心，北京育知咨政公共管理研究所．社区居委会工作者岗位培训教程[M]．北京：北京广播学院出版社，2004．

[30]　潘小娟．中国基层社会重构聚社区治理研究[M]．北京：机械工业出版社，2004．

[31]　费梅苹．社区青少年社会工作方法与技巧[M]．上海：华东理工大学出版社，2006．

[32]　中国残联．2006年第二次全国残疾人抽样调查主要数据公报（第二号），2007．

[33]　史柏年．社会工作实务（初级）[M]．北京：中国社会出版社，2007．

[34]　李忆红．加强社区青少年教育的对策分析[EB/OL]．中国青少年研究网，2005．

[35]　民政部．"社区老年福利服务星光计划"实施方案，2001．

[36]　北斗星社区——中国社会工作教育社区，http://www.bdstar.org/Index.html.

[37]　范愉．社会转型中的人民调解制度——以上海市长宁区人民调解组织改革的经验为视点[J]．中国司法，2004（10）．

[38]　李旻．社区信息服务网站的规划与构建研究[J]．电脑知识与技术（学术交流），2007（9）．

[39]　余杰，沈治宏．现代信息服务策略[J]．现代情报，2007（3）．

[40]　刘晓敏．社区信息服务体系有关问题的研究[J]．情报科学，2003（4）．

反侵权盗版声明

电子工业出版社依法对本作品享有专有出版权。任何未经权利人书面许可，复制、销售或通过信息网络传播本作品的行为；歪曲、篡改、剽窃本作品的行为，均违反《中华人民共和国著作权法》，其行为人应承担相应的民事责任和行政责任，构成犯罪的，将被依法追究刑事责任。

为了维护市场秩序，保护权利人的合法权益，我社将依法查处和打击侵权盗版的单位和个人。欢迎社会各界人士积极举报侵权盗版行为，本社将奖励举报有功人员，并保证举报人的信息不被泄露。

举报电话：（010）88254396；（010）88258888

传　　真：（010）88254397

E-mail：　dbqq@phei.com.cn

通信地址：北京市万寿路 173 信箱

　　　　　电子工业出版社总编办公室

邮　　编：100036